企业运营战略 / 汽车金融运作 / 财务审计管理 / 服务营销盈利

U0902373

汽车维修企业管理实务

（稳定盈利篇）

晋东海 / 编著

第2版

机械工业出版社
CHINA MACHINE PRESS

本书针对国内汽车维修企业的现状以及出现的各种问题，从企业运营战略、汽车金融、财务运作、服务营销、运营 KPI 分析、员工权限和盈利运作以及运营盈利管理等方面，对于如何实现企业的稳定盈利进行了一一阐述。另外，书中还配有某企业服务战略的制订、税务年审的报告和分析、客户疑问解答等现实经典案例。本书不仅给企业提供了一套系统的营利方法和技巧，更有现实版本的、鲜活的案例供读者参考。本书可以作为汽车维修企业盈利管理实务方面很好的工具书和参考书，也可供企业管理层使用和参考，同时也可以作为相关院校的汽车管理专业的教材。

图书在版编目（CIP）数据

汽车维修企业管理实务．稳定盈利篇/晋东海编著．—2 版．—北京：机械工业出版社，2016.5

ISBN 978-7-111-53399-3

Ⅰ．①汽… Ⅱ．①晋… Ⅲ．①汽车－修理厂－工业企业管理 Ⅳ．①F407.471.6

中国版本图书馆 CIP 数据核字(2016)第 064921 号

机械工业出版社（北京市百万庄大街 22 号　邮政编码 100037）

策划编辑：连景岩　杜凡如　责任编辑：宋　燕

责任校对：赵　蕊　封面设计：张　静

责任印制：李　洋

三河市宏达印刷有限公司印刷

2016 年 5 月第 2 版第 1 次印刷

169mm×239mm ·16.75 印张·296 千字

0 001— 3000 册

标准书号：ISBN 978-7-111-53399-3

定价：55.00 元

凡购本书，如有缺页、倒页、脱页，由本社发行部调换

电话服务	网络服务
服务咨询热线：010－88361066	机 工 官 网：www. cmpbook. com
读者购书热线：010－68326294	机 工 官 博：weibo. com/cmp1952
010－88379203	金 书 网：www. golden－book. com
封面无防伪标均为盗版	教育服务网：www. cmpedu. com

前 言

“企业存在的目的就是盈利”，这是每个人都知道的通行法则。企业只有确保盈利，才能生存下去，才能从事其商业活动，也只有在这些基础上，企业才能保证员工有实现自身价值的机会，才能回报社会。相反的，如果企业失去了这一命脉，与之相关的每个人都会受到牵连——员工变得忧心忡忡，他们的生活受到了威胁，更谈不上回报社会。而一旦企业因利润减少而裁员，新的危机，又会给社会带来更大的压力，那就是失业。

所以，对企业来说，盈利才是硬道理。一个合格的企业领导者有四大责任：为企业创造利润；为社会谋求就业；为员工谋求福利；为客户谋求品质。而首要的责任就是：创造利润。这个责任，是实现其他责任的前提和基础。

领导者最重要的使命就是为企业争取最大的利润，只有利润才是企业真实的、可支配的最终结果，利润之外的东西都是工具。利润和收益是企业的命脉。没有利润，企业即使有最完美的产品、最佳的服务、最好的形象、最有能力的员工、最完备的财务制度，也会很快陷入困境。

如果一个企业不能实现盈利，那它就不是一个健康的企业。企业经营最基本的使命，就是创造良好的经济效益，创造合理的利润。诚然，“利润”并非衡量企业经营绩效的唯一标准，但企业如果没有合理的利润，就无法长期为客户提供更好的服务，同时也无法回报社会，履行企业应尽的社会责任。此外，合理的利润也是企业成长发展的动力。确保利润才能确保员工拥有积极的工作态度。

利润于企业，就像人体所需要的氧气，它并非人生目的，但若失去，则无法存活。然而，在日常经营中，领导者往往因为太多别的问题和琐事，而迷失了真正应追求的方向。比如，在面对众多的“最新、最有效”的管理理论和经营思想宝典时，管理者常把主要精力花在研究和使用这些理论上，但激情过后，总无缘靠近更多的利润。错就错在偏离了“利润”这个航标。

要想做一个优秀的领导者，或者说优秀的领导者要想超越“优秀”达到“卓越”的程度，必须明确自己的任务——创造利润。只有在获取持续不断的利润的前提下才有可能谈别的规划，才有资格探讨多元化经营或高速度发展，否则只会适得其反。

在国内汽车市场竞争越来越激励的今天，汽车维修企业的领导者更应该为企业树立明确的目标，追求合理的利润，并在此基础上积累、开发，在专业化上下足功夫。国际上那些大企业都是用几百年时间在一个领域里专心经营，积累实力，打造核心竞争力。只有自己的主业站稳脚跟，他们才会涉足其他领域，而且这些“其他领域”也都是能够获得利润的。

汽车维修企业的营利能力是指企业获取利润的能力。利润是企业内外有关各方都关心的核心问题，是投资者取得投资收益，是债权人收取本息的资金来源，是经营者经营业绩和管理效能的集中表现，也是职工集体福利设施不断完善的重要保障。因此，一个企业的营利能力是非常重要的。

站在汽车维修企业投资人的角度，企业从事经营活动，其直接目的是最大限度地赚取利润并维持企业持续稳定地运营和发展。持续稳定地运营和发展是获取利润的基础；而最大限度地获取利润又是企业持续稳定发展的目标和保证。只有在不断地获取利润的基础上，企业才可能发展。同样，营利能力较强的企业比营利能力软弱的企业具有更大的活力和更好的发展前景。因此，营利能力是企业经营人员最重要的业绩衡量标准和发现问题、改进企业管理的突破口。

本书从运营战略制订、财务管理、KPI 管理、服务营销几个方面对汽车维修企业如何营利进行了系统分析，特别对于汽车维修企业如何在散客开发、事故开发、大客户开发、保险续保、精品附件等方面做系统化的营销进行了问答式解析，对于汽车维修企业提升营利能力进行了系统的指导。

本书可谓是“一个智囊库”，可以帮助汽车维修企业投资人和管理层迅速吸取符合自己企业发展的精华，并进行实施。当企业一旦拥有了卓越的获利能力，利润就会滚滚而来。如果一个企业，能够长久守护住属于它自己的财富之门，那就可以说它完成了从“优秀”到“卓越”的蜕变。另外，书中的不够全面的内容和观点，恳请读者批评指正，并表示感谢。

编者

目　录

第一章

企业运营战略

作为汽车维修行业的高层管理者，不仅要像高明的战术家一样去完成每一件事情，更要学会以一个战略家的姿态未卜先知，抢占制高点，做到在新的市场变化面前从容不迫。所谓的战略观，原来指的是通过对战争全局的分析判断而做出的筹划和指导，它与战术是相对的。现今战略已经被应用到汽车行业的各个环节，指的是汽车维修企业具有重大的、带有全局性质的谋划方案，主要从整体、长远、根本上去观察问题。战略共有三个方面的特点：一是全局性，全局是由各个局部有机结合而成的，如此有机的集合造成整体大于局部之和的特点。汽车维修企业的管理层要懂得如何处理与上游厂家的关系，也要学会处理与合作伙伴的关系，还要懂得处理好与下游分销网络的关系。二是具有长期性。战略是一个在较长的时间中起着重要作用的谋划和对策，正确的战略是根据汽车行业的发展变化趋势而制订的，在发展趋势没有发生根本逆转之前不能随意更改。汽车维修行业是一个投资回报期较长的行业，制订企业战略时要立足现在，放眼未来。三是具有相对性和层次性。全局和局部是相对的，时间同时在流转，但汽车维修企业的决策层应该认识到局部服从全局，低层次的战略不能违背高层次的战略的要求。战略观念如此重要，每一个汽车维修企业的决策者都应该高度重视战略问题，树立战略观念，为企业制订比较完善的战略规划。以免决策层在面对瞬息万变的市场时，出现盲目决策的失误。

◆ 第一节 企业运营战略概述 ◆

战略是关系到组织长期存在和持续成长的重要课题，每一个组织都在面临着客户至上、激烈竞争和不断变化的环境带来的挑战。

> 兵者，国之大事，死生之地，存亡之道，不可不察也。
>
> ——《孙子兵法·始计篇》

一 运营战略概述

1. 战略的定义

什么是战略呢？从汉字的字面意思来看，战是战争，略是大略，是对大方向的谋划。引申到管理中，我们说：“战略就是在竞争条件下，组织发展的方向性、长远性、全局性的谋划和行动。”

【案例】

广汇汽车制定了10年内进入国内前三强的目标，在现有的汽车4S店品牌基础上，不断开设新店，且不断并购老店；同时开展国际化经营，在内部进行流程链再造。这就是一套系统的战略。这些都是在为未来上市而谋划和行动，体现了：

方向性——立足汽车4S店，向上市企业发展。

长远性——目标至少10年不变。

全局性——内部流程链的再造涉及整个集团企业。

战略包含三个方面的意思：

1）背景——竞争条件下，没有生存的竞争谈不上战略。

2）性质即方向性、长远性、全局性——是指要往哪儿打、管多长时间、管多大范围。

3）谋划和行动——既要策划、设计，也要实行、实施。

【故事】

在一个孤岛上，一只狮子找不到食物，发现一只猴子。猴子爬到一棵大树上不下来。狮子就围着大树转圈，不走。于是猴子说："狮大哥，你别转了，转多长时间我也不下来，你从这儿一直向东走，有一条小河，河对岸什么好吃的动物和食物都有。"

狮子想了一想，向东走去。过了一会儿，狮子又回来了，说："猴子，你骗人，那条河我过不去。"猴子说："我告诉你的是战略，你怎样过河，那是你自己如何运作的问题，这不是我的事了。"

大家一定看出来了，这是对战略的一种调侃。

它反映了一种现象。一些战略理论家和战略管理的书籍说得很好，什么核心能力、超速发展、不战而胜等，但其操作性差，脱离实际，没法用。我们说战略是在竞争条件下，组织发展的方向性、长远性、全局性谋划和行动，落在谋划与行动上是统一的，这种战略当然是重要的，也是有用的。

从现实情况来看，我们的企业面临的战略课题很多，比如：设定国内汽车服务前10强或本地区前3强、10强的目标；明确企业定位和竞争战略；实施业务流程的优化和企业重组；确立企业经营理念。如果一个企业面临经营困难，甚至生存危机，那么它就不仅需要当前应急的措施，还需要有战略上的摆脱困境、营造长期生存的条件和竞争优势的办法，实行“急则治标，缓则治本，标本兼治”的战略。

这些战略课题都是实实在在的现实问题：以问题为主线，强调可操作性，注重可借鉴性。

一是以问题为主线，探讨在当前市场环境形势下，关系到一个组织生存和发展的 24 个重要的现实问题，简化或省略烦琐的战略分析。

二是强调可操作性，注重战略的实施。

三是注重可借鉴性，在理论联系实际的基础上，要结合至少 10 个企业的兴衰成败来讲战略管理理论与方法的应用。

对于企业来说，战略使企业从投入的资本得到长期、持续的回报。对于非营利性组织来说，它的战略是为了实现组织的发起者所要实现的价值。领导者的主要责任就是，在保持组织正常的日常运作的同时，为组织把握正确的战略方向、有力地推进战略性发展的进程，使组织获得持续生存和发展的资格、实力。

所以，战略绝不是摆设，是组织的一种必须具备的行为特征。

2. 当前需要特别关注战略的原因

面对急剧变化中的中国汽车行业，国内的汽车维修企业面临的第一个挑战就是，如何应对不断加剧的市场竞争。具体表现在如下几方面：

1）客户消费行为日趋理性。

2）企业简单的做大不再全是优势，昔日的资产可能成为今日的负债。过去，中国企业总爱自豪地说自己有多少万名职工，热衷于在资产上做大。现在，这些都可能是发展的包袱。

3）市场竞争日趋激烈，简单地靠价格取胜、关系取胜的日子不会再有了。

总之，以往靠某一方面优势就可能立足，今后，真正的赢家一定要是全能“选手”。这意味着对汽车行业商战中的选手的综合素质要求更高了。

3. 变化成为常态

我们再看市场方面。激烈竞争的结果就是适者生存，优胜劣汰。不妨看一看产业界的历史数据。

【案例】

20 世纪 80 年代初，壳牌公司的全球经营战略策划专家阿里·德赫斯组织了一项关于企业寿命的研究。研究的结果令人震惊！

该研究发现，《财富》排名 500 强的企业从产生到衰亡，平均寿命只有 40～50 年，只及人的寿命的一半。它们是世界 500 强！我们许多企业都把目标定位在进入国内100强，可见，进入100强也不会有永恒的保险。其实，新成立的企业中有40%存活不到10年就夭折了。

看看国内的汽车4S店，拥有低于3家汽车4S店的企业，日子过得步履艰难，从2009年的金融危机开始，不断有企业被并购，上演着一段又一段大鱼吃小鱼的故事。

企业凭什么生存？那就是适应市场竞争环境变化的能力。

这不能不令我们记起达尔文的名言："能够生存下来的并不是那些最强壮的，也不是那些最聪明的，而是那些能对变化做出快速反应的。"所以，中国汽车维修企业面临的第二个挑战是，变化成为常态。这表现在：

1）客户需求在不断变化。

2）市场变化的步伐在加速。

3）意想不到的变化在增多。

总之，这意味着企业商战中的选手的应变能力提高了。商战的赢家必须是一个高明的快棋手。

4. 客户至上

先来看下面的一个案例。

【案例】

某汽车卖场的新车展示台前，有两位女客户与一位女销售顾问。

客户："小姐，我想了解一下这台车的具体情况，麻烦您给我讲一讲。"

销售顾问："我正处理一份文件，请您稍等一会儿。"

客户迟疑一下，被她的同伴拉到了另一个汽车品牌的展台前。

销售顾问看到客户离开，一脸茫然。

看来，现在的客户真是越来越没有耐心、越来越挑剔了。

其实，这是当今市场经济的一个普遍特征。买方市场的出现给客户带来了最大限度的利益。对于企业来说，就是要不折不扣地把客户放在首位。

所以，当前汽车维修企业面临的第三个挑战就是，客户至上。

现在是客户决定：

1）想买什么。商家说什么好没有用，得由客户说、客户认可——客户越来越难以被说服，更不用说哄骗。

2）想什么时候买，其实客户已经设定好了，特别是中高端的汽车。

3）客户进店想消费什么，进店前心中差不多已有购买目标了。

总之，卖方市场不再存在，如果企业服务不好自己的客户，他就要转向别的企业——能给他提供好服务的企业。残酷的现实证明，一个负责任的领导者必须对这些关系到企业方向性、长远性、全局性的战略发展问题进行深入的思考，拿出有说服力的方案，并坚决地贯彻实施。

客户方面蕴含的战略课题如表1-1所示，可以据实判断自己公司的情况并列出改进计划。

表1-1 客户方面蕴含的战略课题

课　题	公司状况	改进计划
怎样提供让客户非常满意的产品/服务	客户对产品的满意度： 非常满意□　满意□ 一般□　不满意□	
怎样实现甚至超越客户满意，创造忠诚的客户	能超越客户满意、“创造”需求□ 能实现客户满意、赢得信赖□ 难以满足客户需求、无法赢得客户□	
怎样提供能够满足个性化需求的产品	产品个性化程度： 能满足各种客户的各种需求□ 能满足大部分客户的多种需求□ 能满足一般客户的一般需求□ 只能满足少量客户的一般需求□	

现在你是否对自己公司有一个更深刻的认识了？

5. 对战略课题分类排队

为了应对上述形势，我们必须对组织的发展进行全方位的设计或再设计，然后扎扎实实地执行。这个过程就是战略管理的过程，它应包括表1-2所示的四个方面的课题。

表1-2 战略管理过程的课题

课　题	内　容
从大方向上看： 怎样设置组织的整体发展目标、把握组织的发展方向 （这是经营理念的设计与实施问题）	总体经营目标、理念： ● 何为经营理念 ● 怎样设计经营理念 ● 怎样实施经营理念

（续）

课　　题	内　　容
从产出角度看： 在服务市场上，怎样实现服务的价值，把服务更好地卖出去 （这是服务市场战略的设计与实施问题）	产品市场战略： ● 战略分析 ● 差别化战略 ● 服务开发战略 ● 品牌战略 ● 创新战略 ● 竞争战略
从经营范围看： 怎样实现企业资源的积累和增长 （这是企业成长战略的设计与实施问题）	企业成长战略： ● 一体化战略 ● 延伸服务战略 ● 稳定和撤退战略 ● 合作化经营战略 ● 行业链接组合战略 ● 多阶段成长战略的设计与实施
从企业自身运作看： 怎样实现高效益、高效率运作 （这是组织变革战略的设计与实施问题）	组织变革战略： ● 流程再造 ● 组织再造 ● 持续改进的战略设计与实施

总之，企业所面临的各种战略课题都不超出以下四个方面：总体经营目标、理念，市场定位战略，企业成长战略，组织变革战略。

【总结】

首先，战略就是在竞争条件下，组织发展的方向性、长远性、全局性谋划和行动。组织的最高领导者对战略负有特殊的责任。

其次，每家企业都面临着激烈竞争和不断变化的客户需求环境带来的战略性挑战。

最后，战略问题的结构，通常由四个部分组成：总体目标与方向、产品市场战略、扩张战略和组织变革战略。

二　汽车维修企业导入战略的重要性

当前，汽车维修企业要想追求可持续发展，必须高度重视管理，而一个企业要想构建系统化、科学化的管理体系，必要的一个前提条件是建立健全企业发展的战略规划系统。

1. 国内汽车维修企业存在的问题

国内汽车维修企业存在的问题主要如下：

1）约80%的企业管理者信奉“事无巨细，亲力亲为”，结果，企业业绩不佳，管理者却累得头发花白、神经衰弱，这就是“一抓就死”。另外20%的企业管理者则信奉“抓大放小，充分放权”，结果，大事没抓住，小事没做好，小事变成大事，这就是“一放就乱”。

2）约60%的企业至今没有清晰的发展规划，还在摸着石头过河，这些企业没有方向和目标，结果除了“忙乱”什么也得不到。另外40%的企业制定了战略规划，但是缺乏执行的力度，结果战略规划变成了“镜中月，水中花”，这些企业同样无法持续发展。

3）中国企业的问题似乎总是“按下葫芦升起瓢”，10多年来无数企业前赴后继，不断掉进几乎相同的陷阱。

如果企业仅仅是追求短期的生存，可以暂时不考虑战略规划，如果考虑稳定盈利永续发展，就需要重视战略问题。

2. 战略规划的定义

战略规划是指相对较长时间段内的具体目标和策略，这个时间段的长短要根据每个企业的情况而定，一般来说企业应当做“三五”规划，即三年和五年规划，20年以上的长远规划太虚无缥缈，对绝大多数的企业来讲，并没有太多的实际用处。在战略规划的定义中有一个关键问题，那就是：当明天真正来临时，你和你的企业是否已经做好了准备？

【案例】

某大型汽车维修企业的高层管理者得意地说：“我们企业最重视战略规划，花了100多万元请专家专门做规划。”就有专家问道，“那你们战略规划的核心内容是什么？”他回答：“我们的目标远大，要在5年内实现美国纳斯达克上市、走向国际，成为在美国上市的企业！”专家说：“完了！”“怎么完了？”这位高层管理者非常疑惑地反问专家。这时专家摇头说：“你的企业规划不是战略规划，至少不是一个完整的战略规划，最多只能算是战略的前奏或者是企业的发展愿景。”

企业战略规划的前奏就是编制一个美丽的梦，但是仅仅有梦还不够，还要有实现梦的具体行动计划。通过规划，我们编造美梦，然后用行动圆梦，再规划，再圆梦，循环反复，不断前进。

3. 战略规划方法

（1）两种工作方法。不同的工作方法会带来不同的结果，这里介绍两种典型的工作方法如图 1-1 所示。

1）正三角形工作方法。企业制订目标之后，立即付诸行动，仿佛看到目标就在前方，但是在冲向目标的过程中困难重重，不断出现的各种问题可能会导致最终无法实现目标。

2）倒三角形工作方法。企业在制定了战略目标之后，紧跟着进行核心的业务流程及组织架构设计、市场调查及运营计划等相关工作，把各项准备工作都做好了，顺理成章地就达成了目标。这种方法虽然进度慢一点，但是能够保证工作越做越顺畅。

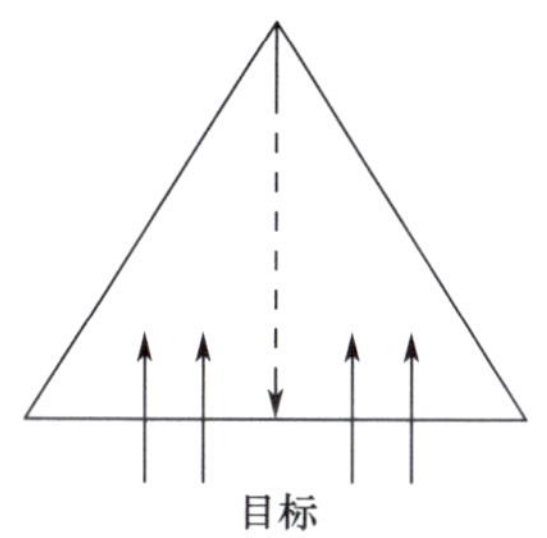

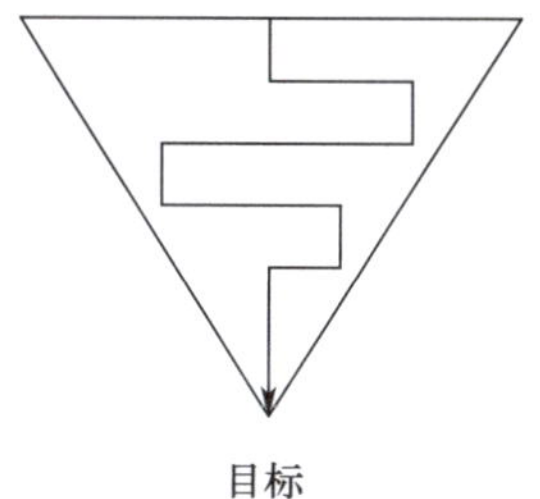

图 1-1　不同工作方法的差异

（2）两种企业家。企业家也可以分为以下两种类型。

1）“报时型”的企业家。“报时型”形容一些企业家工作没有计划，遇到一个问题就解决一个问题，缺乏整体的规划，因为这类企业家总是后知后觉，所以最终会在竞争中被淘汰。

2）“座钟型”的企业家。“座钟型”的企业家工作有明确的目标，能够按照预定的目标做出切实的规划，整个企业有明确的方向和坚定的目标，与之无关的事情概不考虑，一心按照目标和规划坚定前进。

4. 企业战略目标的构成

（1）增强应变能力。变是世界上唯一的“常数”，世界在不断变化，消费者也在不断变化，消费者不会对某一个企业永远忠诚，因此企业战略规划的意义不是“不变”，而是“应变”，要增强企业应变的能力。

（2）企业战略目标的构成及其关系。任何一个企业的战略目标都应该由两个部分组成，第一部分是规划出来的目标体系，也叫作预谋性的部分；第二部分是针对变化的反应，也叫作应变部分，这两部分结合起来就是企业实际实施的整体战略。战略目标的两部分之间相互联系、相互制约，预谋得越充分，应变的量越少；预谋的质量越高，应变能力越强。企业战略目标组成关系如图 1-2 所示。

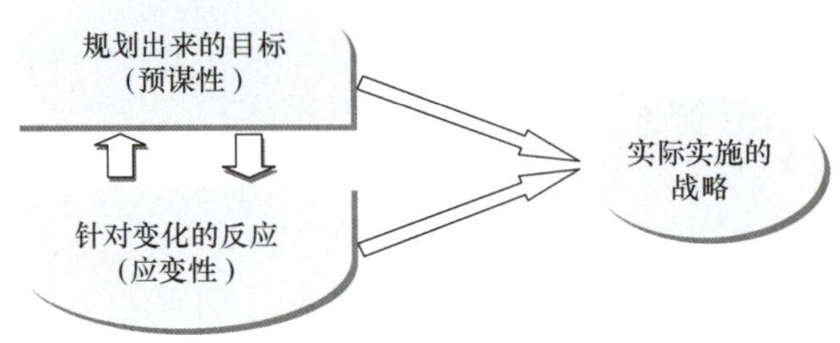

图 1-2 企业战略目标组成关系图

5. 企业制订战略的必要性

如果企业没有战略，就好像没有舵的轮船，只会在原地打转。有人做过统计，有战略的企业和没有战略的企业在经营效益上是大不相同的。一些企业现在没有战略或者没有明确的战略，经济效益也很不错。然而，经济效益来自于企业管理者很好的思考，并不等于企业管理者真的没有战略，就像很多著名的企业一样，企业的良好效益离不开高层管理人员对企业形势所做的充分分析，所以说企业管理者是有战略的，只是没有明确地提出，或者说战略没有写在纸上。

（1）对于战略，最根本的问题是要考虑到环境和市场的变化。高层管理人员需要有自己新的思路。

1）如何预料变化。

2）要考虑如何适应变化。战略管理最重要的一个方面就是适应，根据环境的变化提出自己的思考。

3）考虑到在变化中如何求生存。

4）要在变化中获取胜利，而不仅仅是生存的问题，并由此成为行业的领先者，成为世界级的企业。

当然在变化中，最可怕的是自己的思维定式。高层管理人员在变化的环境中，不能以不变应万变，而需要有自己新的思路，以提出应变的措施，不能固守在自己过去的成绩或者旧的理念上。

战略性思考的要点有企业现在何处、企业走向何方、企业如何达到目标。

（2）企业面临的形势。现处何处，实际上就是企业面临什么样的形势，即企业处于什么样的市场环境、竞争的激烈程度，目前业务的盈利点都是什么。

例如：上海大众斯柯达，这个在国外做得不太成功的品牌，偏偏在中国市场运作得不错，实际上就是它认清了国内汽车市场的环境，找对了自己的位置，同时定位好了自己的发展策略。目标客户：年轻群体，对日系车不感兴趣，追求稳健务实，受过良好教育，城市白领。价位设定：低于同类竞争对手5%～10%的价位。

（3）企业的市场位置。即从目前企业的情况，以及所从事的业务来看，企业如何发展的问题。是保持企业目前的规模呢？还是继续扩张呢？还是进入新的领域、拓展新的业务呢？用专业的话讲就是多元化发展。

如果企业要从事多元化发展，最根本的问题是要考虑客户的需求以及所要服务的客户群体。基本的考虑一是企业的业务，二是企业的市场。市场最基本的构成要素是客户，而客户的需求是不断发生变化的，客户的偏好也不断发生变化，那么企业能不能够适应这种变化，跟上这种变化，就显得至关重要。

例如：过去汽车企业生产什么车，客户就购买什么车。现在客户需要买能达到自己理想要求的车，这样企业的车型需要多元化，未来会发展到车主定制自己想要的汽车。客户有不同的需求。如果企业固守不变，保持一个固定的价格，那么可能就会遭受损失，就会把原有的市场让给其他企业，市场价值就会发生转移，别人的市场价值就会增加，自己就会亏损，也不可能有竞争优势，更谈不上绩效与效益。

（4）企业的效益目标。企业管理者在确定企业发展方向时，要考虑企业要获得什么样的效益，是不是要做？人家都做，我也做；人家不做的，我能不能去做。就是说，成功的管理者要懂得如何做，做什么。

战略管理的一个基本理念——有效地制订并实施完善的战略，是企业成功的最佳保证，同时也是对所有管理的最佳测试。企业制订一个完善的战略，使其能够获得成功。这个战略同时也要考虑企业是不是进行了最佳的管理。这个最佳，从系统工程的角度来看，很难达到，一般只能是满意的程度。同样是汽车4S店，同样是合资品牌，别人可以管理得很好，客户感觉很舒服，宾至如归；而客户到你这里来，好像进了一个普通的低层次维修厂，感觉很不好，这样你还能不能良性地经营下去呢？

6. 战略管理的任务

如图1-3所示，任务一是制订战略的愿景和使命；任务二是设置目标；

任务三是制订战略，实施目标；任务四是执行任务；任务五是评估与调整战略。在这样的过程中，每一个阶段都要有反馈，不断改变或者改进，在必要的时候进行修正。从任务一到任务五形成一个完整的循环过程，这使得战略实施过程得以充分保证。

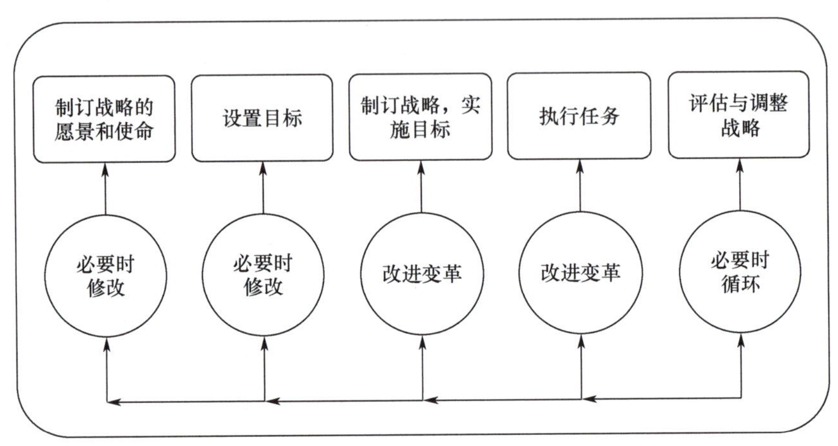

图 1-3 战略管理的五项任务图

每个人头脑里都有一个思考，这实际上就是愿景（vision）。例如，员工要考虑在这个企业里，个人将来的发展是什么；作为企业的领导者要考虑企业将来的业务是什么？往哪个方向发展？

（1）愿景概论。企业领导者如何规划企业未来的蓝图，这个蓝图不但自己心里要清楚，而且要和员工进行沟通，甚至和部分忠诚客户进行沟通，和企业的相关利益方进行沟通。

比如企业是股份制公司，全体股东要明白企业将来的发展前景，这样才能决定是否投资，企业也才会获得市场价值。否则，就没有更多的资金保证。

（2）必须考虑的问题。市场和客户是企业战略中必须考虑的问题，没有一个很好的市场，没有客户的需求，再好的愿景也是没有用处的。

例如，汽车4S店模式于1999年引进中国，当初绝大多数业内人士是反对的，就连德国大众在中国也没有采用汽车4S店模式，而广汽本田和上海通用别克却采用了这一模式，并且获得惊人的成功。同时首批建立汽车4S店的投资人，也基本上在两年内收回了投资，并且获得了超出自己期望值的回报，而这批人绝大部分不是靠维修厂起家的人。其实，当时决定是否投资汽车4S店，就是一个战略。今天看来，那时绝大多数的汽车维修企业管理层是缺乏远见的，是没有愿景的。

7. 企业使命

全世界不同国家生产3M的同一产品，都只有一个标准。可是3M的六万多种产品却每天渗透到我们身边的角角落落，从家庭用品、医疗用品、电力产品、劳保用品再到汽车用品。这也正体现了企业的愿景——创意全为用户。

有了愿景，然后就要把它落实，所以要谈到企业的使命。

使命的背后是一种文化。虽然有些教科书所讲的使命源自国外的知识，借鉴的是国外的理论，但一定要在中国的土地上生根发芽，否则就会水土不服，消化不良。国外公司提出来的公司使命，是基于它们长期以来对于使命的理解，而国内的一些企业过去没有这样的提法，没有说什么是企业的使命。过去把使命看得很遥远，很庞大，甚至很严肃，当然企业的使命不是不严肃，而是要讲得很具体。

（1）界定企业使命应考虑的内容(表1-3、表1-4)。通用汽车公司的企业使命就考虑了企业的利益相关群体，而这正是今天我国绝大部分的汽车企业没有考虑到的问题。一些企业对于股东、客户、员工以及商业伙伴这些相关利益群体(图1-4)没有充分考虑，而三星公司恰恰想到了这一点，并让所有的股东，或者利益相关群体了解，所以它能够继续勇敢地面对未来的挑战，永远保持自己不断创新的企业特色。

表1-3 界定企业使命应考虑的内容

角　度	范　例
以客户需求	雷克萨斯4S店：创造让客户满意的服务
以市场范围	省区内发展，区域性发展，全国性发展
以运营模式	单一品牌专修模式，单一钣喷模式，快修模式，豪华车专修模式
以企业核心的竞争能力	在竞争中由于所表现的竞争力不同，从而产生了不同的结果

表1-4 两家公司的使命

企业名称	使　命
波士顿咨询公司	协助客户创造并保持竞争优势，以提高客户的业绩
通用汽车	为包括我们的股东、客户、员工，乃至商业伙伴在内的所有人提供创造和实现他们美好梦想的机会

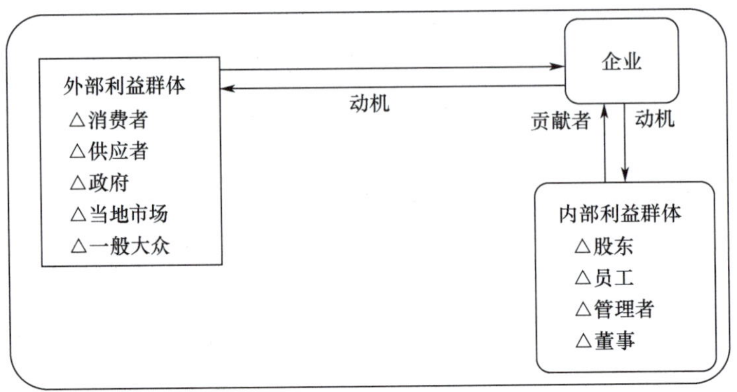

图 1-4 企业的利益相关群体图

【启示】

企业不但要有新的投资、新的发展，还要有不断创新的理念，这样才能保证企业特色。在考虑愿景和使命时，企业领导者一定要有一个明确的认识，不是把它变成一个空洞的口号。例如，仅仅讲“以人为本”“永争第一”“诚信为本”“再铸辉煌”，这都有一点模糊，界定不清，不能引起客户、股东、员工等利益相关体的足够重视，这不利于企业的长期发展。

（2）企业使命的内容。

1）明确的目标。企业是在汽车行业从事经营活动，那么怎样获胜，就要设定一个明确的目标：1 年目标、3 年目标、5 年目标。

2）企业的定位。是汽车厂家的授权 4S 店，是品牌专修，是快速保养，是综合维修，是专业钣金喷漆，还是汽车美容装饰，给自己的企业找到一个很好的定位，让目标客户进店，不断地消费，企业就可以不断营利。

3）企业的理念。企业是一种什么样的文化、一种什么样的价值观，使客户或者其他的利益相关群体达到某种吻合。有些企业学日本的模式，星期一早上，训话、做操，这在中国并不能持久有效。有的企业学美国，在管理上采用文本主义，把每件事都写出条文来，面面俱到。它们各有各的特色，但是企业领导者一定要清楚，不管使用哪套管理方法，都要创造效益。

4）要树立一种公众形象，为公众服务。例如，一些企业注重救助失学儿童；一些企业注重希望工程赞助；一些企业注重慈善事业等。不管采用何种方式，一个目的，树立企业公民的形象，为公众服务。

5）沟通畅通。“沟通”是一个很重要的问题。这需要企业的高层管理人员、中层管理人员学会沟通，学会表达自己的理念，与利益群体实行真正的沟通，使大家能够支持企业，这样才能更好地发展。企业一定不能忽略利益群体的不同需求问题。

（3）企业使命的重要性。

1）首先要保证目标一致。为什么要保证目标一致呢？因为任何一家企业都有不同的利益相关群体。例如，高层管理人员提出一种理念，那么下一层的管理人员，就要充分理解，否则就会与理念的初衷背离。所有者和经理人的关系就出现了很多这样的问题，双方在目标不一致的情况下，就会出现很多背离，使职业经理人不能真正忠实于企业，就会出现出走、贪污等现象。所以目标一致是很重要的。

2）为资源的更好配置打下基础。资源在企业无非是人、财、物以及商机等，那么当企业提出一个很好的战略，怎样去实现它？这不是几句空话所能实现的，而是要把企业现有的资源或者希望得到的资源拿过来，合理分配、充分利用才能保证企业使命的实现。

3）调整利益相关群体间的分歧。股东也好，员工也好，可能和企业管理人员有冲突，他们自己之间也会有冲突，企业领导者应把企业使命提出来，大家一致往这个方向发展，这就逐渐地减少了分歧，在理念上趋于一致。

4）解决管理者之间的不同观点。各级管理者出身于不同的社会阶层，有着不同的教育背景，对于事物的认识是不同的，怎么能够更好地达到一种协调？企业领导者可以通过建立企业使命，使大家更好地理解自己要做什么，这一点很重要。

5）为目标和战略打下基础。指导企业更好地发展，这是企业的发展方向问题。

综上所述，企业的愿景和使命所要回答的问题是不同的，愿景要回答的是企业要成为什么样的公司，使命所回答的是企业的业务是什么。这两个是不同的，因此要对愿景和使命建立明确的概念，它们是相辅相成的。

再强调一点是，没有客户，什么都是空谈。当然最重要的是客户的需求和偏好，他们目前的需求以及偏好、将来的需求以及偏好，都会影响企业使命的设定。

8. 企业的目标

愿景和使命的概念建立起来以后，就需要确立企业的目标。目标是要把愿景转化成具体的效益，同时还要为效益提出一个衡量的标准，包括财务数据及一些其他的数据。把目标具体化，就出现了财务目标和战略目标。但不管叫什么目标，它都是很具体的。例如，企业提出要使轿车进入家庭，这样一种愿景，具体落实到怎么去做，需要通过一些数据来实现。

（1）战略目标。战略目标考虑的是如何改进竞争能力和长期业务的定位问题，它不是很具体的数字。例如：麦当劳在快餐业中怎么进一步发展？这就是战略目标所要考虑的。

战略目标包括以下几种类型：

1）如何扩大公司的市场份额。

2）如何实现低于竞争对手的成本。

3）如何提高企业的声誉。

4）如何在国内其他城市获得充分的发展。

5）如何成为单一市场的领导者。

6）如何成为一个新模式的领航者。

7）如何抓住市场发展的机遇。

【案例】

中部地区一家豪华车维修企业的总裁曾经讲到：我们是在中原大地上成长起来的，我们能够发展到今天，是因为我们成为豪华车维修的代名词，建立了一个汽车维修新模式。该企业之所以能取得成功，主要有三点：一是抓住了市场发展的机会；二是全体员工的努力工作；三是成为一个非4S店体系豪华车维修的领航者。

（2）目标构成的三个方面。

1）需求，包括客户的潜在需求。

2）资源，有没有可以用的资源来保证企业的目标。

3）环境，市场环境允许不允许。

【总结】

企业战略在企业发展中不可缺少，作为企业高层管理人员，必须有个明确的战略性思考。在企业的战略管理中有五项任务，为企业规划出愿景和使命，为企业设置目标是第一步和第二步。

三 汽车服务营销理念中的战略

菲利普·科特勒曾说："营销的目的就是使推销成为多余。营销的目的在于深刻地理解和了解顾客，从而使产品和服务完全适合顾客的需要而形成产品的自我销售。"汽车由于其高价值、耐用和高技术的特点，使其营销的理念更成为战略的出发点，成为企业经营策略、经营行为的诱因。面对迅速发展和越来越成熟的汽车消费市场，重塑和提升汽车服务营销理念，规划企业经营战略，强化企业竞争力和竞争优势已成为各汽车维修企业的普遍做法。

1. 深度营销理念下的市场结构优化战略

所谓深度营销，是指在消费者表层需求得到满足之后，以深层次营销服务巩固、保留原有市场并拓展新的市场的过程。汽车营销服务的深度营销是由汽车产品特征和汽车消费特征决定的，有两层含义：一是以优质的服务质量和新的服务项目巩固、维持和深化已有的市场；二是拓展基本需求之后的新的深层次市场，诱引消费者实现消费层次的不断提升和消费结构的不断调整。而以上两个层次的核心是顾客的信任度和忠诚度。

当今的社会是商品经济高度发达的时代，是消费水平不断升级，消费需求趋于个性化、知识化和时尚化的时代。传统的、以市场份额总量考察企业市场竞争力的方式只能反映企业当时的市场竞争地位，而不能预示企业未来的发展和竞争态势。市场占有的稳定性用顾客的忠诚度来衡量，市场份额结构即构成消费市场的消费者群体构成。研究表明，一个稳定的、客户转移度小、保留度高且具有主要消费能力的消费者群体，可以大大降低企业的市场风险，减少企业经营的波动。实际上，企业核心竞争力的最终体现就是满足客户需求的能力和赢得客户信任的能力。

深度营销就是通过在服务项目和服务内容的深度与广度上扩展，赢得客户的长期信赖和支持，培养客户的忠诚度。1985 年，美国学者巴巴拉·本德·杰克逊（Barbara B. Jackson）提出的"关系营销"就是通过企业内部和外部的各子系统与环境关系培养其亲和感、归属感和满意度，并满足更高层次的需要而建立长期稳定的良好关系。

深度营销的理念使服务营销突破了传统产品营销只局限于销售商品的框架，而把着眼点放在产品提供的整体利益，建立企业和客户之间相互依存的伙伴关系并维持客户。这是营销方式和营销理念的升华，是营销行为转变的原因。由此，将理念转化成战略，通过经营行为及经营项目的调整和深度优化企业的市场结构，在追求市场占有率绝对值增长的同时实现市场占有率质的变化，形成以产品原有用户为市场主体的相对稳定和牢固的消费者群体。

汽车产品因其特有的产品特征使其在围绕有形产品营销的同时，无形的服务营销成为其必然的内容并得到广泛的延伸，以战略的方式构筑个性化、多层面和全方位的汽车服务营销的深度营销，如汽车改装和装饰，汽车保险和服务的个性化方案以及从买车、用车到卖车、再买车等多层面的汽车服务。汽车信贷、保险、保养、维修、年审、用车指导、汽车的技术升级、二手车的评估和转让等全方位的服务项目，正是适应了汽车消费的固有特征，并迎合了汽车用户对深层次服务的要求，强化了汽车用户对汽车服务和汽车维修企业的依赖，实施市场结构优化战略，形成新市场竞争优势，这是汽车维修企业的必然选择。

2. 双赢营销理念下的企业竞争战略

双赢的服务理念强调的是在商品(服务)的交换过程中，卖方合理利润的获得和买方利益的维护。

按照传统的经济学中关于企业和消费者的描述，买卖双方相互交换的实现构成了市场。买卖双方相互依存但又相互对立。在产品的交换过程中，价格是双方利润的分割点，构成了双方利益的矛盾，双方的对立性凸显出来，而相互依存性减弱了。在既定的产品面前，价格是天平上的砝码，价格的偏移就构成了对一方利益的倾斜和对另一方利益的侵蚀；交易过程是买卖双方较量的过程，双方都想取胜，采取一切手段压倒对方，这就形成了直接的、面对面的敌对关系，在行为上双方是不友好的，在心理上双方是不信任的、是戒备的。在这种状况下，供需双方很难建立起友善的、和谐的、能够长期维持的伙伴关系。

而汽车服务营销的根本就是在买卖双方之间建立亲善、和谐和相互依存又相互信赖的伙伴关系，这种关系是长期的，尤其针对汽车产品而言，长期的依赖和合作都是必需的。在这种关系中，汽车维修企业要建立一种全新的理念，一种对价值和利益的新判断，弱化其对立性，强化其依赖性。企业必须突破以销售为唯一目的的思考方式。企业必须思索客户的终生价值，也就是预期可以从客户身上得到多少未来利润。调查表明，汽车用户的用车消费是购车消费的1.5~2倍。汽车的价格目标(尤其是第一次交易)不应是企业利润的唯一来源。企业的目标在于为客户带来更长期的价值，并因此创造出关系维系更久的客户。企业的利润建立在为客户建立更长期的价值基础之上，这就是双赢的营销服务理念，它带来的是企业长远发展的可能。

从这一理念出发，企业的竞争战略是谋长远发展之大势，其行为目标不再盯着简单的、一次性的产品价格(在价格方面与客户据理力争，获得最大利益)，而是把价格视为整个企业发展战略中的一分子，视为棋盘中的一个棋子。企业经营策略的重心不再是对产品价值余额分割的考虑，而是将“蛋糕”做多、做大，让消费者在未来的消费中不断品尝到新鲜的“蛋糕”，喜欢并产生偏好。企业也不必在一块“蛋糕”上将利润赚足，稳定且持久的利润来源才是企业生存之根本。

但是，在供需关系中，由于资源占有的不对称，信息的不对称，尤其像汽车这类复杂、高技术含量的产品，使卖方在价格上总占有优势，买方处于劣势。买方的选择只有接受或拒绝，对价格的影响力是极其有限的。因此，在心理上买方对卖方是戒备的，尽可能多地赚钱是对卖方行为的基本判断，卖方即使在价格上让利买方也未必认同。有鉴于此，沟通就成为这一理念产生效果的关键，企业要将这一客户利益维护理念传递出去，要让客户感觉到你在向他提供产品和服务的同时，不仅在赚钱，也在维护买方的利益。消费者接受的产品和服务是其所需的、合理的、适宜的和适度的。而其所支付的成本与所获得的收益是对等的，这种效能的结果就是供需双方的信任和良好关系建立的开始，就为企业的生存与发展提供了保障。这一理念的行为转化就是企业竞争与发展战略的构建，即以维护消费者利益作为企业发展战略的根本出发点并据此调整企业的产品战略、价格战略及促销战略。

3. 超值营销理念中的战略取向

战略大师迈克尔·波特认为，“战略的本质是抉择、权衡和各适其位。战略必须从一个与众不同的价值主张开始。”

超值服务就是汽车维修企业战略的价值取向。它是用爱心、诚心和耐心向消费者提供超越其心理期待(期望值)的、超越常规的全方位服务。

一般而言，消费者对产品的选择建立在对商品的外观接受、性能的满足和品牌的信任基础之上，其所获得的商品(或服务)的价值应与其所支付的成本相对应，这是一般等值的、可以接受的心理预期。这里重点强调一下超值心理预期，即消费者所获得的产品价值超过所支付的成本。超值心理预期来自三种形式：一是产品利益的折让，即以较低的价格出售较高质量的产品(服务)，消费者以低价获得高质量的产品(服务)；二是超越常规的服务，超越行业通行的服务标准和内容；三是消费者对产品的认知和感知超越了原有的预期。其中，前两种形式在一般的产品营销当中作为一种营销策略屡见不鲜，如家电行业的小鸭集团推出的“超值服务工程”，服务范围超出了行业通行的“三包”，使客户享受长期的、多种形式的高质量服务。但是，第三种形式在高价值、高科技的产品营销上表现尤为突出。手机已经算是一件普通的高科技产品，其主要营销策略的核心是增加产品功能的产品策略。但是，消费者所感知到的是其外形上改观，其性能的改进和功能的增加对消费者带来的实际利益并不是很大。换句话说，增加的功能对绝大多数消费者来说，并没被认同和认识，如果手机经销商能够作为消费者选购的参谋和顾问，向消费者完整地传递产品的信息，使消费者能接受并轻而易举地掌握产品的新增特性，消费者对商品价值的感知度就会提高，在某种程度上会超出对产品的预期。

汽车产品是一个时代科学、技术、文化以及生活方式的缩影，汽车设计中的理念、创意和高新技术的采用能否被消费者感知和认同在很大程度上取决于厂家和经销商向消费者信息的传递。广告的传播范围是广泛的，但不是深入的。销售人员的推广在汽车产品营销中有着极其重要的作用。直面汽车实体，在讲解、演示或示范的过程中，通过消费者的亲身体验来感知汽车产品的良好品质和精良的设计是很重要的。例如，一汽丰田锐志轿车，其产品形象的标识是“最新的先进技术，赏心悦目的外观设计，全球统一的 TOYOTA 品质”。但具体到一辆汽车，怎样体现技术的先进、外观的美感和 TOYOTA 的品质，需要营销人员的讲解和示范。当然，首先是要求营销人员对产品的透彻理解，既要像一名设计师，又要像一名艺术鉴赏家，告诉客户其先进技术的背景、目前世界范围内的使用情况，其优势和所能带来的直接利益；对外观的讲解应以美学的视角从不同的角度审视动态和静态的效果，并结合国际名车和未来车型发展方向展示其时尚性。这一过程要使汽车的全部内涵得到完整再现并在消费者个体的个人取向上得到放大，使消费者从感知上超越原有预期。

第二节 企业经营战略制订

一 战略定位

1. 企业的战略定位

我们可以用一个靶心图来确定企业的战略定位，如图 1-5 所示。首先要确定地域，即企业准备在哪里经营。然后确定准备进入的行业，如汽车、酒店服务等，接下来确定在这个行业里，要做到哪一个层级，最终锁定的目标——市场是什么？这些问题环环相扣，需要一一解决。

2. 企业决策的信息分类

很多企业都存在这样的现象，平时手头的资料信息很多，可是一旦要做决策需要信息支持的时候，却发现信息远远不够用。可以说，中国企业的决策常常都处于信息缺乏状态。企业管理者应当自问：为什么我们的信息这么少？我们需要什么样的信息？从哪里才能获得所需要的信息？

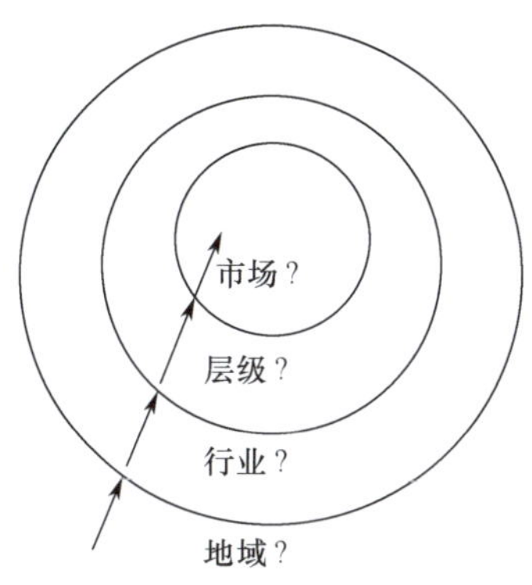

关键问题：

- 你想干什么？
- 你凭什么？
- 你的规划是什么？
- 如何去执行？

图 1-5　企业的战略定位示意图

企业决策的信息分类：

- 与公司战略相关的市场信息
- 与竞争战略相关的对手信息
- 与职能战略相关的资源信息建议

3. 确定企业的核心业务

企业的核心业务是指能够为企业带来最大效益的、企业在行业内占据优势的业务。在确定企业的核心业务之前，企业管理者请先问自己几个问题：

1）企业是如何成长的？

2）有没有核心业务？

3）过去的核心业务是什么？

4）今天的核心业务是什么？

5）明天的核心业务是什么？

中国的许多汽车维修企业都陷入了这样一个误区，就是看到什么项目获利较高就介入，结果可能导致企业没有核心业务，经不起市场风险。

4. 核心竞争力分析

核心竞争力是指在某一个时间段内企业能够拥有，而竞争对手却没有的资源、能力、优势等。本企业有竞争对手也有的就不能算作核心竞争力，只是普通竞争力。

【案例】

一家汽车4S店认为，他们有核心竞争力，那就是一支年轻有为的队伍。可是，年轻有为以什么为标准？如果这家企业的员工平均年龄为28岁，整个行业从业者的平均年龄是30岁，那么这个竞争力就不能算作企业的核心竞争力。

构建一个企业的核心竞争力可以从以下八个方面考虑：

（1）企业的规范化管理。企业的规范化管理也是基础竞争力的管理，很多企业基础管理差，管理混乱使得企业的经营成本居高不下。

（2）资源竞争分析。通过资源竞争分析，明确企业有哪些有价值的资源可以用于构建核心竞争力，具体应该怎样运用。

（3）竞争对手分析。对竞争对手的分析能够让企业知道自己的优势和劣势，企业平时要留意收集竞争对手的信息和市场信息，及时掌握对手的动态。

（4）市场分析。对市场的理解直接影响到企业的战略决策，如果对市场把握不准，就会给企业带来灾难性的危机。

【案例】

某省一家汽车美容装饰店投资人，2003年建立1000m^2的店面时，投资200万元，第一年就把投资成本回收回来了。但是2006年建立一家3000m^2的综合性服务厂后，一直经营不善，资金压力非常大，自己个人也因压力太大，不到45岁，就在列车上眩晕去世。企业和个人失败的原因有多种，但这个投资人对市场的评估以及对自己的评估出现了战略性的错误，当时认为，只要有客户资源，亲自操作，企业就会有许多的加盟者，3~5年可以建立100家加盟店，从而形成汽车服务“王国”。然而事实恰恰相反，综合服务厂都没有定位好和管理好，处于亏损状态，加盟店就无从谈起，从而导致企业失败。这样的代价也太沉重了。

（5）无差异竞争。所谓的无差异竞争是指企业在其他方面都不重视，只强调一项，那就是价格，也就是打价格战。中国的很多企业都经常使用这种竞争方法，可是事实上，纵观成功的企业，有几个是靠价格取胜的呢？更别说汽车服务，价格更不是第一位的，客户需要的是“一次修好我的爱车”。

（6）差异化竞争。差异化竞争与无差异竞争相反，是指企业不依靠价格战，而是另辟蹊径，出奇招取胜。

【案例】

中部地区一家豪华车维修企业，建店时期，就另辟蹊径，每个高端品牌一个车间，每个车间的技师/服务顾问都只接待一种品牌的车辆，形成专业化服务，让客户感觉到与传统维修厂就是不一样，短短6年的时间，单店从月产值200万元上升到月产值1000万元，获得了空前的成功。

（7）标杆竞争。标杆竞争就是企业找到自己有哪些地方不如竞争对手，在超越竞争对手的时候设立标杆，每次跳过一个标杆，再设新的标杆，这样督促企业不断进步。

（8）人力资源的竞争。人力资源的竞争直接关系到企业的核心竞争力，尤其是在21世纪，人才最重要，企业必须重视人才、培养人才、留住人才。

【案例】

中部地区一家汽车4S店集团在大规模的扩张过程中，曾经出现过管理混乱和中高层人才短缺的现象。为此投资人制订了一个明确的战略，那就是首先培养人才，其次用制度留住人才，再次用企业文化留住人才。具体措施的第一步是让中高管理层就读MBA，公司出学费，促进管理层进步；第二步是让管理层入股，用未来的收益约束管理层；第三步是鼓励管理层高消费，让员工有自豪感，同时离开这里之后有失落感。不到10年时间，这家企业已经从只拥有一家维修厂，成长为拥有超过30家汽车4S店的集团公司，真正说明了企业成与败的关键是“人”。

二 战略的制订分析

1. 企业核心能力的构成

企业的核心能力与核心竞争力相互影响、相互制约，与核心竞争力一样，企业的核心能力也要从图1-6所示的八个方面进行考虑和评估。

2. 市场与资源分析

（1）资源价值分析。企业在进行资源分析的时候要解决的问题是：企业有哪些资源？企业的资源与竞争力的关系是什么？资源是否有效，是否有价

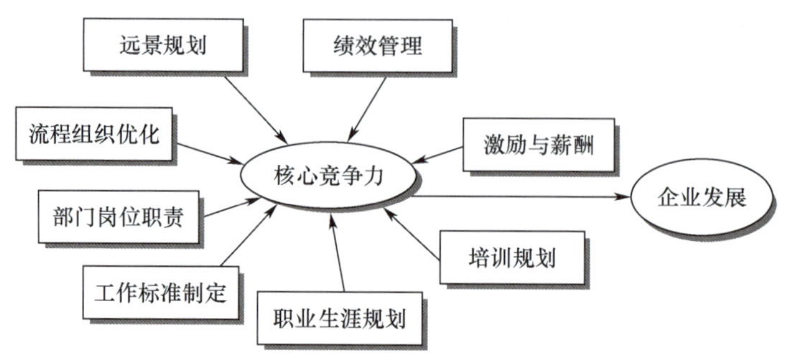

图 1-6 企业核心能力的构建图

值？哪些是有效资源？哪些是无效资源？

1）资源的分类。有些人认为：市场是有限的，竞争是无限的。这是一个错误的观念，人类的需求永无止境，因此市场的发展空间是无限的。市场由两个部分组成：一个是有效市场；一个是无效市场。市场是否有效由资源来决定。资源也分为有效资源和无效资源两类。一个企业把资源有效地投放市场，能够占领的那部分市场是企业的有效市场，没有占领的是无效市场。资源投放到市场上，产生市场份额的这部分资源是有效资源，其他资源则是无效资源。例如，企业存在银行里的存款是无效资源，因为这些资金没有投入市场，不能产生效益。

有时候两个企业可能拥有相同数量的资金，但只是绝对值相等，使用的相对值却不一定相等，使用的相对值不对等直接导致资源的不对等。

【案例】

甲汽车 4S 店的年资金周转次数是 5 次，乙汽车 4S 店的年资金周转次数可以达到 50 次。同样是 1 亿元的资金，甲企业一年用 5 次，每次带来 10% 的利润回报，乙企业用 50 次，每次的回报率稍低，是 2% 的利润回报，很显然，乙企业的资金使用的相对值要大于甲企业，也就是乙企业的投资回报率要高于甲企业。

2）资源分析的构成。企业对资源的分析包括两个方面：对有形资源的价值分析和对无形资源的价值分析。对于一个现代化的企业来讲，无形资源的价值往往比有形资源的价值更高。每个企业都应该通过列表或提问的方式，理清企业的有形资源和无形资源，了解企业的资源状况，与竞争对手相比是优还是劣？最重要的是，要把问号变成句号，把疑问变成实际行动。

有形资源的价值分析：

- 企业是否拥有强大的服务网和供应商？
- 企业是否有现代化的设备和自然资源？
- 企业是否掌握先进的维修技术？
- 企业是否有系统的车间管理体系？
- 企业是否有忠诚的客户？
- 企业是否有专业人才和培养能力？
- 企业的资本实力、信用等级如何？
- 企业信息网络智能化的程度怎么样？

无形资源的价值分析：

- 企业是否拥有品牌形象及市场认知度？
- 企业是否占有较大的市场份额和具有优势的市场地位？
- 企业员工忠诚度和工作环境如何？
- 企业是否具有不断创新的能力？
- 企业是否具有快速反应的速度优势？
- 企业能否做到低于同行业的成本控制？
- 企业是否有完善的客户服务系统？
- 企业与上游企业以及供货商的伙伴关系如何？

（2）市场分析。企业对市场的分析也包括两个方面：对市场机会的分析和对市场威胁的分析。

1）对市场机会的分析。对市场机会进行分析的目的是帮助企业寻找更多、更好的发展机会，具体来说，包括对潜在市场的产品或服务进行分析，对进入新的细分化市场、扩充新的产品进行分析，对相关产品系列多样化经营进行分析，对市场快速增长的可能性进行分析，对竞争对手遇到的发展障碍进行分析以及对境外市场保护壁垒的降低进行分析。这些都可能是企业的机会，关键在于企业能不能把握住这些市场机会，进入新的领域或者占领更大的市场。

【案例】

有一家美国企业之前一直从事百货商场的经营，可是很长时间效益不是很好，于是该公司就不断地增加销售的产品品种，可是品种越多，管理越难，问题越多，效益越差。最后，公司改加法为减法，撤掉商场中所有成人的商品，改为专门经营儿童用品，结果效益居然慢慢地好起来了。尝到甜头的公司又进一步进行细分，把除了玩具之外的所有儿童用品全部撤掉，最后这家公司发展为全美最大的玩具经销商——玩具反斗城。

这个案例其实对汽车综合性维修厂何尝不是一个启示，如果企业维修超过 10 个品牌的汽车，那么至少 100 个车型，技师和零件成本都会非常高。如果企业能够从几个方面分析，留下 3～5 个相互关联的汽车品牌进行维修，不仅降低成本，同时业绩也会逐步上升。例如，建立豪华车维修、日系车维修、德系车维修、美系车维修等专业维修部门。

2）对市场威胁的分析。市场威胁包括：低成本的境外竞争者的加入（比如中国加入 WTO，众多国际企业要争夺中国市场）；替代品的市场占有份额增加；整体市场需求减少；汇率及国内外贸易政策发生改变；国内外宏观经济环境的波动；顾客及供应商实力的增强；国内外市场需求发生变化；政府的限制性政策法规等。

【案例】

2009 年国际金融危机爆发，全球包括中国的汽车行业也进入“冬天”，国家适时推出汽车下乡政策，对购买 1.6L 及以下排量的汽车进行补贴，特别是对 1.0L 排量以下的车型进行重点补贴。2010 年，国内小排量汽车出现爆发式增长，这可以说是面对威胁时政府开出了一剂良药。

3. 企业优势与劣势分析

在对市场和资源进行分析之后，企业管理者还要进一步分析企业的优势与劣势，找出企业存在的问题，掌握企业具有的优势，做到“胸有成竹”

“对症下药”。

企业优势与劣势分析

企业的优势：	企业的劣势：
➢ 充足的资金来源	➢ 缺乏明确的战略导向
➢ 良好的品牌形象	➢ 经营不善，管理混乱
➢ 优势的市场地位	➢ 不良的盈利状况
➢ 技术和专业优势	➢ 资金缺乏，成本过高
➢ 产品和成本优势	➢ 专业人才的长期缺乏
➢ 完善营销网络和服务系统	➢ 缺乏核心竞争力的培养
➢ 较强的管理能力和经营能力	➢ 企业的市场形象差

4. 企业外部环境分析

任何一个企业都不是孤岛，而是处在众多外部环境因素的包围之中，因此企业管理者必须对外部环境进行分析。价值链的一个关键要素是外部环境，具体细分为许多部分，如图 1-7 所示。企业管理者可以分别对每一个环节进行分析评估，从而得知企业在哪些环节做得好，哪些环节做得还不够，在哪些地方有价值链，哪些地方还没有价值链。

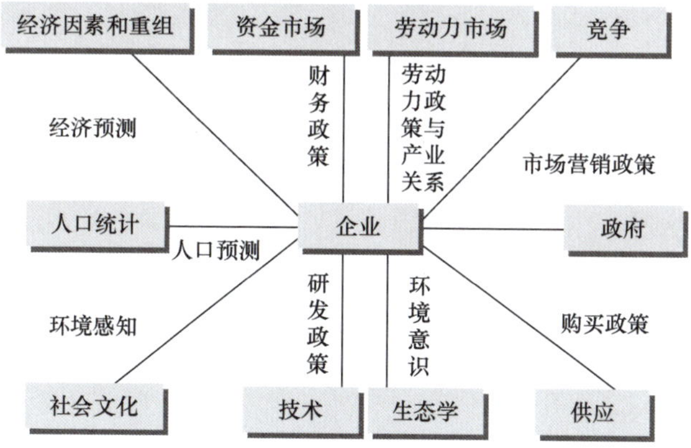

图 1-7　企业外部环境分析示意图

每个企业都应当为自己构建一个有效的价值链，并对价值链上的各个环节进行细化分析，这样就可以明确每一环节对于企业的重要性和它目前所处的状态。所有得出来的结论最终是相对量化的结论，而不是模糊的结论。

【案例】

吉利并购沃尔沃之后，在国内建立了三个生产装配基地，实际上沃尔沃最多使用20%，其他80%提供给了沃尔沃的上游零配件供应商，这样上游供应商生产出来的零配件就可以直接进入到沃尔沃的装配线，从而降低了沃尔沃的生产成本。

5. 战略规划的程序流程

（1）战略相关术语。在制订和使用战略规划时，常会遇到一些相关术语，表1-5中列出了一部分术语，供参考。

表1-5 战略相关术语列表

术语 分析内容	核心价值观	远景	使命	战略目标	经营计划
对象	所有关联群体	内部成员 外部成员	相关联的利益团体	因目标不同对象也不同	内部成员（管理层、员工）
目的	发现企业整体价值和原则	行动的指导方针，培养合作精神	企业存在的价值	提供方向、衡量标准	定义通向目标的途径
内容	对所处环境和本身意图的基本态度	未来发展描述	经营价值性	描述未来奋斗的状况	行动的参数和指示
应用层面	企业	企业或业务单元	企业或业务单元	企业、业务单位、产品、功能、部门、员工	企业、业务单位、产品、功能
类型	可表述，委婉的	可表述，但有约束力	可表述，与行动密切相关	成功的评判，与标准相关	完全格式化，操作性，与行为相关

（2）制订战略规划的程序。

1）设立目标。目标是永恒的主题，目标的种类有多少？企业的价值在哪里？某项工作利益相关者是谁？有没有剩余价值？等等这些都是企业进行战略规划第一步要考虑的问题。

2）定位经营者业务单元。企业有五种方法进入市场，企业到底选择哪一种？产品线、客户群是谁？需要怎样的条件？需要什么样的成本结构？企业管理者应准确定位经营业务单元。

【案例】

中部地区一家汽车美容装饰店，到2015年已经运营25年，从2005年开始，面对汽车美容市场蛋糕无限膨胀的时候，投资人重新做出了一个定位，购买门店做汽车美容装饰店，只要每家店每年的毛利能够偿还银行贷款，就算成功。根据估算，2005 年购买 1000m^2 门面房的单价是 5000 元/m^2，2010 年已经涨到了 25000 元/m^2。门面净赚 2000 万元，并且风险是零。

从此案例中可以发现，成功的企业必须与至少与另一行业的一个模块进行连接，财富才能以几何级膨胀发展，并且风险最小。

3）环境分析。企业的外部环境包括政府、供应商、社会文化、人口、经济因素、资金市场、劳动力市场等，这些因素都会对企业产生直接的影响，所以企业必须对外部环境进行分析。

4）产生战略选择。在进行了一系列的分析之后，企业管理者就可以进行战略选择，包括在什么地方竞争、有什么优势、希望获得什么、能够创造什么、打算与谁合作等。

5）侧重动态影响的选择。企业管理者在进行战略选择时不能仅考虑自己的需要，还要考虑其他客观的动态影响，如客户是否支持企业制订的战略，竞争者会有什么反应，客户会有什么反应等。企业管理者必须在动态不确定的因素下找到平衡。

6）确定细节。在做出决定之后，企业管理者必须把所有的细节落实到文字上去，通过文字形成清晰的概念，从而确保今后的执行力度。

7）反馈。企业管理者应通过反馈及时监控策略的执行情况，了解执行结果，根据反馈结果及时地调整战略。战略制订之后并不是绝对不变的，还需要进行有效的调整，“敌不动我不动，敌动我不动”，企业管理者要根据外界的变化及时采取相应的对策。

（3）战略流程制订的步骤。中国的很多企业都要制订年度发展战略规划，一般是从 10 月份到 11 月份开始考虑，12 月底就做出了战略规划，但是也有些企业会拖到第二年的 1、2 月份。到底什么时候开始制订战略规划？需要多长时间？其实这两个问题并没有固定的答案，要根据企业的具体情况而定。这里给出一家企业制订战略规划的流程，供大家参考。

【案例】

企业的董事会、高层管理者、企划部、各部门负责人、各工作小组都参与了企业发展战略规划的制订。

1）前半年是准备阶段，各个相关职能部门应收集相关信息，对信息进行归类和处理，发现、关注、提出各种问题，到6月底时所有的前期准备工作都要完成。

2）7月份的目标是制订企业整体战略，高层管理者提出目标，经董事会审核、修改、批准，企划部开始起草战略规划，各部门负责人提供建议。

3）8月份的目标是制订部门发展战略，高层和董事会向各部门下达企业的战略规划，建议各职能部门应当特别关注和解决的议题，部门工作小组提供技术支持和分析，部门负责人起草部门的战略规划。

4）9月份是质疑、修改阶段，通过召开讨论会等形式，对规划进行必要的修正，并以文本形式确定下来，交由董事会批准。这样，在10月初企业就制订出了明年的发展战略规划。这份计划是详细的、务实的、可行的。

制订战略规划的禁忌：

- 临时抱佛脚
- 形式主义
- 闭门造车
- 大话空话

三 企业经营战略制订的方法

没有战略的组织就好像没有舵的船，只会在原地打转。

——乔伊尔·罗斯

目标不是命运，是方向；不是命令，是责任；不能决定未来，是动员企业的资源和能量以取得未来成功的手段。

——彼得·德鲁克

每一种经营都是根据某种战略进行的。战略是企业前进的方向，是企业经营的蓝图，企业依此建立客户对其的忠诚度，赢得一个相对其竞争对手持续的竞争优势。战略的目的在于建立企业在市场中的地位，成功地同竞争对手进行竞争，满足客户的需求，获得卓越的企业业绩。

1. 确定企业的业务使命

你的企业在经营什么？企业的业务使命是什么？

对企业当前的业务从战略的角度进行明确界定，而对业务使命的清晰陈述是战略营销的起点。业务的界定必须包括下列内容：

1）企业所提供的产品或服务是什么？

2）客户需要满足的需求是什么？

3）企业的客户/客户群是谁？

4）客户为什么从本企业购买？

5）企业采取什么样的方式来满足客户的需求？

6）是什么使本企业同其竞争对手区别开来？

企业的经营定义基于企业卖什么或者提供什么，企业当前的客户基础和正在服务的目标市场会进一步帮助明确企业的经营定义。每一种经营都有众多的竞争者，客户对产品或服务有广泛的选择余地，企业管理者要弄清楚客户从你的企业购买的原因。对一家经营成功的企业而言，必有不同于其竞争对手的经营特色，从市场营销的角度来说，如果企业能把自己同其他竞争对手区分开来，该企业就具备了强大的竞争优势。

企业的经营定义决定了其在市场上的取向。如果企业能明确地界定当前的业务，那么它就走上了建立有效市场营销计划的正道。

将企业当前的业务系统清晰地描述出来并书面化，就形成了业务使命陈述书。一份有效的使命陈述书将向企业的每个成员明确地阐明企业的目标、方向和机会等方面的重大意义，引导他们朝着一个方向，为实现企业目标而工作。

优秀的使命陈述书具有以下三个突出特点。

第一，集中在有限的目标上。

第二，强调企业想要遵守的核心信念和共享价值观。

第三，明确企业要参与的主要竞争范围，具体包括：

1）行业范围。企业必须考虑行业范围。有的企业只参与一种行业的经营，有些只限于经营相关行业的产品。

2）产品与应用范围。它是指企业愿意参加的产品与应用领域。

3）企业能力范围。它是指能被企业掌握和支配的技术与其他核心能力的领域。

4）市场细分范围。这是企业想要服务的市场或客户类型。有些企业只为上流社会服务，如保时捷企业只生产高级轿车、太阳镜和其他辅助设备。

5）一体化范围。企业生产自己需要产品的供应程度。高度一体化是企业自给自足许多自己需要的供应品，如福特汽车企业有自己的橡胶园、玻璃制品厂和钢铁制造厂。而相对另一个极端，诸如“纯营销企业”根本没有一体化结合，它只有人手一部电话机、传真机、计算机和一张写字台，以及各种服务联系，包括设计、制造和营销等。

6）地理范围。企业希望开拓的区域。

表1-6给出了一份企业业务使命陈述书。

表1-6 企业业务使命陈述书

企业名称：________
产品或服务：________
客户：________
市场：________
财务目标：________
营销目标：________
核心信念：________
共享价值观：________
主要政策：________
竞争范围：________
　　行业范围：________
　　产品与应用范围：________
　　公司能力范围：________
　　市场细分范围：________
　　一体化范围：________
　　地理范围：________
使命陈述书
____
____
____
____

【案例】

美国石油公司

美国石油公司是一个在全世界范围内从事炼油到化工制品一体化的企业。他们寻找和开发石油资源，并向他们的客户提供优质的产品与服务。他们的业务责任是获得优秀的财务收益，平衡其长期成长计划，实现股东获益和履行对社会和环境的义务。

麦当劳公司

麦当劳公司的目标是占领全球的食品服务业。在全球范围内处于领先地位以及在建立客户满意度标准的同时，通过执行“服务便利、增加价值、履行承诺”的战略，提高市场占有率和盈利率。

2. 外部环境分析（机会与威胁分析）

企业管理者在对企业进行外部环境分析时，应考虑以下问题：影响企业业务的外部环境有哪些？有哪些可利用的市场机会？有哪些要预防的威胁和挑战？

影响企业业务的外部环境如表 1-7 所示。

表 1-7 外部环境分析：机会与威胁

影响因素	机　会	威　胁
宏观环境因素		
宏观经济环境		
人口统计情况		
技术因素		
政治/法律的因素		
政府及其管理机构		
社会责任/文化的因素		
自然环境		
微观环境因素		
总体行业情况		
竞争环境		
当前客户		
潜在客户		
竞争对手		
供应商		

一家企业的成功与否在很大程度上受外部因素制约：什么是合法的？什么与政府的政策和管理条例一致？什么与社会期望和社会责任标准相一致？现实的宏观经济形势对企业的业务和财务有怎样的正面或负面影响？技术改造和技术创新给企业业务带来什么样的机遇或威胁？

行业的竞争环境和整体吸引力决定了企业在战略上必须适应行业竞争因素的特点——价格、服务质量、性能特色等。如果竞争环境发生了重大变化，那么企业必须做出积极反应，采取恰当的行动，捍卫其地位。

企业所面临的特定业务机会和具有威胁性的外部环境发展态势是影响企业战略的重要因素。这两点都要求企业采取战略行动。企业必须精心策划好，抓住最佳的成长机会，特别是那种很有希望建立持久的竞争优势，提高企业盈利能力的机会。同样，对于那些危及企业安全和未来业绩的威胁，企业必须采取必要的防卫措施。企业的经营要想取得成功就必须很好地适应市场机会和外部威胁因素，采取进攻性行动充分利用非常有希望的市场机会，采取防御性行动捍卫企业的竞争地位和长期盈利能力。

3. 内部环境分析(优势/劣势分析)

企业管理者在对企业进行内部环境分析时，应考虑以下问题：企业内部的竞争能力如何？企业经营的优势和劣势是什么？

识别环境中有吸引力的市场机会是一回事，拥有在机会中获得成功所必需的资源和竞争能力是另一回事。每家企业都要定期检查自己的优势与劣势，具体分析如表 1-8 所示。

表 1-8 内部环境分析：优势与劣势

因素	优势	劣势
营销能力 1. 企业信誉 2. 市场份额 3. 产品质量 4. 服务质量 5. 定价效果 6. 促销效果 7. 服务顾问能力 8. 销售顾问能力 9. 创新效果 10. 公关能力 11. 覆盖区域		
财务能力 12. 资金成本/来源 13. 现金流量 14. 资金稳定性		
车间能力 15. 设备配置 16. 企业规模 17. 生产能力 18. 人力资源 19. 一次修复 20. 按时交车 21. 服务流程		

（续）

因素	优势	劣势
创新能力 22. 新设备使用能力 23. 新技术掌握能力		
组织管理能力 24. 有远见的领导者 25. 具有奉献精神的员工 26. 企业家精神 27. 适应变化能力 28. 共有价值观和企业文化		

一家企业是否拥有或能否获得所需的资源和竞争能力是影响企业战略的一个最核心的因素。因为这些因素可以为企业提供竞争优势，以便充分利用某些市场机会。获取竞争优势的最佳途径是，企业拥有具有竞争价值的资源和能力，而竞争对手则没有，并且竞争对手开发可比的能力要付出沉重的代价或要经历一段很长的时间。经验表明，取得经营成功的企业完全是充分利用了企业的强处，淡化和中和了其资源劣势和技能差距。

企业管理者个人抱负、价值观、商业哲学、风险观和伦理哲学对企业战略会产生重要的影响。如果一个管理者有着很强的伦理信条，那么他就会不遗余力地确保企业业务在各方面都严格遵守伦理法则。

强有力的企业文化可以决定企业所采取或摒弃的战略行动及对外界事件的反应方式。

【案例】

在这方面最著名的例子当数惠普公司，所谓的“惠普方式”是指与员工分享企业的成功，信任和尊重员工，为客户提供最大价值的产品和服务，真正对为客户提供问题的有效解决方案感兴趣，使利润成为股东的最高优先点，避免用长期负债来为业务成长融资，提倡个体主动性和创造性，提倡团队精神，成为一名优秀的公司公民。

SWOT 分析总结如下：如何善用企业的优势和市场机会？如何改善企业的劣势和防备企业所面对的外部威胁？

企业管理者应基于对企业内、外环境的分析（参见表 1-7 和表 1-8），认真挑出不超过五个最可利用的优势和机会以及不多于五个最值得注意的劣势和威胁，确保使企业的注意力集中在最重要的关键问题上。针对最有价值的优势和机会制订出有效利用的行动或措施（表1-9）；针对必须改善的劣势和最值得注意的外部威胁制订出强有力的改善和防备行动或措施（表1-10）。

表1-9　如何善用企业的优势和市场机会

根据表1-7、表1-8中列出的企业主要优势和市场机会，制订出相应的行动或措施：
1. 优势或机会： 行动或措施：
2. 优势或机会： 行动或措施：
3. 优势或机会： 行动或措施：
4. 优势或机会： 行动或措施：
5. 优势或机会： 行动或措施：
…

表1-10　如何改善企业的劣势和避开外部威胁

为了改善和避开表1-7、表1-8所列出的企业的劣势和外部威胁，将采取下列的行动或措施：
1. 劣势或威胁： 行动或措施：
2. 劣势或威胁： 行动或措施：
3. 劣势或威胁： 行动或措施：
4. 劣势或威胁： 行动或措施：
5. 劣势或威胁： 行动或措施：
…

“知己知彼，百战不殆”。从管理的角度来讲，对企业内、外环境的分析就是要做到知己知彼。表1-11将会进一步帮助企业认清自身经营上的强弱点。

表1-11 企业经营管理检核表

检核内容	是	否
1. 营销与销售		
1）市场营销计划		
企业有营销预算吗？		
企业有市场营销计划吗？		
企业的经营抓住了市场机遇了吗？		
2）市场调研		
企业是否界定清楚其目标市场？		
有无对目标市场做进一步的细分？		
企业了解客户的愿望和需求吗？		
企业是否清楚市场对其产品或服务的反应？		
企业是否已经充分发挥了市场潜力？		
企业是否一直在做竞争分析？		
3）定价		
价格与目前行业的实际水平一致吗？		
企业的定价策略是根据其成本结构确定的吗？		
企业是否在做价格灵敏度研究？		
4）广告和公共关系		
企业是否按可衡量的结果选择媒介？		
企业所做的广告前后一致吗？		
按照企业的经营水平及期望增长计划，广告预算合理吗？		
5）客户服务		
客户服务优先吗？		
企业是否恳求客户的反馈？		
在服务于客户需求和理想的经营策略之间是否达到了合理的平衡？		
6）销售管理		
企业对销售人员和区域销售是否按他们的职责给予了适当的指导？		
企业是否确立了个人销售目标？		
企业有提供适当的销售支持吗？		
销售人员有经过系统的培训吗？		
7）个人销售情况		
企业的销售人员是否知道销售策略是什么？		
个人风格怎样影响销售策略？		

（续）

检核内容	是	否
2. 企业运作		
1）企业选址		
企业的位置是否合适？		
2）企业成长		
企业业务增长至少高于通货膨胀率吗？		
是否已经达到企业的财产增长、销售目标和利润目标？		
是否达到了增长的极限值？		
3）采购		
是否选用了声誉好且有竞争力的供应商？		
是否有采购计划？		
供应商之间是否能够形成良性竞争？		
是否能够及时满足紧急的需求？		
4）库存控制		
企业的库存周转情况是否清楚？		
对于周转慢的存货是否加以控制？		
是否已经制订合理的再订货策略？		
5）时间安排		
企业内是否有配件和用品运行不畅通的问题？		
对每项工作应占用多长时间企业是否定立规矩和有效控制？		
企业是否有建立基于时间管理的快速反应机制？		
6）服务质量控制(一次修复)		
是否有一个有效适当的服务质量控制和保证系统？		
企业是否制定服务质量政策？		
对于可能影响产品质量的关键因素是否进行量化控制？		
是否设定服务质量可以接受的标准？		
是否对企业从事质量管理的人员进行培训和资格认定？		
3. 财务		
1）账目与会计		
企业的账簿是否适合会计要求？		
所记录的资料是否容易使用？		
需要时，是否能立即获得所需要的信息？		
企业是否有每月盈亏核算？		
企业有年度财务报告吗？		
2）预算		
企业使用现金流量有预算吗？		
是否有运用月度偏差分析？		
是否有应急资金预算？		
3）成本控制		
企业对各项成本都有管理控制吗？		

（续）

检核内容	是	否
对于高成本项目是否有做特别处理？ 是否有运用预算作为初步成本控制的工具？ 4）筹款 必要时，企业总能成功地筹集资金吗？ 5）信用与融资 企业是否有运用信用来有效地增加收入？ 企业是否清楚了解信用和融资成本？ 是否对信用和融资策略做定期评审？ 6）与银行的交往 企业同主要的业务银行的关系是否融洽、友好？ 企业一共与几家银行有业务往来？ 7）资金成本 企业对资金成本和利润率是否做过比较？ 利息率和借款条件是否适当？ 8）财务分析工具 企业是否运用以下工具： ① 收支平衡分析 ② 现金流量推算分析 ③ 月度盈亏分析（收入报表） ④ 平衡表 ⑤ 比例分析 ⑥ 行业运行比例 ⑦ 税务计划 ⑧ KPI 分析 ⑨ 应收账款分析 ⑩ 人力资源成本分析		
4. 人力资源 1）招聘 是否按照最有效的资源搭配进行招聘？ 是否保留合格申请人的档案？ 2）培训 企业的雇员是否按工作要求进行过系统的培训？ 是否保留培训记录？ 3）激励 企业是否建立对员工的激励制度？ 企业是否有企业文化和共享价值观？ 员工对自己的工作是否表现出兴趣？是否全力以赴地投入？ 4）政策执行情况 企业的各项政策是否被有效地执行？是否达到预期的结果？ 是否按期进行管理评审？ 5）沟通 员工是否了解或参与决策？ 员工是否清楚自己的目标？ 企业是否为员工创造提升和发展的机会？		

（续）

检核内容	是	否
5. 行政管理 1）记录资料的保管 如有需要，是否很容易找到过去的记录或资料？ 记录资料是否至少保留到规定的期限？ 2）问题的解决 是否有未解决的问题？ 3）决策 管理层行事果断吗？ 有决策程序吗？ 4）领导者 企业是否有足够合格的企业管理人员？ 5）培养接班人 企业是否有职务代理人制度？ 6）政府法规 企业对可能影响业务的当地或国家法规是否清楚并制定相应的政策？ 7）同专业人员合作 企业是否有聘用会计师、律师或专业顾问？		

表1-11中为“否”的任何项目都必须引起注意，因为它们标明了企业的经营弱点；对于“是”的项目至少是满足标准的，但仍需改进。企业管理者应永远记住发挥优势，克服弱点。

4. 目标的制订

（1）企业目标。在完成SWOT分析之后，企业就可以制订出3～5年内的中期发展目标，并把这些中期发展目标细化为具体的短期目标。目标必须是定时的、量化的和可实现的，它可以衡量并转化为具体的计划加以实施、控制和评估。目标是跟踪企业业绩和进度的标尺，所以它制订得越清晰越好。

很少有企业仅追求一个目标。大多数业务都是几个目标的组合，诸如利润率、销售增长额、市场份额提高、风险的分散、创新和口碑等。目标建立之后，企业可实施目标管理。

先列举一些具有代表性的企业财务目标和战略目标，如表1-12所示。

（2）营销目标。从严格意义上讲，营销目标是功能层面的目标，它是对企业总体目标进一步的分解和具体化。也就是说，企业目标要转化成营销目标。例如，企业的目标设定在明年要实现净利润200万元，并且它的目标利润率为10%，那么它服务产值上的目标必须是2000万元；如果企业平均单车产值是1000元，那么它必须一年进店20 000台次。

表 1-12 具有代表性的企业财务目标和战略目标

财务目标	战略目标
• 收入增长 • 收益增长 • 扩大利润率 • 提高投资回报率 • 提高现金流 • 良好的信用评价 • 提高企业多元化收入程度 • 提高股东红利 • 获得有吸引力和持久的市场附加值 • 在经济萧条期间稳定企业的收入	• 提高企业的市场份额 • 企业服务能力和技术能力比竞争对手更高 • 同关键竞争对手相比，企业的总成本更低 • 满足客户需求的产品和服务项目比竞争对手的更宽和更有吸引力 • 在客户心目中拥有比竞争对手更好的形象 • 卓越的客户服务 • 区域覆盖面比竞争对手更广 • 被公认为是营销和服务创新的领先者 • 客户满意度比竞争对手更高

目标的制订必须注意以下四点：

1）目标必须按轻重缓急有层次地进行安排。例如，一个关键的目标是在这一阶段提高投资回报率，这又衍生出提高利润水平或减少投资额；提高利润又包括增加收入和减少费用；增加收入又转化为提高进店台次或价格。通过这种方法，企业可将较抽象的目标变为企业各部门和个人能够执行的特定目标。

2）在可能的情况下，目标须量化。例如，“提高投资回报率”，这个目标就不如“提高投资回报率 15%”明确。

3）企业所建立的目标水平应该切实可行。这一水平是在分析机会和优势的基础上形成的，而不是主观愿望的产物。

4）企业各项目标之间应该协调一致。例如，产值最大化和成本最小化要同时达到是不可能的。

【案例】 著名企业的企业目标

福 特 汽 车

在美国本土市场上，在市场占有率方面，成为最优秀的三家之一。

3M 公司

每股收益平均年增长率 10% 或以上。股东权益回报率 20% ~25%，营运资金回报率 27% 或以上，至少有 30% 的销售额来自于最近四年推出的新产品。

企业所有目标都应包含长期目标和短期目标。长期目标的目的是使企业在相当长的一段时间内保持良好的经营状态；而短期目标主要是集中精力提高企业的短期经营业绩和经营结果。一旦长期目标确定下来，下一步就是把它转换成短期目标，落实到具体的负责人，严格界定相应的责权范围和完成期限(表 1-13)。

表 1-13 企业长期和短期目标

长期目标： 负责人： 期限：	短期目标：
长期目标： 负责人： 期限：	短期目标：
长期目标： 负责人： 期限：	短期目标：
长期目标： 负责人： 期限：	短期目标：
长期目标： 负责人： 期限：	短期目标：

5. 企业战略和营销战略制订

企业长期和短期的目标是制订企业总体战略和营销战略的基础。战略制订就是要解决如下几个问题：如何完成企业的业绩目标？如何打败竞争对手？如何获得持续的竞争优势？如何加强企业长期业务地位？如何使企业的财务目标和战略目标成为现实。整个企业需要一个总体战略，各职能领域——店面开发、采购、车间运营、营销、财务、客户服务和信息系统都需要一个战略。

三种最常见的企业战略是：

（1）低成本领先战略。采用这种战略的企业致力于达到车间成本和销售成本最低化，这样就能以低于竞争对手的价格，从而赢得较大的市场份额。采取这一战略的企业必须善于采购、内部管理精细。

（2）差别化战略。采用这种战略的企业通过对整个市场的评估找出某些重要的客户利益区域，集中精力在这些区域完善经营。企业可在客户定位、服务方式等方面建立差别化优势。

（3）最优成本战略。采用这种战略的企业通过综合低成本和差别化为客户所支付的价格提供更多的价值，其目的在于使产品相对于竞争对手的产品和服务拥有优势（最低）的成本和价格。

这三种基本企业竞争战略的每一种都能够获得一个与其他战略不同的市场地位。

无论企业采取何种战略或战略组合，必须做到：

1）战略要具有很好的协调性，互相有矛盾或冲突的战略是无法执行的。

2）战略要有可行性，超出企业资源和能力范围的战略都是行不通的。

3）战略必须是为企业全体人员所接受的，如果不能获得企业全体员工的支持，再好的战略也会失败。

制订协调一致、彼此支持、相互加强、可行而又可接受的战略对实现企业目标具有非常重要的意义。在企业内部，战略主要是采取恰当的行动开发和建立获取竞争优势的各种能力和资源优势。成功的战略通常把核心放在那些对战略成功起着关键作用的各种活动，建立强大的企业竞争能力，再以这些强大的能力为基础，赢得竞争优势。

制订成功战略的十三条戒律

（1）对于那些能够保证企业的长远竞争地位的战略行动要予以最优先制订和执行。不断加强的竞争地位每一年都可以为企业带来回报，能够满足季度和年度的业绩目标所拥有的辉煌会很快消失。如果企业的管理者让短期的财务目标将那些能够加强企业长远竞争地位的行动排斥在外，那么这种管理者不大可能很好地服务企业。保护企业长远营利能力的最好办法就是加强企业的长远竞争力。

（2）如果能够很好地制订和实施清晰一致的战略，就可以为企业建立良好的声誉和被认可的行业地位。那种为了抓住暂时的机会而经常被变动的战略所带来的利益是昙花一现的。从长远来看，如果企业的竞争战略是经过精心策划的一致战略，那么他的目标将是不断加强企业的竞争地位。对于一个正在发展的企业来说，市场竞争这场游戏应该抱着长远的心态来玩。

（3）避免“中庸之道”式的战略，在低成本和高差别化之间寻找折中，在广泛市场定位和集中市场定位之间寻找折中。中庸之道的战略几乎不会产生持久的竞争优势和建立稳固的市场地位，其结果往往是成本一般，特色一般，质量一般，吸引力一般，形象和声誉一般，很难进入行业的前列。

（4）投资建立持久的竞争优势。要想获得平均水平之上的盈利，这是最可靠的因素。

（5）积极地进攻以建立竞争优势，积极地防御以保护所建立起来的竞争优势。

（6）避免那种只能在乐观环境下取胜的战略。要有竞争对手会采取对抗措施的心理准备，要有应付不利市场环境的心理准备。

（7）避免那种僵硬或者不灵活的战略，因为这种战略从长远看来会将企业“锁”起来，采取应变策略的余地不大。

（8）不要低估竞争对手的反应和承诺。当竞争对手负隅顽抗和竞争对手的利益受到威胁时，它们是最危险的。

（9）避免在没有强大竞争优势和充足财力的情况下对实力雄厚、资源丰富的竞争对手发起进攻。

（10）攻击竞争强势和攻击竞争弱势相比，前者所获得的利益更多一些，所冒的风险更小一些。

（11）在没有既定成本优势的情况下降低价格要谨慎。只有低成本企业才能通过采用降价的手段赢得长期的利益。

（12）时刻注意为从竞争对手那里攫取市场份额而采取的进攻性行动常常会激起对手的激烈报复，诸如价格战。这对各方的利润都会造成伤害。为提高市场份额而采取的进攻性行动会引发殊死的竞争。如果一个市场的客户资源不足，企业过剩，那么竞争会非常惨烈。

（13）在追求差别化时，要竭尽全力在质量、性能、特色、服务上同竞争对手拉开距离。与竞争对手提供的产品和服务差异太细微，对于购买者来说，可能不够明显，也不够重要。

最后，营销人员必须决定如何将营销费用分配给不同的车型、渠道、促销媒体和销售领域。

6. 营销管理——营销计划方案的执行、控制、评估及反馈

战略营销的最后一个环节是营销管理，即组织营销资源对营销计划方案进行执行，并对实施过程进行有效控制，并通过实施过程中反馈的市场信息对计划进行评估改善，以确保营销目标的达成。毫无疑问，任何企业都必须设立一个能够实施营销计划方案的营销组织。在小企业里，一个人可能要兼管营销调研、推销、广告、客户服务等一切营销工作；在一些大企业里，会设置几个营销专业人员，如推销员、销售经理、营销调研人员、广告人员、

品牌经理、细分市场经理和客户服务人员等。

营销组织通常由营销总监负责，一方面要协调全体营销人员的工作，另一方面要配合其他职能的总监工作。营销部门的有效性也取决于对其人员的选择、培训、指导、激励和评价。经理们必须定期召见他们的下属，检查他们的业绩，表扬优点，指出缺点，并提出如何改正错误的建议。

在营销组织实施营销计划方案的过程中会出现许多意外情况，企业必须有一套反馈和控制措施：

（1）年度销售计划控制是为了保证企业在年度计划中所制订的销售、盈利和其他目标的达成。

1）管理层必须明确地阐明年年度计划中每月、每季的目标。

2）管理层必须掌握衡量计划执行情况的手段。

3）管理层必须确定执行过程中出现严重缺口的原因。

4）管理层必须确定最佳修正行动，以填补目标和执行之间出现的缺口。

（2）营利能力控制是对产品、客户群、贸易渠道和订货量大小的实际盈利率进行测量。营销盈利率分析是衡量各种营销行动获利水平的工具；营销效率研究是研究如何提高各种营销活动的有效性。

（3）战略控制是评估企业的营销战略是否适合于市场条件。由于营销环境的多变，每个企业都需要营销审核定期对营销结果进行评价。

【案例】

某汽车维修企业的战略规划书

一、战略制订分析

1. 行业分析

过去10年是中国汽车行业爆发式增长的10年，几乎99%的汽车相关企业都获得了丰厚的利润；从2011年开始，未来的10年仍然是快速发展的10年，如果说过去的10年是汽车行业的“婴幼儿期”，那么未来10年就是汽车行业的“少年期”，且必将是快速发展变化的“黄金10年”，更是豪华车市场急剧发展的10年。

2. 一家豪华车维修企业战略地位SWOT分析

SWOT分析是对企业自身的优势（S）、劣势（W）和企业所面临的机会（O）、威胁（T）的判断来确定企业的战略地位。

（1）优势分析。

1）区域优势：该企业位于中部地区省会城市。

2）品牌优势。2005 年，国内几乎没有汽车维修的品牌，创建了汽车维修服务的一个高端品牌，开创了行业先河。

3）人力资源优势。企业现有员工 1200 多人，并且有外籍技术专家 3 名，几乎把当地市场豪华车的维修的高端技术人才全部吸纳进来。

4）市场应变优势。该企业重视营销创新，开创了国内汽车维修的营销先河，电话营销、区域营销、事故车营销几乎做到了极致，几乎覆盖当地 100% 市场。

5）领导班子优势。企业领导班子使命感强，战略视野宽，创新意识强。

6）管理优势。企业在近 7 年经营和管理实践中，不断进行管理创新，形成了以效率和效益双提高为中心，以系统思维、创造思维和辩证思维为基础的双效型战略管理模式。

（2）劣势分析。

1）零件劣势。缺少核心的零件供应商，当国内对进口零件加大管控时，造成部分核心零部件缺货或者延期到货。

2）运营成本高。第一，由于采用市场开发和大客户开发的人海战术，导致人力成本高；第二，由于采用不惜一切代价拿到事故车的策略，导致事故车开发成本高；第三，由于部门管理系统化不够，导致灰色地带成本较高，同时无法预防和杜绝。

3）企业体制无法形成的劣势。由于企业处于一人管制之下，没有形成董事会决策和决策委员会决策机制，导致企业没有形成健全的行政管理机制、人事管理机制、财务管理机制、企业内部流程管理机制、市场开发和维修机制、投资决策管理机制、应急情况处理机制、中高管理层授权机制等系统化的机制，仍由一人在管理人和事。

（3）机会分析。

1）国内汽车行业快速发展。中国经济快速发展，特别是汽车行业市场需求旺盛，未来的 10 年仍然是黄金发展的 10 年，年平均市场增速不会低于 8%。

2）高端车未来高速发展。国际上高端车占汽车保有量的 15% 左右，但是中国仍然在 5% 左右，也就是说，未来的 10 年，如果汽车年增长率是 8%，那么豪华车的增长率不会低于 25%。

3）高端车车主对售后服务有更高的要求。超过 50 万元的豪华车车主，无论是公务车还是私家车，他们对售后服务都有较高的要求，不仅是一次把车修好，而且要提供一站式配套服务，满足客户更多、更高的其他要求。

（4）威胁分析。

1）高端车维修店竞争日趋激烈。最近3年，当大家纷纷看好豪华车维修的市场增长和利润之后，纷纷介入，特别是一些高端车4S店也介入豪华车维修，使行业竞争更加激烈，利润摊薄，成本上升。

2）高端车汽车4S店建店速度加快。过去几年，由于豪华车厂家的产能不足，其建店速度较慢，经历这两年的市场急速增长之后，高端车快速布局中国，特别是奥迪南海工厂、宝马沈阳工厂、奔驰北京工厂都已进入生产阶段，产能问题得到解决，同时高端车的进口渠道也已经理顺，这些都意味着未来的10年，豪华车汽车4S店的建店增幅每年都有35%的增长，这对豪华车维修厂是机遇，但更是威胁。

3）高端车新技术消化能力不足。随着越来越多的豪华车进入中国市场，其新车辆的核心技术一般一年内不允许外泄，面对新车型的不断出现，豪华车维修企业的技术诊断能力如何提升，对自己的企业的发展是一个很大的考验。

4）高端车零件进货难。高端车的核心零部件，几乎90%以上都是进口，高端车零件的进货无论从成本上还是从进货时间上，都无法保证，导致客户抱怨，造成客户流失。

二、企业战略制订

企业定位包括企业宗旨、企业价值观、企业精神和企业口号等。

1. 企业宗旨

企业宗旨：成为豪华车服务的典范，为豪华车车主提供一站式服务。

2. 企业价值观

企业价值观：客户至上，为股东创造财富，与员工共谋富裕，为社会创造繁荣。

价值观是企业表达其对所担负社会责任的一种公开承诺。企业价值观充分地体现在其社会责任上。其存在价值在于，通过全体员工的努力，要成为所有用户的朋友，互利互惠，共同发展；努力使股东的价值不断增长是其天职，保证股东拥有最有价值、最安全的资产；与员工共荣辱，要使每个员工为自己是企业的一员而自豪；要为社会文明进步与发展做出自己的奉献。

3. 企业精神

企业精神：求实奋进。

企业精神是企业员工精神世界的结晶，是企业员工在长期实践中形成的一种共识的简洁表达。企业精神表明，“求实”是指凡事都要讲实事求是，都要扎扎实实办事，都要尊重客观规律。面对现实，立足长远，脚踏实地，坚持说实话、办实事、求实效。

“奋进”是指凡事都要有奋斗目标，目标无止境；都要奋斗不息，奋斗有希望。奋进才能树立信心，鼓足勇气，不畏艰难，勇于开拓。

求实为了奋进，奋进需要求实；求实是手段，奋进是目的；求实要有勇气，奋进须讲胆识。

求实奋进企业精神是建立在创新和团结的基础上的。因为奋进是在创新基础上进行的，创新是生命线；要奋进就必须团结，树立群体意识，万众一心增强凝聚力。凝聚力是形成活力的基础，活力是企业适应市场变化的求实能力和企业自我发展的奋进动力的综合表现。

4. 企业口号

企业口号：用心创造卓越！

企业口号是企业宗旨、企业价值观、企业精神的升华。口号表明，提供的服务要成为让客户认为是最有价值的服务，接受服务是一种荣誉。品牌要成为市场公认的最有价值的品牌之一，使用标识有商标的产品是一种荣誉。要成为股东最有价值的企业，能成为企业的股东是一种荣誉。所有员工要为企业的持续发展添砖加瓦而成为最有价值的员工，能成为企业的一员是一种荣誉。

企业价值和荣誉来自服务质量可靠和客户满意的持久性。

5. 企业战略目标

两年内成为中北部地区豪华车服务的领航者，5 年内引入风险投资入股，10 年内企业进入中小板上市。

三、营销战略原则

1. 服务营销理念：诚信营销原则

诚信营销是营销战略的灵魂，是营销活动的基本准则。“诚”是指诚实做人，对客户、对合作伙伴、对任何与之打交道的人，都是诚心相待。“信”是指信用至上，说到做到，绝不做违背承诺，以赢得合作伙伴的信赖。

2. 营销模式：全方位营销原则

在认识上，要求全体员工对“营销管理是龙头，需要全体员工共同承担职责，使每一项工作和每一个员工的工作紧密相关的”的观念形成共识；在管理实践中，实施整合营销，区域市场营销、电话营销、网络营销、事件营销、上门营销、大客户营销、关系营销、事故车营销有机配合，做到全方位营销，不管客户是什么样的客户，不管客户处于何种状态，企业都有一套体系可以覆盖客户，从而确保营销目标的达成。

3. 营销利器：专家服务营销原则

专家服务营销是指服务型营销必须以技术服务为主要支撑点和主要特色。服务型企业为用户提供有技术含量的服务。这就要求营销管理有很强的技术导向能力，为用户提供有效技术支援服务。这就要求，企业定期对部分客户(大客户、特殊客户、偏远客户)提供定期的上门服务。

4. 营销基准：超越营销原则

超越营销又称为基准营销，是指以竞争对手为基准，创造超越基准的竞争优势，来获得在市场中的营销主动权。超越营销要求：在向客户提供的所有服务中要至少在一个方面上要超越竞争对手的同类服务，并努力使这样的超越最大化、有形化(可以明显地被感觉到)，成为一种竞争优势。同时，在其他方面要求达到行业标准。

5. 营销特色：灵活营销原则

灵活营销是指营销部门对客户的需求变化、营销环境变化要有十分敏锐的感知能力，并具有在第一时间内快速反应的能力。灵活营销意味着个性化服务，以不同的服务来满足不同客户的不同需求；要求企业建立完善的IT体系，对客户进行细分，找出不同的客户不同需求，并制订满足其需求的策略。

四、财务战略原则

1. 投资方向

(1) 第一优先方向是汽车4S店。能够拿到奥迪、奔驰、宝马、沃尔沃等豪华车汽车4S店的授权，对于企业的发展简直就是如虎添翼；退一步如果拿到大众、丰田、本田、日产、福特、通用等合资品牌汽车4S店，对于企业来讲也是一个互补的利好。不仅人员成本会下降，而且现金成本也会下降。

(2) 第二优先方向是高端汽车维修厂。中北部地区，超过1000m^2的豪华车维修企业很少，如果在华北地区的省会城市都能建立1~2家豪华车维修企业，并且形成200公司辐射圈，客户汽车出问题后，2小时到现场救援，就会形成一个他人无法效仿的竞争力。

（3）第三优先方向是汽车零部件。汽车零部件的是汽车维修企业非常重要的一环，如果能够建立一套完整的汽车零件进销存体系，并且与国外直接链接，就会增加自信心，同时降低成本，提升零件周转率。

（4）第四优先方向是汽车快速保养连锁。随着城市建设的规范化，越来越多的汽车4S店被逼退出环线内，而汽车日常的保养需要快速地完成，在一个城市内建立10～20家汽车快速保养中心，不仅方便客户的快速保养需求，同时对综合维修厂也是一个很好的补充，另外对车主日常洗车、美容以及装饰的服务提供更便捷的服务。

（5）第五优先方向是汽车用品。在保证主要投资方向的前提下，对发展前景好的模块，遵循相关多元化的原则，可以考虑实施一定程度的一体化战略，建立新的企业，不仅自给自足，而且对外发展，供应机油、轮胎、汽车养护品、汽车美容用品、汽车装饰件、车主用品等，形成多元化运作。

2. 融资战略

（1）证券融资。通过中小板上市筹集项目发展资金，上市后争取配股、增发等形式进一步筹集未来项目发展资金。

（2）风投融资。一是与国际、国内较大的风投企业开展合作项目，借助风投的资金拓展市场；二是寻找国外上市的时机，打开国际融资渠道。

（3）自我积累融资。要不断提高企业综合经济效益，稳健经营，保持良好的企业自我积累能力。

（4）信贷融资。合理使用商业银行及其他金融机构的各种信贷资金。

（5）汽车金融企业。利用汽车金融企业的金融政策，弥补自己流动资金的不足。

3. 财务管理

（1）聪明财务。处于相对成熟、竞争异常激励的行业中，要求财务工作。要精打巧算，用好、用活每一分钱，争取最小的投入获取最大的产出，以低成本支持企业在市场中的竞争力，以高效益保持企业活力。

（2）稳妥财务。坚持稳健的财务政策，努力使财务风险降低到最低水平。做好项目可行性分析，实事求是，严格把关。绝不以追求短期的经济利益而牺牲长期利益。尤其要做好现金流的管理，任何时候都有足够的现金储备。

(3) 战略财务。要从战略高度开展财务管理工作，使财务分析成为企业战略管理的重要内容和重要手段，财务分析要为企业战略决策提供重要的、有分量的判断依据。导入战略财务分析体系，定期和不定期地进行战略财务分析，及时向企业高级管理层和董事会报告分析结果。

(4) 整合财务。无论是企业的上游供货商，还是内部的中高管理层，都需要从财务方面进行整合：一是延缓结账周期；二是减少现金订货比例；三是鼓励企业内部的中高管理层入股；四是善于运用汽车金融企业；五是善于利用政策收取车主或者车辆归属单位的预付金。

五、人力资源战略原则

1. 人力资源战略的目标原则：培育高素质人才是第一战略

人力资源是企业战略资源中的第一重要的资源。企业经营要想保持长盛不衰，必须造就一支高素质的、忠实的执行发展战略，达成发展目标的员工队伍。

2. 人力资源战略的人才培养原则：个人目标与企业目标相结合

尊重企业的每一位员工，大力鼓励他们制订个人职业生涯计划(个人发展计划)，引导他们将个人发展目标与企业发展目标结合起来。在蒸蒸日上、欣欣向荣的企业中，员工的才智得到充分发挥，个人的理想得到很好实现，个人能力得到不断提高，个人的思想境界和情操持续升华。企业应建立起一直遵纪守法、敬业爱岗、素质优秀、技艺高强的员工队伍。

3. 人力资源战略的队伍建设原则：全员人力资源管理

人力资源是最重要的战略资源，人力资源的质量取决于每一位员工素质的高低。因此，要做好企业四支队伍的建设：一支有战略眼光、能驾驭全局、为企业领航带队的企业领导者队伍；一支思想活跃、功底雄厚、观念创新、时刻追踪市场前沿、能把握客户需求的营销团队；一支好学上进、工深业精、刻苦努力的企业技师队伍；一支兢兢业业、善于应用现代经营管理手段的管理层队伍。

4. 人力资源战略选人用人原则：德才兼备，竞争选拔

在人才的选择上，置“德”于首位，要求人才首先必须诚实守信、爱岗敬业并愿意为事业长期奉献才智；在人才的使用上，一方面，要建立起竞争上岗制度，逐步做到将绝大部分的营销、行政和管理岗位通过公开竞争上岗来选用人才，机会人人均等；另一方面，要通过建立定期与不定期相结合的考核制度来对所有在岗员工进行考评，做到能者上、适者留、庸者下、差者走。

5. 人力资源战略的培训原则：终身继续教育与学历教育相结合

培训是造就一支高素质员工队伍的最重要环节之一。坚持全员的终身教育，以帮助员工不断更新知识，不断提高素质水平。同时，建立业余学历教育制度，要求所有员工在原有的基础上不断提高自己的学历层次。

六、企业文化战略原则

1. 企业文化战略的核心

企业文化战略的核心："与客户共同发展，为股东创造财富，与员工共谋富裕，为社会创造繁荣"的企业价值观和"求实、奋进"的企业精神。

企业的运作模式、规章制度、员工素质、员工行为规范、企业文化活动等构成企业文化外围层，要围绕企业价值观和企业精神来开展企业文化建设，坚持推行和不断完善双效型战略管理模式；要根据国际化发展的需要不断提升员工的素质，制订和实施员工行为规范，持续不断地开展有益于企业文化建设的形式多样、生动活泼的文化活动；树典型，讲团结，扬正气，争上游，塑造亲和力强的氛围，增强企业活力。

2. 企业文化战略的取向：市场适应型文化

要在现在企业文化的基础上，培育市场适应型文化。市场适应型文化是组织生态化战略的一个重要组成部分。市场适应型文化的培育要求领导具备战略的眼光、倡导改革的热情、驾驭变化的能力和容忍失败的胸怀；员工敢冒风险，勇于创新，乐于奉献，愿为企业发展牺牲眼前利益；团队精神强烈，学习风气浓厚；顾客利益至上，环境反应敏感；运作模式简洁，办事讲求效率。

3. 企业文化战略的沟通：企业形象塑造

企业形象是企业文化的综合表现，是企业文化在公众心目中的映象。企业的形象战略可以划分为广义的企业形象战略与狭义的企业形象战略。企业的任何事、物、人、活动时刻都在向社会公众传递企业的"我是谁"这么一个信息，这是广义的企业形象战略。一般来讲，企业的形象战略是指通过建立CI系统来塑造企业形象的战略。CI系统主要是由企业理念识别系统、企业行为识别系统和企业可视识别系统构成的。要通过设计《企业形象手册》和制定《员工行为守则》来整合和规范的行为形象。

七、E 化战略原则

1. 企业 E 化战略的内容

企业 E 化战略是指企业如何应对网络经济(E 时代)挑战的主要对策原则。

(1) 企业资源计划 (Enterprise Resource Planning, ERP)。ERP 是指建立在信息技术基础上，以系统化的管理思想，为企业决策层及员工提供决策运行手段的管理平台。

(2) 客户关系管理 (Customer Relationship Management, CRM)。CRM 是一种对车间、营销和客户服务三部分业务流程的信息化，与客户进行沟通所需手段(如电话、传真、网络、电子邮件等)的集成和自动化处理，从而产生客户智能管理。

(3) 供应链管理 (Supply Chain Management, SCM)。SCM 将企业内部经营所有的业务单元 (如订单、采购、库存、计划、生产、物流、市场等) 以及相应的财务活动、人事管理均纳入一条供应链内进行统筹管理。

(4) 价值管理 (Value Management, VM)。企业是创造增加值的机器。VM 系统建立在完善的企业财务管理体系基础上，以 Internet 的数据源为信息支撑，对企业的价值发生、变动、潜力和风险进行分析，使资金流与物流、信息流更加有机地结合，使价值管理概念物质化、具体化。

(5) 知识管理 (Knowledge Management, KM)。KM 是商业化的应用程序和整套系统，如目录管理系统，共享的数据库、电子公告栏、基于 Web 的通信工具、Internet 形成的完整电子知识管理体系。

2. 实施企业 E 化战略的对策思路

1) 企业 E 化战略是一个层次递进的过程。从基础性的信息管理工作做起，导入 ERP 管理，以形成企业 E 化战略的支撑平台；导入 SCM 以强化企业与上、下游厂家之间的合作，导入 CRM 强化企业与客户之间关系；最后，通过导入 VM 和 KM，成为新型的 E 化组织。

2) 企业选择信息集成商一定要站在选择“战略合作伙伴”的高度考虑，要求集成商必须有相当的实力提供全面的、可行的集成解决方案。

3) 要慎重选择支持企业 E 化战略的 IT 技术。企业应从自身的实际出发，要求先进性与实用性并重，切实注重系统的集成和开放。

4) 在实施企业 E 化战略全过程中，应遵循“整体规划、分步实施、效益驱动”和信息系统的“三分技术、七分管理、十二分数据”原则。

第二章

汽车金融

第一节 汽车金融服务盈利模式研究

一 基本盈利模式

在美国，汽车金融公司提供的汽车信贷业务，按贷款对象可分为批发性和零售性汽车信贷。批发性汽车信贷是汽车金融公司向汽车经销商提供存货融资，其业务模式为：汽车金融公司先根据经销商的信用等级及销售状况决定其库存额度，双方签订贷款协定，由汽车金融公司提供贷款，在州政府进行融资抵押登记，经销商提交购车单，由制造商将汽车卖给经销商。在汽车金融公司支付车款后，汽车经销商向保险公司购买车辆财产保险，经销商即可把汽车出售给用户，最后由经销商按照贷款协定向汽车金融公司还本付息。此外，汽车金融公司还向经销商提供融资、批量租赁以及客户培训服务和客户金融咨询计划等服务。零售性汽车信贷是商业客户向经销商分期付款购买汽车，经销商将分期付款合同卖给汽车金融公司(类似贴现)，汽车金融公司将合同款付给经销商，然后由客户向汽车金融公司归还贷款。零售性汽车信贷占整个汽车信贷业务的3/4以上，其利润也远大于批发性汽车信贷。

二 增值盈利模式

汽车消费涉及的金融服务很多，假如消费者提前在汽车金融服务公司存入一定比例的购车储蓄，就可以更快、更优惠地获得购车贷款。除了购车贷款外，还包括汽车消费过程中的金融服务。消费者可以向汽车金融机构申请汽车融资租赁，租赁到期后，可以选择继续拥有或换新车，汽车维修和保养也由提供租赁方负责；消费者可以获得汽车公司发放的专门信用卡，累计消费到一定额度后，可以优惠买车，或者获得与汽车有关的旅游小额信贷支持。此外，汽车金融公司还会提出全套汽车维护保养方案，以帮助客户得到价格合理的及时维修服务，维修费用可以设计在分期付款中，充分体现了其人性化。

汽车金融服务是一个规模大、发展成熟的产业，有着多样化的服务类型，如价格浮动式、投资理财式、以旧换新式、公务用车汽车金融服务等。与股票、债券、银行存款等大众化的金融服务相比，汽车金融服务较为复杂，它是围绕汽车销售而展开的。随着消费者偏好的多样性和易变性的不断提高，对汽车金融服务的需求也呈多样化趋势。汽车金融公司为满足消费者的多样化需求，会不断开发新的汽车金融服务。

1. 汽车融资租赁式增值盈利模式

汽车融资租赁包括两大类：一类是融资租赁(图2-1)；另一类是经营租赁，即有“融资”与“融物”之分。两者的区别如下。

1）经营租赁的承租人通过汽车租赁取得汽车的暂时使用权，而融资租赁的承租人主要通过融资达到融物的目的，即最后取得汽车的所有权。

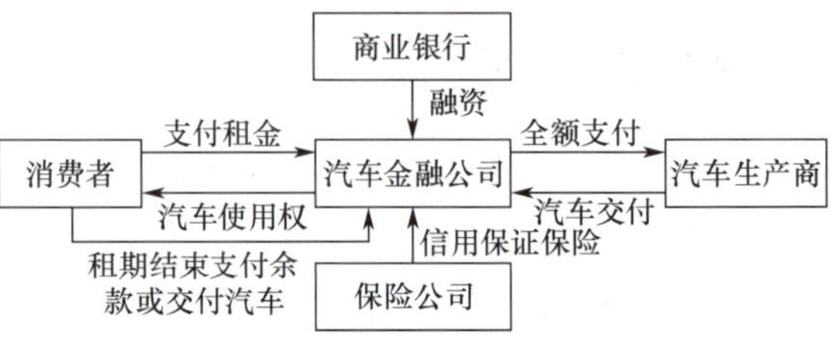

图2-1 融资租赁业务操作流程

2）在经营租赁形式下，仅涉及出租人和承租人的行为，而融资租赁形式下，涉及出租人、承租人、供货人三方的责任。

3）融资租赁的出租人和承租人的权利和义务有别于经营租赁，这些变化包括汽车租赁的选择方式、维修保养、合同的不可延续性等。

4）在经营租赁形式下，承租人对租赁汽车有退收或拒收两种选择，而在融资租赁条件下，承租人取得所有权。

5）经营租赁的承租人支付的租金通常小于汽车的购买成本。而在融资租赁形式下，承租人付出的租金总额大于汽车的购买成本。因此，融资租赁在金融中的作用比经营租赁重要、突出。

汽车融资租赁在汽车厂家和消费者之间架起桥梁，让消费者先取得汽车的使用权，然后每月付租金，在租赁期满后一般要购买设备的所有权。作为一种买卖与租赁相结合的汽车融资方式，汽车融资租赁须具备一定的条件，否则不属于汽车融资范畴，只是一般的汽车租赁。这些条件包括：

1）消费者需向销售商支付相应的租金(汽车使用补偿费)。

2）假如消费者支付的费用(租金及相应赋税)已经相当或者超过汽车本身的价值，依照汽车租赁合同，消费者有权获得该汽车的所有权。

3）假如消费者在租期届满时所付租金总额尚未超过汽车价值，消费者此时享有选择权，对租期届满后的汽车有下列处理方式：在补足租赁合同中事先约定的相应余额后成为汽车的所有权人；假如汽车现值高于约定的余额，消费者可以出卖所租汽车，向零售商偿还该余额，保留差价从中获利；将该汽车返还给出租人。

4）在租赁届满时，消费者欲购买所租汽车，不必以一次性付款的方式付清尾款。但严格地说，融资租赁方式和上述分期付款的汽车零售方式还是有一定的差别。汽车分期付款的零售方式，实质上是附条件买卖。销售商保留汽车的所有权，其实是债权人为实现保护自己债权而设定的一种担保，但是合同的目的仍在于转移汽车的所有权。融资租赁则不同，它是买卖与租赁的结合，消费者最终是否成为所租汽车的所有权人，选择权在消费者。

与贷款买车相比，融资租赁有优势。对于承租人来说，“先租后买”方式比较灵活。在租赁期满后，承租人享有选择权，决定是否购买所租汽车。消费者如不想购买所租车辆，则可将该车返还汽车出租方；如想购买所租车辆，消费者付清租赁合同上确定的折旧价(亦称尾款)即可。对于承租人来说，如采用租赁方式，承租人不必担心汽车被转卖，因为汽车的所有权归属对承租人并不重要；而对于采用传统分期付款购车的买车人来说，假如在其未付清余款之前，销售商将汽车转卖，买车人将处于非常不利的地位。

融资租赁是汽车金融服务的重要组成部分。尤其在美国，由于信用体系比较完善，消费者可以先在一个城市向全国性的汽车租赁公司租车，然后在另一个城市归还。

2. 汽车金融投资理财增值盈利模式

汽车投资理财业务是以汽车消费为目的的专业性投资理财服务(图 2-2)。目前各个国家在汽车金融服务机构能否吸收短期储蓄上有不同规定，但代客投资理财通常是可行的。即使在金融管制比较严格的市场环境中，通过金融工程，可以设计出对政策和制度具有规避性的方法，比如以私募基金方式来吸收一部分资金，其收益部分主要用于支付汽车消费的相关款项，小部分作为汽车金融服务公司的投资回报。该业务模式的实行始于 20 世纪六七十年代，当时受通货膨胀影响，欧美国家开展金融创新，汽车金融服务公司开始涉及资本投资市场，相继开发了汽车投资理财产品。投资理财式的汽车金融服务成为各国汽车金融业同其他金融行业竞争的有力工具。

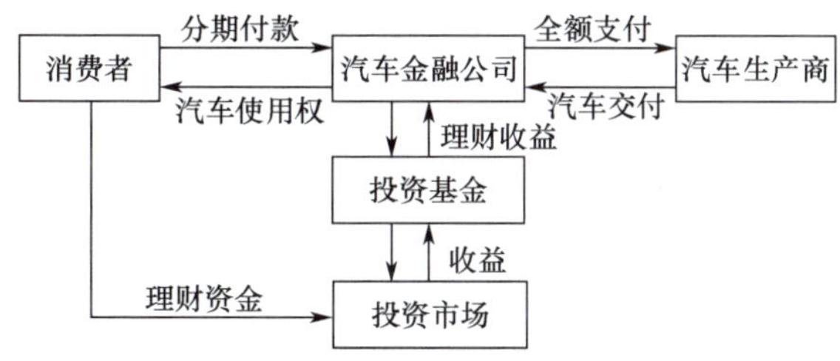

图 2-2 汽车金融投资理财模式操作流程

国外汽车金融服务公司以直接或间接的方式设立专业性的基金或者私募基金，如以品牌汽车俱乐部名义，通过吸收本俱乐部成员参加，为其理财，用理财的收益去偿还汽车金融服务公司的购车本息。这样，客户能够直接参与汽车金融服务公司投资治理活动，享受专业理财带来的投资收益，同时也将面临一定的投资风险。汽车投资理财服务运用购车与理财相结合的方法。在汽车投资理财模式中有两个资金单位，一个是购车资金单位，用于支付购车的前期费用，包括首付款等费用；另一个是理财资金单位，由汽车金融服务公司的投资专家或委托信誉良好的投资公司治理。理财资金单位的收益回流到汽车金融服务公司，用于偿还汽车消费者的融资贷款的本息，代替客户的定期偿还行为。

开展汽车投资理财服务主要有以下作用：

1）有利于增强汽车消费者的消费能力。消费者能够通过购车资金单位提前支取未来收入实现汽车消费，并通过专业理财投资与多样化的投资组合，增加理财资金单位收益，提高对汽车消费的偿还能力。

2）有利于消除信用风险，保障汽车金融服务公司的利益，提高公司竞争力。由于消费者将一部分资金委托汽车金融服务公司进行投资，无形中增加了一道信用保险，降低了汽车金融服务公司面临的违约风险和利率风险。汽车投资理财服务令消费者同汽车金融服务公司的联系更加紧密，有利于培养顾客对公司的忠诚度。

3）通过汽车投资理财，汽车金融服务公司能获得一笔使用时间相对较长的资金，有利于加快公司的资金周转、增加资产的流动性。

4）有利于扩大汽车消费，增加汽车公司的销售收入。汽车投资理财服务在满足顾客购车需求的同时，为顾客带来投资收益，扩大了汽车购买力，增加了汽车金融服务公司的销售收入。

3. 国内汽车金融服务盈利模式研究

在我国，汽车金融服务的主要内容是汽车消费信贷业务，该业务的主体主要涉及银行、汽车经销商、汽车集团财务公司以及其他非银行金融机构。按照各主体在信贷业务过程中所承担的职责及与消费者关联度的不同，目前国内汽车消费信贷盈利运作模式可以分为三种：以银行为主体的直接模式，以销售商为主体的间接模式和以非银行金融机构为主体的直接模式。一般性的业务操作流程如图2-3所示。

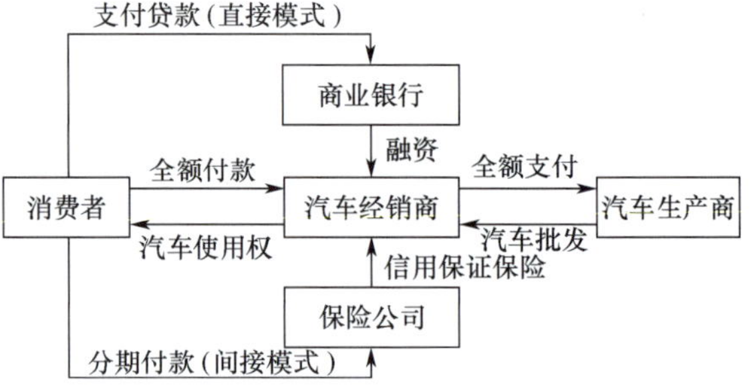

图2-3 国内汽车金融消费信贷服务操作流程

（1）以银行为主体的直接盈利模式。该模式是银行直接面向客户开展业务，是各个业务流程的运作中心。例如，银行委托律师进行用户资信调查、评价，并直接与用户签订信贷协议等。以银行为主体的直接盈利模式会要求用户到指定的保险公司买保险，到指定的经销商处买车，相关风险也主要由银行和保险公司承担。该模式可以充分发挥银行资金雄厚、网络广泛、资金成本较低的优势。但银行直接面对用户，工作量会大大增加，另外银行还要去做资金运作之外的其他很多工作。比如，对汽车产品本身的性能、配置、价格、经销商及其服务等方面的情况有比较全面和及时的了解，这样势必加大相应的人力、财力的投入。由于汽车市场变化很快，汽车生产企业或商业企业的竞争和市场策略也在不断调整，但是银行对这种变化的反应往往滞后，从而影响金融产品的适应性，影响服务质量。因此，在目前汽车消费信贷规模还不是很大的情况下，这种运作模式还能适应，但随着汽车信贷业务量的不断增加，这种模式将遇到极大的挑战。

（2）以销售商为主体的间接盈利模式。这种模式是由经销商直接面对客户，与用户签订贷款协议，销售商通过收取车价2%～4%的手续费，完成对客户的信用调查与评价，办理有关保险和登记手续，并以经销商自身资产为客户承担保证责任，为客户办理贷款手续，代银行向客户收取还款。该模式的最大特点是方便客户，实现对客户的一站式服务。与此相对应，信贷风险也主要由经销商和保险公司承担。由于经销商对市场最了解，对汽车产品和服务反应最直接也最及时，所以它们能够根据市场变化，推出更合适的金融服务。由于放贷标准上的差异，该模式更有利于扩大贷款范围，从而起到培育市场、稳定销售网络、锁定用户群体的作用。但是，经销商的资金来源和自身资产规模有限，资金成本较高，而且信贷业务也并非其主业，在信贷业务上经验相对缺乏，因此该模式只适用于一定范围。

（3）以非银行金融机构为主体的直接盈利模式。这种模式与以银行为主体的直接盈利模式运作基本一致，但是放贷主体通常是汽车集团所属的汽车财务公司，由汽车财务公司行使放贷主体职能，业务范围基本只针对本集团的汽车产品，经营风险由汽车财务公司和保险公司承担。以汽车金融公司为主体的汽车消费信贷模式是世界上通行的运作模式。汽车金融公司有效地连接汽车生产企业、商业企业和银行，并以金融为其主业，可以将银行和企业的优势较好地联系在一起。

4. 国外汽车金融盈利模式借鉴

（1）扩大经营业务品种。比照国外经验，我国汽车金融服务业务受管制较多，业务品种单一。根据中国银监会规定，汽车金融公司可以从事的业务有：接受境内股东单位三个月以上期限的存款；提供购车贷款业务；办理经销商采购车辆贷款和营运设备贷款；转让和出售汽车贷款应收款业务；向金融机构贷款；为贷款购车提供担保；从事与购车融资活动有关的代理业务；以及经中国银监会批准的其他业务等。与国外汽车金融服务发展相比，我国汽车金融服务在经营品种的开发方面还远未达到应有的水平。所以，我国汽车金融服务应该从目前主要以传统借贷为主，服务仅限于为汽车经销商和消费者提供消费信贷的局面，向纵深方向发展，如开展与汽车消费有关的汽车维修、保险和加油等业务，同时进一步加强我国汽车金融服务在汽车关联消费所涉及的信贷、信用卡、保险，甚至代客理财全方位服务的发展。

（2）投融资方式应向多元化发展。根据银监会颁布的《汽车金融公司治理办法》规定，我国汽车金融公司只能从事单一的汽车贷款业务，以及转让与出售汽车贷款应收款业务，不能涉及汽车租赁等营利性较强的中间业务。对比国外的先进经验，我国汽车金融服务机构应转换经营思维。有效开展我国汽车金融服务机构在融资租赁、信托租赁、汽车分期付款合同的转让与再租赁、保险、抵押等其他风险较小、回报率稳定的中间业务，才能有效避免我国汽车金融服务盈利空间小的问题。

另外，借鉴国外汽车金融服务机构在融资渠道方面的经验，完善国内的金融监管机制，使国内汽车金融机构能充分利用商业票据发行、公司债券、购车储蓄、以应收账款抵押向银行借款、商业银行等机构投资者出售应收账款、应收账款证券化等融资方式。

（3）加强银行与汽车金融公司的竞争与合作。国内商业银行在提供汽车金融服务方面的优势很明显，其资金实力雄厚，营业网点较多，分支机构较广，长期开展信贷业务，具有一大批懂市场、懂业务的专业队伍。而且，国内商业银行已经开展了一段时间的汽车消费贷款业务，积累了不少经验，形成了一整套比较可行的操作模式和风险控制机制，加深了对我国汽车消费者和相关汽车金融服务参与者的了解，这是许多汽车金融参与机构和潜在参与机构所不具备的。银行占有贷款余额和放贷规模上的优势，优势的根源主要有三个：一是银行既有的信用和评估体系采用规模评价，强于刚刚起步的汽车金融公司的个体评估；二是银行的评估体系可以帮助厂商降低评估成本，而目前汽车金融公司的评估体系尚在建设中；三是可以帮助实力差的汽车金融公司规避风险。

国内商业银行最大的不足在于没有汽车行业背景，缺乏相关专业知识，不熟悉汽车业务，与经销商和制造商之间的关系松散，对客户的支持和开发能力不够，因此，也就不能够在汽车信贷以外的环节提供令人满意的服务，给客户带来不便。

对于汽车金融公司而言，作为向中国境内汽车购买者及销售者提供贷款的非银行金融企业法人，专门从事汽车贷款业务，其业务不同于银行和其他非银行金融机构，其服务对象为中国境内的汽车购买者和销售者。目前国内已经批准设立了10家汽车金融公司，其中6家是外商独资，4家是中外合资。另外，汽车金融服务在国外已有80多年的历史，因此，外资汽车金融公司相对国内提供汽车金融服务的企业而言，在经营模式、创新工具、治理手段和体制、产品结构、国际网络、财务实力等方面具有相当大的优势，其良好的声誉也有助于赢得客户。进入中国市场的时候，由于具有成熟的运作体系和风险监控体系，外资汽车金融公司能够省去汽车消费中间环节的费用，如免收信用保险费、治理费、律师费等。其劣势是对中国市场缺乏足够的了解，面对不同的制度、政策、客户和市场环境，缺少庞大的外勤营销队伍，人民币资金来源受到限制，网点不够发达等。

综合我国汽车金融服务两个运营主体的优缺点，同时结合国内现有的针对我国汽车金融服务业务开展的政策体制性因素，我们不难看到，竞合是商业银行与汽车金融公司在未来中国汽车金融服务领域寻求发展的解决之道，在竞争中合作，在合作中竞争，实现“双赢”。一方面，可采取内部合作的方式，即汽车金融公司负责消费者的信用评价、贷款回收和还款保证，银行则负责放贷，并向汽车金融公司支付一定的费用；另一方面，可通过外部合作，即外资金融公司自行向消费者提供汽车信贷，银行向汽车金融公司提供以综合授信、资金结算、相互代理为内容的各项业务。从实际状况来看，最可行的是加强外部合作。总的来说，银行与汽车金融公司合作的机会大于竞争，可以预见：我国汽车金融服务业必将迎来一个独具中国特色的快速发展时期。

5. 结语

汽车金融好比流淌在生产、流通、购买和消费等“躯干”组成的汽车产业“躯体”中的血液，躯干在不断长大，而作为“血液”的汽车金融由于“血管”的限制，金融产品单一、功能落后，造成“供血不足”。我们需要解决的问题是既要“输血”（引进外资、中资及民间资本进入汽车金融服务领域,学习国外的先进治理经验）；同时更需要完善自我的“造血机能”，要害是汽车金融服务业的创新，这需要有金融业改革的支持，如融资信贷、分期付款、租赁销售等，也需要汽车金融服务以顾客需求为中心，设计出“无微不至”的汽车金融产品来满足市场和消费者，促进我国的汽车金融服务不断完善和自我积累，向信用化的市场经济转变，使汽车金融公司的盈利模式更加多元化，更加有效地发挥汽车金融对我国汽车产业发展的促进作用。

第二节　我国汽车金融业的发展

我国汽车金融业的发展乍暖还寒，大起大落。探究问题的根源、寻求解决的方法和发展的目标、明确经营模式与发展途径，对今后我国汽车金融业的健康快速发展具有十分重要的理论意义和实践意义。

一 汽车金融业的相关概念

西方发达国家汽车金融服务业已经十分壮大与成熟，通过信贷和租赁买车已成为汽车销售的主要方式之一，全球各大汽车集团旗下的汽车金融公司的车贷经营额绝大部分已超过汽车制造业的经营额，成为其最主要的利润来源。

汽车金融业概念的内涵随着汽车金融业务范围的拓展不断丰富。就现状而言，汽车金融业是指以商业银行、汽车金融公司、保险公司、信托联盟组织及其关联服务组织为经营主体，为消费者、汽车生产企业和汽车经销商提供金融服务的市场经营活动领域。

完整的汽车金融业服务体系具备三项主要职能：为厂商维护销售体系，整合销售渠道，提供市场信息；为经销商提供存贷融资、营运融资、设备融资；为直接用户提供消费信贷、租赁融资、维修融资、保险等业务。

汽车金融业最初的职能仅仅是向汽车生产企业的经销商及其下属零售商的库存产品提供贷款服务，并允许其经销商向消费者提供多种选择的贷款或租赁服务。随着其业务范围和职能的不断拓展，汽车金融服务公司开始逐步向消费者、经销商和生产商提供多种形式的全方位金融服务；现代成熟的汽车金融业已经衍生出行业金融职能：除了汽车消费信贷服务外，还包括融资性租赁、购车储蓄、汽车消费保险、信用卡等，渗透到了从制造到销售，再到消费，直到最后报废，整个汽车产业的每个环节以及与之相关联的其他产业，包含有条件融资、储蓄、信用卡、贷款、保险与担保等业务，形成了比较完整的金融服务业链。有人甚至认为汽车产业有两条腿，其中一条就是汽车金融。

可见，未来意义上的汽车金融业既是汽车产业的主要营利方式，同时，这种金融业与大金额、高复杂性、高附加值且属于大众化消费商品的“同体化”经营又将是金融业发展的新途径。

二 我国汽车金融业的发展历程

1. 发展状况

汽车金融业在我国的发展还处于初创阶段。自 1995 年上海汽车集团首次与国内金融机构联合推出汽车贷款消费以来，十几年的发展可以总结为 4 个阶段。

第一阶段：2000 年以前的无作为阶段。在该阶段金融机构基本上不从事汽车金融服务，因为购车人主要是公务用车者，私人购车较少，且基本都是全额付款。

第二阶段：2001 年到 2003 年上半年的“井喷”阶段。由于私人购车数量增加，也由于各商业银行大力开展汽车消费信贷业务，两种因素共振引发了汽车消费“井喷”。保险公司的车贷险业务也迅速开展。截至 2003 年年底，我国个人汽车信贷总额超过了 2000 亿元，在新增的私家车中有近 1/3 都是贷款购车。

第三阶段：2003 年下半年到 2004 年 8 月的速冷阶段。由于车价不断降低，征信体系不健全，出现了大量坏账。因此，从 2004 年 2 月份开始，全国各大银行的汽车消费信贷业务开始急剧萎缩，由商业银行主导的从商业银行 + 保险公司 + 汽车生产商和销售商到汽车消费者这样一种“四人转”汽车金融服务业模式即刻瓦解，国内汽车金融服务业进入了冬天。

第四阶段：从 2004 年 8 月 18 日开始至今。中国首家汽车金融公司——上海通用汽车金融有限责任公司在上海开业，这是个具有里程碑意义的日子，标志着中国汽车金融业开始向汽车金融服务公司主导的专业化时期转换。随后又有福特、丰田、大众汽车金融服务公司相继成立。

2. 经营模式弊端分析

汽车金融业在我国发展历史不长，却经受着巨幅震荡，也经历着巨大的变化。

当我国汽车消费市场迅速崛起、金融业还是国家垄断时，汽车金融业这块奶油四溢的蛋糕就自然归国家商业银行独享。于是就产生了从商业银行 + 保险公司 + 汽车生产商和销售商到汽车消费者这种“四人转”汽车金融服务业模式。这种模式存在着先天性缺陷。

第一，这种模式不是遵循市场经济自由竞争原则建立的，而是在垄断条件下由计划安排、意愿设计等思想支配下形成的一种经营形式，具有制度安排上的致命缺陷。

第二，在这种意愿设计与制度安排下，参与汽车金融服务业的诸多主体各有诉求，价值取向各异，行为目标不一。商业银行为贷款利息而来，保险公司为保费收入而来，生产商和销售商为了生产销售盈利而来，消费者为了汽车消费而来。

第三，由于价值取向和行为目标不一致，又都是为了追逐高利益回报，经营者之间缺乏一致性经营行为连接纽带与约束机制，为了各自的利益，无节制地放大本部门、本环节的业务量，致使行业风险迅速累积。由于这种汽车金融业经营模式缺乏内在的有效运转机制，因此，在一个经营服务周期到来时就会迅速瓦解。

三 我国汽车金融业的发展形势

1. 市场空间

西方国家经济发展的经验表明，当一国人均GDP达到700美元时便开始进入汽车消费时代，汽车消费将成为一个新的经济增长点。在今后一段时间内，中国汽车市场将是世界上增长最快的市场。

美国通用汽车公司对中国汽车市场所做的预测显示，中国近几年的轿车需求将保持20%～25%的年增长率，其中私人购车将保持年均增长33%的发展水平；2003年中国有购车能力的家庭为900万户，到2012年这个数字提高到9000万户；同时中国成为全球第一大汽车市场，占全球份额的9%；到2025年，中国汽车市场的总规模将达到目前美国的规模。与此同时，汽车消费信贷也从1998年的4亿元起步，呈几何速度增长，1999年新增25亿元，2000年新增157亿元，2006年新增1600亿元，2011年超过6000亿元。在全球的汽车销售特别是私人用车的销售中，70%都是通过贷款方式销售的，而中国通过贷款方式销售的汽车只占整个销售量的10%。由此可见，中国汽车金融业市场发展空间十分巨大。所以，外国汽车金融大鳄纷纷抢滩中国市场。

2. 发展汽车金融业的制约因素

（1）汽车产业发展状况的制约。我国汽车产业发展还不成熟，表现在：生产厂家众多，生产规模小，生产成本高，汽车价格高；关键技术靠引进，高级技术人员和高级管理人员缺乏；汽车消费市场正处于发展初期与逐步开放时期，国内市场竞争还处于价格竞争阶段，价格不断下降，市场波动巨大。这种产业发展状况决定并制约着汽车金融业的发展。

（2）金融体制现状的制约。没有市场化的金融管理体制就不会有完善、成熟的汽车金融服务业。我国还是政府计划性很强的金融管理体制，国有商业银行自身体制还不适应市场的需求，金融业的市场化改革才刚刚起步，多层次的金融市场还未建立。这在很大程度上限制了汽车产业的发展，也严重制约着汽车金融业的发展。

（3）社会信用状况的制约。目前我国存在着突出的信用缺失问题，个人征信体系和企业征信体系都不完备，这些在环境条件上限制了汽车金融业的发展。

3. 参与主体变化分析

我国汽车金融业参与主体主要有消费者、银行、汽车金融公司、汽车经销商、汽车零售商、保险公司和其他关联服务组织。在2000年以来的汽车金融服务业中，几大商业银行作为唯一的资金供应者，居于该行业的主导主体地位；消费者是最终接受服务主体，所以消费者的购买能力、购买意向、行为取向和借贷信用状况对该行业的发展起着决定性作用，是决定性主体。

今后，随着我国经济的市场化发展与银行的市场化改革，汽车金融业参与主体在市场中的地位会不断调整变化，资金供应者将不只是国有商业银行，还会有私人银行、汽车金融公司、信贷联盟、信托公司和消费者等；接受服务主体将由目前单一购车人发展延伸到汽车经销商、汽车零售商和生产商。最终，汽车金融业的主导主体地位将由汽车金融公司来担当。

4. 经营方式的发展演变逻辑与经营组织的构建

经营方式的现代化和市场化程度反映着汽车金融业的发展水平。我国汽车金融业的经营方式将随着汽车金融业的发展不断变化。

我国汽车金融业的“四人转”模式，在制度安排上存在致命的缺陷，因此很难形成健全、有效的组织机制。

在发展社会主义市场经济的大前提下，必须按照市场经济的基本原则来设置和建立社会经济秩序。西方发达国家发展汽车金融业的历史是我国发展汽车金融业最好、最有用的参照，我们可以通过学习研究，借鉴西方发达国家汽车金融业成功的发展模式，发挥后发效应，快速发展我国汽车金融业。

在上述思想指导下，今后我国汽车金融业的经营组织可以分别由汽车生产厂商的汽车金融公司主导、商业银行主导、企业财务公司主导、中外合作汽车金融机构主导和信贷联盟或信托公司主导构建，形成多种组织机构共同参与、公平竞争、相互补充，繁荣发展我国汽车金融业的新局面。

5. 我国汽车金融业的发展阶段

从我国汽车产业与汽车金融业发展现状出发，通过全面分析，可以预见我国汽车金融业发展的目标应该是适应汽车产业发展的需要，多种汽车金融服务形式快速发展。实现这个目标一般要经过三个发展阶段。

第一阶段：1998—2005年的摸索发展阶段。在该阶段，我国汽车金融业是由国家商业银行垄断主导的四人转模式。其主要特点是经营项目与服务对象单一，仅仅为购车人提供贷款、保险和咨询服务；资金供给单一，资金由银行统一供给；整个业务链条由不同经营组织独立经营，缺乏内在一致性。由于制度供给、法律法规、产业发展、信用体系和商品市场等环境条件水平很低，所以在该阶段汽车金融业发展起伏变化大，对汽车产业的影响也大。

第二阶段：2005—2015年的竞争发展阶段。该阶段我国金融体系将进一步市场化，汽车金融业将逐步实现完全市场化，汽车产业发展也趋于成熟。

在总结前期发展经验教训的基础上，国家将大力发展汽车金融公司，汽车金融业的各种业态都得到了较大的发展。其主要特点是由汽车金融公司逐渐主导汽车金融业，多种机构独立经营的局面已经形成。它们在为消费者提供融资途径的同时，也为整个汽车产业各个环节提供服务。汽车金融业盈利模式已经形成，成为汽车产业的主要利润来源。

第三阶段：2015—2025 年的稳定发展阶段。该阶段汽车金融业的主要特点是我国汽车产业与汽车金融业经过整合，已经体系化、多元化、国际化，形成了完善、稳定的经营模式，汽车金融业已经发展成为金融的新业态。

四 发展我国汽车金融业的主要思路

1. 做好基础建设

（1）加快发展汽车产业。汽车金融业作为汽车产业的一个环节，首先是对汽车产业发展的依赖性，尤其是在汽车金融业发展的初期，可以说汽车产业的发展状况决定着汽车金融业的发展。其次才是对汽车产业发展的促进作用，前期我国汽车金融业发展受挫的一个主要原因便是我国的汽车产业发展还不成熟。所以，加快发展我国汽车产业是发展汽车金融业的基础与前提。

（2）金融业的市场化改革与发展。因为汽车金融业是金融业的一个衍生品，所以其发展受制于我国金融业的市场化改革与发展。目前，我国已经从资本市场改革和开放、银行业改革、利率市场化、监管体系建设四点推进资本市场的改革开放，并初见成效。随着我国金融管理体系的市场化改革，将给汽车金融业提供更加适宜的政策环境，如允许汽车金融业自我融资，以零利率放贷等，这样就会促进我国汽车金融业的发展。

（3）完善汽车金融服务机构应具备的制度。汽车金融服务机构作为一种非银行金融机构，一方面具有金融机构的共性，另一方面也有自身的个性。建立汽车金融服务机构需要有完善的监管法规、健全的个人信用制度以及汽车产权制度的支撑。

2. 银企合作，共谋发展

有关专业机构曾预言汽车金融业服务模式在国际上的发展趋势是多元化、现代化和国际化，对我国而言，首先应当是汽车金融业的多元化发展，即打破银行独揽汽车金融市场的局面，促使专业化汽车金融机构快速发展。随着专业汽车金融机构的迅速发展，商业银行同汽车金融公司合作共赢会成为近期我国汽车金融业发展的主流形式。

3. 健全社会和个人信用保障体系

汽车金融业是在健全、完善的社会信用体制背景下发展壮大的，汽车消费信贷健康持久发展的关键是建立完善的社会和个人信用保障体系。所以，必须建立健全社会信用征信体系、信用查询系统和信用评估体系，依据客观、公正、独立的原则，培育企业和个人信用调查与评价中介机构，建立起企业和个人信用记录档案。集中有关信息，建立一个全社会共享的企业和个人资信系统。制定权威性和统一性兼备的个人信用制度评估标准，由信用评价机构运用科学的评估方法对客户进行信用风险评级。

4. 精心培育市场

无论是从汽车产业发展还是从汽车信贷市场发展考虑，当务之急是着力培育与规范市场，避免过度竞争而影响市场的健康发展。具体措施包括：要精心培育和引导需求发展，满足现有需求，发掘潜在需求，培育未来需求；打破垄断，逐步放开对汽车金融公司地域和业务的限制，给汽车金融公司更宽广的金融和业务范围；允许其他汽车金融组织同业竞争，把供给方培育成一个充分竞争的市场，让消费者有更多的选择。

第三节 汽车金融公司运作模式（以福特为例）

一 福特汽车金融有限公司概述

1. 背景

福特汽车信贷公司是首批决定在中国开设汽车金融业务的公司之一。

从 1996 年开始，福特汽车信贷公司就已经在北京设立代表处，密切关注中国汽车金融业发展的动向，同时通过一系列活动和政府沟通，为简化在中国开展汽车金融业务做准备。

2004 年年中福特汽车金融最终获得银监会批准筹建。

2005 年年中，福特汽车信贷公司全资拥有的子公司，福特汽车金融（中国）有限公司获得了在中国境内开展汽车金融业务的许可。同时福特汽车金融（中国）承诺向福特经销商和购买福特品牌的消费者提供高质量的金融产品和服务。

2. 产品概述

福特汽车金融个人购车分期贷款方案是福特汽车金融（中国）有限公司（以下简称“福特汽车金融”）用来帮助经销商将新车出售给有分期贷款意向的消费者的一个产品。提供此产品的目的如下：①为福特汽车所属品牌车辆在中国的客户提供创新和高质量的金融产品，以满足他们的购车需求，提早实现购车愿望；②为长安福特马自达的经销商车辆零售提供另一种可供选择的销售方式，从而增加经销商在中国的整体销售；③加强福特汽车的品牌经验和客户忠诚度，提高客户回厂率。

（1）适用客户。福特汽车金融（中国）有限公司借款人要求（根据银监会要求）如下：

1）中华人民共和国公民或在中华人民共和国境内连续居住一年（含）以上的港、澳、台居民及外国人，年龄不小于18岁，持有有效身份证件。

2）符合以上条件但年龄小于25周岁的客户必须增加保证人。保证人的基本要求如下：

① 年龄超过25周岁，并持有有效身份证件。

② 贷款申请所在地的当地居民。

③ 提供有效的居住证明。

3）有稳定的收入。

4）信用度由经授权/批准的定量和定性的风险模式确定。

5）能够支付本办法规定的首期付款。

6）能提供固定住所的居住证明。

7）车辆必须在客户居住地所在省份进行注册登记。

8）客户必须开立一个本地合作商业银行（中国工商银行）的账户并且建立直接扣款关系。

9）如果已婚，配偶不是借款人的必须作为共同借款人在《汽车贷款抵押合同》上签字。

（2）适用产品。由长安福特马自达授权经销商出售的福特旗下各品牌的新车，包括国产和进口车型。

（3）贷款期限。根据中国银监会的《汽车贷款管理办法》规定，最长的贷款期限（包含展期）不可超过60个月。福特汽车金融所提供的最短贷款期限为24个月。

（4）贷款额。最低的贷款金额是人民币5万元整。

1）个人使用。中国银监会/中国人民银行规定发放汽车贷款最高不能超过汽车销售价格或市场指导价格中较低价格的80%。

2）商业用途。中国银监会/中国人民银行规定发放汽车贷款最高不能超过汽车销售价格或市场指导价格中较低价格的70%。

（5）还款方式及时间。还款方式为每月等额本息还款。客户每月必须在指定时间进行还款。第一次还款日通常会是合同生效日起10天之后经福特汽车金融允许的客户指定的还款日（每月5日、25日为指定还款日）。福特汽车金融会考虑合同的第一次还款是应该接近消费者每月收入到账日，但是最多不得超过合同签署日后50天。

（6）扣款。福特汽车金融与工商银行签订了直接扣款服务协议，客户只要按要求与中国工商银行签署直接扣款授权书，中国工商银行将代表福特汽车金融定期扣除每月应付金额。

（7）合同到期日变更、展期和重新订立合同。如客户根据最初合同约定的支付发生困难时，福特汽车金融会根据客户的具体情况，通过以下几种方法来协助客户渡过难关：

1）更改原先的还款日。

2）把一期或者几期的还款推迟一定的时间再偿还。

（8）贷款利率。福特汽车金融的客户利率的制定同时考虑到了风险管理、借款成本、市场竞争情况等因素。公司力图在可行的范围内，为客户提供具有竞争力的利率，并且力争为客户提供优质的售后服务。

某年9月份公布的福特汽车金融的客户贷款利率如表2-1所示。

表2-1 某年9月份公布的福特汽车金融的客户贷款利率

贷款期限/月	客户贷款利率/年率
24	8.02%
36	8.22%
48	8.86%
60	8.86%

利率随市场和国家政策的变化而进行相应调整，福特汽车金融会及时通知经销商有关利率调整事宜。

二 福特汽车金融对分期付款车辆的保险要求

借款人在合同有效期间，必须一次性/每年度为所购车辆办理福特汽车金融认可的包括车辆损失险、盗抢险、第三者责任险、不计免赔险在内的机动车辆保险，不得中断或减少险种。

保险单正本应交由贷款人（福特汽车金融）保管。保险单中除第三者责任险外，其他险种必须在保单上指定贷款人为第一受益人。

借款人在为所购车辆投保时，车辆损失险的保额应不低于车辆重置价值，盗抢险的保额应不低于车辆市场价值，第三者责任险加机动车交通强制保险的保额之和不得少于20万元。

三 经销商的责任及义务

（1）提供专属的工作空间。经销商必须提供特定的工作区域供经销商的专职信贷人员与福特汽车金融的金融服务经理使用，以确保服务质量与客户申办汽车信贷业务的个人隐私。

（2）支持业务推广。经销商须将福特汽车金融专属的公司徽标及产品服务的宣传资料、公司简介，以及其他的推广资料放在专属的工作区域。

（3）安排专职的个人汽车信贷人员。经销商指定的1～2名专职个人汽车信贷人员接受培训，以便日后提供高品质的客户服务。

（4）办公设备的支持。经销商个人信贷专员：办公桌椅、电话线、互联网、传真、计算机和打印机等。经理已配置个人手提电脑，其他设备可与经销商个人信贷专员共享。

（5）给予福特汽车金融优先审核权。经销商必须将符合福特汽车金融要求的贷款申请首先递交至福特汽车金融，只有当福特汽车金融拒绝此客户的申请后，经销商才可以将申请递交给其他金融机构。

四 确保递交文件的准确性和及时性

在提交申请时，经销商必须确保申请材料的准确性和及时性。

在收到福特汽车金融《分期付款（抵押）核准通知函》之后，经销商必须开具整车发票，协助申请者完成首付款、车辆保险、上牌、签订贷款合同、开立银行账户等手续，及时准确地向福特汽车金融或其代理公司提交所需文件。

五 经销商保证

为了确保每位客户履行其在相关汽车贷款合同项目下的义务，经销商在此对每份汽车贷款合同项目下每位客户的全部义务在经销商保证期间内提供连带责任保证，如果借款人在相应的经销商保证期间之内未能履行其在相关汽车贷款合同项目下的任何义务，福特汽车金融可直接要求保证人履行借款人在汽车贷款合同项目下的义务。但在保证期间，由于福特汽车金融代理公司的过错造成的任何损失，经销商无须承担连带保证责任。

就某一汽车贷款合同而言，“经销商保证期间”是指自汽车贷款合同签署之日开始，至车辆抵押登记办妥并且贷款人收到该车辆的机动车登记证之日结束的期间。

六 产品申请及审核流程

1. 申请所需文件

在提交申请时，经销商必须确保以下材料的真实性、准确性和及时性，申请个人汽车消费贷款提供资料清单、个人汽车消费贷款申请表（表2-2）、收入证明如下。

申请个人汽车贷款提供的资料详单

（1）申请人需要提供的资料。客户申请个人汽车消费贷款担保业务时，需提供以下资料：

1）填写“个人汽车消费贷款担保申请表”。

2）申请人婚姻证明复印件或未婚证明。

3）申请人及其配偶的身份证明复印件。

4）申请人及其配偶户口证明复印件。

5）申请人或其配偶工作及收入证明文件，包括至少最近6个月银行对账单、存折记录等。

6）家庭住址证明：近期水、电费单据等原件。

7）房产资料：房地产证、预售买卖合同、有按揭/抵押的须提供按揭/抵押贷款合同及供款记录、自建房须提供“历史遗留违法私房申报收件回执”或“两证一书”（建设用地规划许可证、建设工程规划许可证、用地批准通知书）及其他房产有效证明文件复印件。

8）驾驶证复印件。

9）申请人为个体工商户、公司股东、法人代表的，需提供营业执照复印件、公司章程复印件等相关资料信息。

10）申请人及配偶近期免冠照片各一张。

11）申请人及配偶个人信用报告。

12）购车合同复印件。

13）购车首付款复印件。

14）无犯罪记录证明。

15）公司要求提供的其他资料。

（2）担保人需提供的资料。

1）担保人及配偶身份证明复印件。

2）担保人及配偶户口证明复印件。

3）担保人婚姻证明复印件或未婚证明。

4）担保人或其配偶工作及收入证明文件，包括在职及收入证明、最近6个月银行对账单、存折记录等。

5）家庭住址证明：近三个月水、电、燃气、有线电视、电话费单据等原件。

6）房产资料：房地产证，预售房提供买卖合同、购房发票，已抵押房提供借款合同及抵押合同、供楼记录，以及其他房产有效证明文件复印件。

7）担保人及配偶近期免冠照片各一张。

8）担保人及配偶个人信用报告。

9）公司要求提供的其他资料。

表 2-2 个人汽车消费贷款申请表

如无须担保人请填写至“家庭主要财产状况”处。 编号：________

申请人姓名		性别		出生年月		年龄	
身份证号码		现居住地址					
婚姻情况		家庭人数		住宅电话		邮编	
单位名称		单位地址					
单位电话		手机号码		单位邮编			
学历		工龄		职务		月平均收入	
申请人配偶情况	姓名		身份证号码		月平均收入		
	工作单位		单位电话				
	单位住址		单位邮编				
	手机号码		工龄		职务		
家庭主要财产状况	（1）第一套房产________ m^2 价值________元 地址：________________ （2）第二套房产 地址：________________						
拟购车情况	售车单位名称						
	售车单位联系电话						
	车辆类型		车价总金额				
申请贷款金额		贷款期限					
已付购车款		贷款占车价比例					
担保人情况	姓名		学历		月平均收入		
	身份证号码						
	工作单位		单位电话				
	住址		房产证				
	单位地址		单位邮编				
	手机号码		工龄		职务		
汽车贷款每月还款额		每月还款占家庭收入比例					

收入证明

兹证明________先生/女士是我单位职工，在我单位工作________年，职务是________，工作性质为________（中长期；短期；劳务派遣；其他），职称为________，该员工是否有对其信用状况有影响的违规违纪行为________。

身份证号码为：______________________________

其最近12个月平均月收入为人民币（大写）________元

证明单位（盖公章）　单位联系电话：________________

日期：________________

备注：本证明仅用于证明我公司员工的工作情况及其在我公司的工资收入，不作为我公司对该员工的担保文件。

2. 客户申请流程

客户申请流程如图2-4所示。

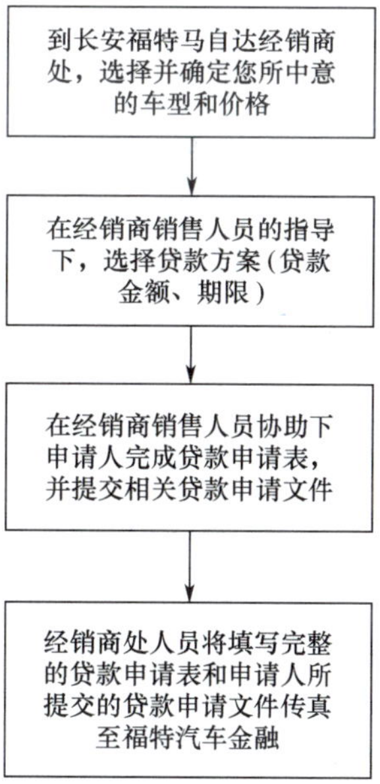

3. 汽车金融公司审核流程

汽车金融公司审核流程如图2-5所示。

4. 汽车金融公司对经销商放款流程

汽车金融公司对经销商放款流程如图2-6所示。

5. 经销商在车辆上牌后需收集并递交的文件

经销商协助客户签订购车合同，交付首期款、购买车辆保险，并完成车辆上牌手续后，应该协助福特汽车金融按要求将以下文件提交至福特汽车金融或其指定代理公司：贷款申请表（原件）、汽车销售发票（原件）、车辆保单原件（原件）、机动车辆登记证书（原件）、购车合同、客户身份证（原件）、经销商已签字的分期付款（抵押）核准通知函（传真件）。

到长安福特马自达经销商处，选择并确定您所中意的车型和价格

↓

在经销商销售人员的指导下，选择贷款方案（贷款金额、期限）

↓

在经销商销售人员协助下申请人完成贷款申请表，并提交相关贷款申请文件

↓

经销商处人员将填写完整的贷款申请表和申请人所提交的贷款申请文件传真至福特汽车金融

图2-4　客户申请流程

6. 核准贷款的有效期

贷款申请的核准有效期为90天。如果福特汽车金融收到放款资料之日与收到贷款申请资料之日相差超过90天，有权对申请人的资信状况重新进行审核。

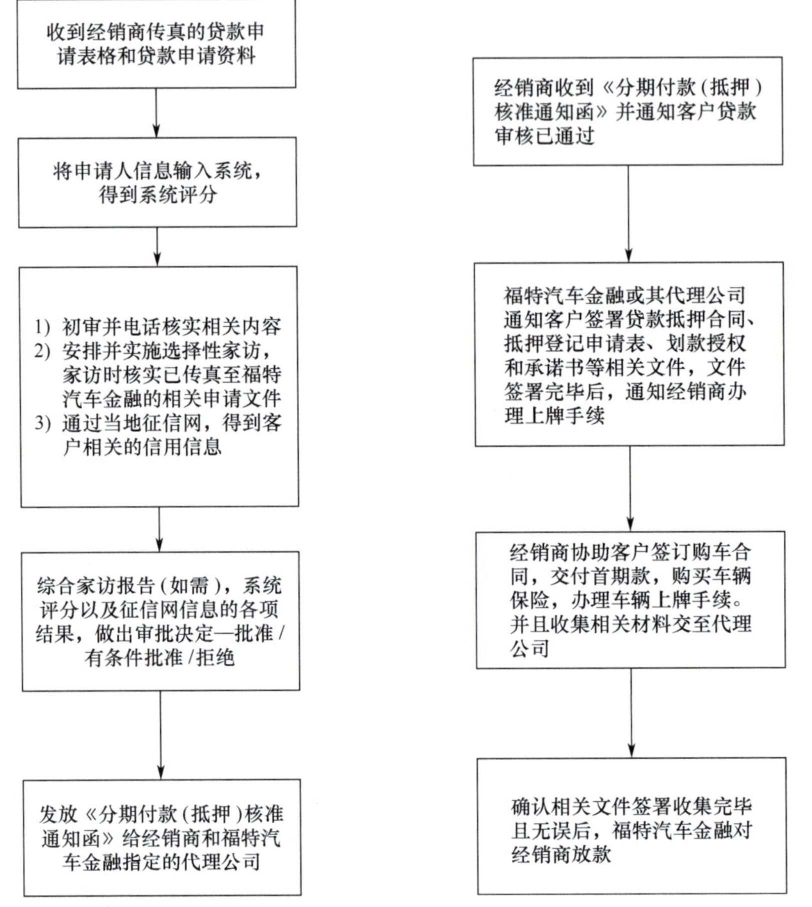

图 2-5　汽车金融公司审核流程　　图 2-6　汽车金融公司对经销商放款流程

七　产品操作实务

1. 经销商的销售人员如何对有意向分期贷款购车的人报价

福特汽车金融会提供相关的电子表格，经销商的销售人员可以通过其向消费者报价。

2. 经销商如何协助申请人完成贷款申请表格的填写和贷款申请资料清单的准备

经销商的销售人员应指导客户准确完整地填写贷款申请表和指导客户提供相应有效的申请文件，客户必须亲笔签字以确认表格内所填写的信息准确无误。

3. 经销商如何将申请表提交给福特汽车金融

客户在经销商处填写完整的“个人汽车消费贷款申请表”并提交相应的

申请文件，经销商将客户签署完毕的申请表和客户所提交的相关申请文件传真至福特汽车金融分期融资作业部。与此同时，经销商相关销售人员必须通知客户准备福特汽车金融所需的申请文件，并在家访时（如需）配合提供原件给家访人员进行核实确认。这些文件将是福特汽车金融进行信贷审核的重要依据。

4. 经销商如何协助收集贷款申请所需其他文件

经销商的销售人员应及时告知客户贷款申请所需材料，并且准确告知客户可提供上述申请材料的相关机构。

5. 福特汽车金融如何做出信用审核决定

福特汽车金融在收到客户提供的申请材料之后，将按照风险控制程序对申请人进行评估和实施选择性家访，福特汽车金融将通过任何被其认为是合适的渠道，对客户所提供材料的真实性进行核查。然后根据各方面结果综合做出信用审核决定，包括核准、有条件核准和拒绝三种情况。

6. 福特汽车金融通知经销商及客户信用审批结果

福特汽车金融将致电或以电子邮件的形式通知经销商关于其客户贷款的审批结果，并传真分期付款（抵押）核准通知函。

7. 经销商如何协助福特汽车金融或其代理公司对车辆进行抵押登记

经销商在协助客户办理车辆上牌之后，有责任向客户提供如何办理车辆抵押登记的咨询服务，包括所需材料、车管所办公时间和所在地址等。车辆抵押登记手续由福特汽车金融或其代理公司协同客户一起办理。

8. 福特汽车金融何时向经销商付款

福特汽车金融或其代理公司在收集相关文件，包括直接扣款授权书客户联（原件）、车辆保险单（原件），由客户签署的抵押登记申请表（原件）、客户身份证（原件）、贷款申请书（原件）、车辆销售发票（原件）、分期付款（抵押）核准通知函（传真件），正确填写合同正本之后，及时向经销商放款，并协助客户完成车辆抵押手续。

9. 福特汽车金融如何向经销商付款

福特汽车金融通过电子转账（EFT）的方式向经销商安全、及时地付款。

第三章

财务运作

◆ 第一节 战略成本管理 ◆

一 战略成本管理概述

美国会计学界的两位著名教授库珀(Cooper)和斯拉莫得(Slagmulder)认为，战略成本管理（Strategic Cost Management，SCM）意指企业运用一系列成本管理方法来同时达到降低成本和加强战略位置的目的。这一界定十分简明，也反映了战略成本管理的目标导向，但未将战略成本管理的基本特征全面概括。当今战略成本管理的思想观念，与传统的成本管理相比，战略成本管理至少具有以下特点：

1）战略成本管理的目的不仅在于降低成本，更重要的是为了建立和保持企业的长期竞争优势。也就是说，企业必须探求提高(或不损坏)其竞争地位的成本降低途径。如果某项成本降低途径削弱了企业的战略地位，则应弃之不用；另外，如果某项成本的增加有助于增加企业的竞争实力，则这种成本的增加是值得鼓励的。如某细分市场上的顾客需要设立某项特殊的产品售后服务，虽然这一做法会增加企业成本，但它吸引了顾客，保持了企业的竞争优势，从长远来看利大于弊；当然企业也可通过工程再造(Reengineering)来重组业务流程，以达到同时降低成本和强化企业竞争地位的目的。比如，某医院通过精简就诊程序来降低成本，并且力图使重新设计后的就诊程序有利于减轻病人的心理压力。医院这一举措使患者增加，战略地位得到巩固。

2）战略成本管理是全方位、多角度、突破企业边界的成本管理。首先，由于当今企业成本结构中，产前与产后的成本比重逐步增加，则其成本管理不应停留在产品生产过程的耗费控制方面，更要着眼于产前的产品设计和材料采购成本、产后的产品营销和顾客使用成本控制。因而战略成本管理要深入到企业的研发、供应、生产、营销及售后服务部门，以全面、细致地分析和控制各部门内部及部门之间相互联系的成本。其次，战略成本管理不局限于企业内部，还超越企业边界进行跨组织的成本管理，诸如与企业价值链相关的上游(供应商)与下游(分销商)企业建立电子资料信息交换系统(EDI)、及时运输系统，相互协调地进行成本改进。值得注意的是，在当今全球经济一体化的条件下，企业成本管理不应局限于国内而应在全球范围内重构企业价值链，以获取全球经济的组合优势。最后，还应对企业外部竞争对手成本资讯进行推测与分析，在相互比较中找出本企业的成本差距，重塑企业的成本与竞争优势。

3）传统成本管理重在成本节省(cost reduction)，即力求在生产过程中不消耗无谓的成本和改进工作方式以节约本将发生的成本支出，它表现为“成本维持”和“成本改善”两种执行形式。减少废品损失、节约能耗、库存最小化、作业分析与改进等皆属传统成本管理。而战略成本管理重在成本避免(cost avoidance)，立足于预防。在进行企业规划时就对企业的地理位置、市场定位、经营规模等一系列具有源流特质的成本动因进行全面综合的考虑，以从源头上控制成本的发生。

二 战略成本管理方法

为了达到取得企业长期竞争优势的目的，可以从以下两个层面来归纳为实现这一目的而采取的战略成本管理方法：一个是战略成本规划(Strategic Costing)层面，旨在帮助企业通过事先的成本规划与控制，从根本上改进其长期的营利能力。这一层面的方法主要有源于战略管理的价值链分析法，以及用于制订成本目标的产品生命周期成本法、目标成本规划法等。另一个是经营改进(Operational Improvement)层面，旨在改善企业日常经营活动效率，落实成本规划。顺应这一思路的方法有持续改善（Kaizen）成本法、竞争对手成本分析法和标杆制度、成本动因分析法等。当然这种区分不可能像刀切那样清楚。事实上，在获取企业成本优势的过程中，这两个层面相辅相成，同时这些方法也是集成与整合在一起的。

1. 价值链分析法

这种方法是由美国哈佛商学院教授迈克尔·波特首先提出的。价值是指买方愿意支付为企业向其提供的产品的价格，价值活动是企业所从事的物资上的和技术上的界线分明的各项活动。波特将其划分为基本活动和辅助活动两大类，前者如内部后勤、生产作业等，后者如采购、人力资源管理等，二者皆可进一步划分为若干显著不同的具体活动。价值链是一系列由各种纽带连接起来的相互依存的价值活动的集合。也就是说，价值链并不是独立活动的汇集，而是相互依存的活动构成的一个系统。在这一系统内，各项活动之间相互联系，即某项活动进行的方式影响其他活动的成本与效率。波特将其划分为内部联系和纵向联系(企业价值链与供应商、买方及购销渠道价值链之间的联系)两大类。联系的普遍存在意味着仅仅考察一项活动本身并不能全面理解这项活动的成本性态，同时为降低相互联系的活动的总成本创造了机会，企业可通过协调或优化这些联系来创建其整体成本优势。

（1）识别与优化价值链的内部联系。企业价值链内部的联系体现在辅助活动与基本活动之间，如实际采购影响外购投入的质量及生产成本、检查成本和产品质量。更多的联系体现在各种基本活动之间，如加强对投入部件的检查会降低后面生产工艺过程中的质量保证成本。

（2）识别与协调价值链的纵向联系。这一联系存在于同一行业内部为消费者提供某种最终产品或服务的相关企业之间。上、下游与渠道企业的产品或服务特点，及其与企业价值链的其他连接点能够十分显著地影响企业的成本。例如，供应商产品的适当包装能减少企业的搬运费用。改善价值链的纵向联系将使得企业与其上、下游及渠道企业共同降低成本，提高这些相关企业的整体竞争优势。例如，施乐公司通过计算机终端向供应商提供其生产进度表，使供应商的元器件能及时运来，这样同时也降低了双方的库存成本。找出和追求这种机会将需要对供应商、买方及购销渠道的价值链进行仔细的研究。

（3）价值链重构。在对各类联系进行深入分析的基础上，根据所处产业竞争环境的变化，企业可对其价值链进行适应性重构。例如，可通过改变产品组合、管理流程、服务方式与服务范围，重新选择价值链的上游、下游渠道或调整他们之间的联系等方式来进行价值链的剪裁与重新构建，以从根本上改变其成本地位，提高其核心竞争力。

2. 产品生命周期成本法

从生产经营者的角度来看，产品生命周期意指产品从“孕育”到“消亡”的全过程，这一过程包括如下5个阶段：产品研究和初始设计，产品开发和测试，生产，销售，顾客使用。产品在上述5个阶段中所发生的全部耗费即产品生命周期成本。近年来，由于对环境的日益重视，有关专家认为，应将产品废置成本考虑进来，以更全面地反映其生命周期成本。

对产品生命周期成本的全面计量与分析的目的有三点：第一，帮助企业更好地计算产品的全部成本，便于企业在将产品推向市场之前，做好总体成本效益预测，以决定开发该产品是否有利可图。第二，帮助企业根据产品生命周期成本各阶段的分布状况，来确定进行成本控制的主要阶段。产品的研究开发与设计阶段现已成为战略成本管理所关注的焦点，这不仅因为开发设计本身的成本很高，而且因为设计方案确定之后，导致相关的成本锁入(Locked Incost)。据专家测算，这一阶段所确定的产品成本占全部成本的比例高达75%～90%。这意味着其成本基本确定后，各阶段只能在这一框架内进行小幅调整，成本降低余地不大。第三，由于扩大了对成本的理解范围，有利于在产品设计阶段考虑顾客使用与产品废置成本，以便有效地管理这些成本。

3. 目标成本规划法

如何改进产品与工序设计，在满足市场需求及企业所期望的盈利水平的前提下，降低设计阶段被锁定的80%左右产品成本？20世纪60年代由日本丰田汽车公司发明的目标成本规划法可担此重任。这一方法对提高日本工业企业（尤其是汽车制造业）的经济效益与竞争实力，立下了汗马功劳。20世纪80年代以来，这一方法被欧美许多著名企业（如福特汽车）相继采用，大大改进了其成本与财务状况。

1）目标成本是指企业在新产品开发设计过程中，为了实现目标利润而必须达到的成本目标值，即产品生命周期成本下的最大成本容许值。目标成本规划法的核心工作就是制订目标成本，并且通过各种方法不断地改进产品与工序设计，以最终使产品的设计成本小于或等于其目标成本。这一工作需要由包括营销、开发与设计、采购、工程、财务与会计，甚至供应商与顾客在内的设计小组或工作团队来进行。主要操作过程如下：首先，制订目标成本。由于目标成本 = 目标售价-目标利润，因此要先制订目标售价，这需要进行市场研究，预测市场目前和将来需要的产品及其主要功能、需求量、消费者愿意支付的价格，还应了解竞争者的产品功能与价格。然后，可根据企业中长期的目标利润计划，并考虑对投资报酬与现金流量的期望等因素来确定目标利润（率），这样由市场驱动（Market Drive）的目标成本就可以确定。

2）改进设计以达到目标成本。产品的目标成本确定后，可与公司目前的相关产品成本相比较，确定成本差距。而这一差距就是设计小组的成本降低目标，也是其所面临的成本压力。设计小组可把这一差距从不同的角度进行分解，如可分解为各成本要素（原材料、配件、人工等）或各部分功能的成本差距，也可按上述设计小组内的各部门（包括零部件供应商）来分解，以使成本压力得以分配和传递，并为实现成本降低目标指明具体途径。然后，设计小组可运用质量功能配置（Quality Function Deployment，QFD）、价值工程（Value Engineering ，VE）、工程再造等方法来寻求满足要求的产品与工序设计方案。质量功能配置旨在识别顾客需求，并比较分析其与设计小组计划满足的需求的差距，以支援价值工程的设计过程。价值工程是一种评价与改进设计方案，同时也是一种提高产品价值的系统性方法。可通过下述两种方式实现成本降低目标：一是在保证产品功能的前提下，削减其零部件成本和制造成本；二是通过削减不必要的产品功能来降低成本。工程再造通过对设计的或已存在的加工过程进行再设计，以期进一步降低成本。

4. 持续改善成本法

设计过程中确定的产品各功能和企业各部门的目标成本，是企业运营过程的成本控制依据。在这个过程中，企业可利用持续改善成本法来逐步降低成本，以达到或超过这一目标，并分阶段、有计划地达到预定的利润水平。

日本制造商最早发明此法。源于日语的“Kaizen”，意指小的、连续的、渐进的改进，这一方法是指企业通过改进一系列生产经营过程中的细节活动，如持续减少搬运等非增值活动、消除原材料浪费、改进操作程式、提高产品质量、缩短产品生产时间、不断地激励员工。其计算公式为

改善值 = 本年（月）的实际成本 - 上年（月）的实际成本

这一方法的指导思想是企业有能力不断地降低运营成本，这是一种永无止境、目标不断提高的成本管理思想和方法，这种成本意识使企业长期保持成本优势。

5. 竞争对手成本分析法

在进行竞争对手成本分析时，必须首先从各种渠道获知大量相关资讯，初步估计竞争对手的各项成本指标，如找出竞争对手的供应商，以及他们提供的零部件的成本，分析竞争对手的人工成本及其效率，评估竞争对手的资产状态及其利用能力等。可采用拆卸分析法（Tear Down Analysis）将竞争对手的产品分解为几大类零部件，对产品成本进行深入了解。另外，还须根据竞争对手其他资讯来调整上述估计指标，如竞争对手现在及未来战略及其所导致的成本水平变化、企业环境的新趋势以及产业的潜在进入者的行为。当竞争对手的成本结构被确定下来之后，公司可以使用这一成本资讯作为计量其自身成本业绩的标杆（benchmark），即以此作为目标和尺度来进行系统的、有组织的学习与超越。通过这一分析方法，可找出公司与最佳业绩者之间的现在和未来的成本差异，反映了公司所处的相对位置，并指出了改进的具体目标与途径。

6. 成本动因分析

20 世纪 80 年代中后期以来，由美国著名会计学教授卡普兰等所倡导的作业成本计算（ABC），在美国、加拿大的许多先进企业得以成功应用。结果发现，这一方法不仅解决了成本扭曲问题，而且它提供的相关资讯（如各项作业的资源耗费情况、相应的成本动因及其数量等）为企业进行成本分析与控制奠定了很好的基础。虽然成本动因（即成本发生的原因与推动力）是 ABC 的核心概念，但并不专属于 ABC 模式。因为从战略成本管理的高度来看，成本动因不仅包括这一模式下围绕企业的作业概念展开的微观层面上的执行性成本动因，而且包括决定企业整体成本定位的结构性成本动因。分析这两个层次的成本动因，有助于企业全面地把握其成本动态，并发掘有效路径来获取成本优势。

（1）执行性成本动因分析。它包括对每项经营活动所进行的作业动因和资源动因分析。作业动因是指作业贡献于最终产品的方式与原因，如购货作

业动因是发送购货单数量，可通过分析作业动因与最终产出的联系，来判断作业的增值性。为满足客户需求而提供给客户的维修保养作业为增值作业；反之，则为非增值作业。一般企业的维修、保养、二手车、精品、美容等均为增值作业，而大部分的仓储、搬运、检验，以及供、产、销环节的等待与延误等，由于并未增加产出价值，为非增值作业，应减少直至消除，以使产品成本在保证产出价值的前提下得以降低。

资源动因是指资源被各作业消耗的方式和原因。它是把资源成本分配到作业的基本依据。如零件采购的资源动因是从事这一活动的职工人数。对资源动因的分析，有利于反映和改进作业效率（作业量/资源费用）。在确定作业效率高低时，可将本企业的作业与同行业类似作业进行比较，然后通过资源动因的分析与控制，寻求提高作业效率的有效途径，尤其应注意分析与控制在总成本中占有重大比例或比例正在逐步增长的价值活动的资源动因。例如，可通过减少作业人数、降低作业时间、提高设备利用率等措施来减少资源消耗，提高作业效率，降低产品成本。

（2）结构性成本动因分析。当我们将视角从企业的各项具体活动转向企业整体时，就会发现大部分企业成本在其具体生产经营活动展开之前就已被确定，这部分成本的影响因素即称结构性成本动因。综合影响企业价值活动的10种结构性成本驱动因素（即成本动因）分别是规模经济、学习、生产能力利用模式、联系、相互关系、整合、时机选择、自主政策、地理位置和机构因素。结构性成本动因从深层次影响企业的成本地位，如产业政策、规模是否适度，店址的选择，关于市场定位、技术与服务组合的决策等，将会长久地决定其成本地位。创建长期成本优势，应比竞争对手能更有效地控制这类成本动因。

举例：

美西南航空公司为了应对激烈的竞争，将其服务定位在特定航线而非全面航线的短途飞行，避免从事大型机场业务，采取取消用餐、定座等特殊服务，以及设立自动售票系统等措施来降低成本。结果，每日发出的众多航班与低廉的价格吸引了众多的短程旅行者，成本领先优势得以建立。

（3）成本动因的相互作用。尽管可能一个成本动因对一类价值活动的成本产生最大影响，但若干个成本动因常常相互作用以决定该项成本。这种相互作用采取两种形式：相互加强或相互对抗。例如，规模经济或学习效应可以强化企业在时机选择中的优势，纵向整合的成本优势也可能被生产能力利用不足抵销。因此，企业还应重视分析各成本动因之间的相互作用，以避免成本动因间的相互抵触，并充分利用成本动因间的相互加强的效果来获得持久竞争优势。

第二节 汽车 4S 店的财务管理

大多数汽车 4S 店在财务管理组织结构上大同小异。管理组织结构大多数由财务经理、整车销售会计及售后会计组成。他们有各自明确的分工：财务经理根据市场分析和前期销售的情况对下期资金做出调度、安排和制订订车的计划等工作，另外还有融资、部门内部管理、报表审核等内容。在大的方向上，财务经理还负责组织制订财务的核算流程，对整个财务核算进行监控管理。整车销售会计主要负责对整车销售的成本核算，以及整个公司费用的核算、统计销售情况、制订订车计划、编制报表并协助财务经理进行资金需求的预算。售后会计则负责售后维修业务成本核算，主要包括配件、人工、单独配件的销售及汽车美容装饰等业务核算。以下根据汽车 4S 店管理组织结构从整车销售的核算管理和汽车售后服务的核算管理这两个方面对汽车 4S 店的财务管理进行分析。

一 汽车销售的财务管理

1. 店内整车销售的财务管理

（1）整车销售的财务管理。整车销售的财务管理主要是资金管理、销售情况的统计、库存的核对以及厂家的账务核对。其中整车采购资金的来源主要有两个方面，自有的资金和三方协议贷款资金。在实际工作中，主要是对三方协议贷款资金的控制和管理较麻烦。在资金运用的过程中应注意资金的周转率、在途时间的长短，与厂家按类型和型号订购的车辆，企业融资能力的强弱等。三方协议贷款资金是指由汽车维修企业、厂家、银行这三方所签订的贷款协议。以 70% 的银行贷款资金和汽车维修企业 30% 左右的自有资金从厂家购车，所购汽车的质押合格证要交给银行，汽车维修企业还完银行贷款资金后，银行将质押合格证还给汽车维修企业。

（2）三方协议贷款资金的运用。三方协议贷款资金的运用在进行财务管理时应注意以下几点：第一，严格管理进入银行的质押合格证，确保银行存放的质押合格证与 4S 店库存信息保持动态一致。这里的库存信息是财务的统计台账。第二，根据客户订车时间来计算所需的资金并换回质押合格证。第三，每天统计汽车的销售情况并根据库存情况来补充车辆（按类别和型号）。第四，当客户下订单时应和银行预约换取质押合格证，避免拖延时间给客户带来不便。第五，确保流程顺利、操作规范，使资金的利用效率提高，继而提升存货周转率。第六，质押合格证换发的过程中应登记好库存台账，将销售核算做好并与库管台账进行仔细核对。

（3）4S 店进货财务管理。4S 店进货情况有：货先到发票后到，发票和货品同时到，发票比货品先到。为了及时进行资产登记、质押合格证的管理，在实际工作中采取备查台账的形式。

在实际工作中应注意以下几点：第一，整车的销售利润主要有前面所提及的销售差价以及厂家按返利制度根据销售量情况的返利。这部分的利润应进行每月的预提或摊销而进入每月利润。第二，广告费也是 4S 店中金额较大的一笔支出，为了扩大该汽车在该地区的销售影响。一般情况下，厂家承担大多数广告和宣传活动费用的一半。所以，当支付完广告费后，财务人员应向广告商索取各半等额的两份发票，一份是以 4S 店的名义开，另一份是以厂家的名义开。

2. 二级汽车维修企业的销售财务管理

二级汽车维修企业一般是地区性的 4S 店的下级汽车维修企业，它主要分布在二级城市，因为他们的货源主要来自于 4S 店，所以在管理上受 4S 店的管理和控制。在实际工作中这类二级汽车维修企业可以采取付部分订金或买断的方式进行销售和管理。其中采取部分订金这种方式进行经营的，库存明细上应单独列示，约定有销售返利的，月末还应进行销售返利核算。为了很好了解二级汽车维修企业店内的销售情况，应将这两部分分别核算，月底再进行仔细分析。

二　汽车售后服务的财务管理

在实际工作中，汽车售后服务主要包括以下内容：售后维修业务、配件销售业务、汽车装饰业务。

1. 汽车售后维修业务的核算管理

汽车售后维修业务的核算内容主要有配件款和工时费。一般情况下，工时费和配件款的核算要借助详细的维修结算清单进行。此单也是与客户结算的依据和开发票的依据，单上的数据已事先设置好，成本和毛利是计算机网络软件自动计算的数据。整车的销售和汽车的售后维修、配件销售、保险业务等都有一定比例的业务提成。这些可计入每项业务成本，也可在销售费用中体现出来，进行成本的核算。配件返利和整车销售情况类似，厂家可以根据销售量的情况按返利制度来返利，这部分的利润应每月进行预提或摊入每月利润。

2. 配件的核算管理

（1）配件的核算。配件主要由维修工根据维修的需要填写领用清单，然后从配件部领出，并按照相应的成本进行结转。月底根据领料单和库存配件进行核对，并进行结果统计。如果领料单和库存配件核对结果无误，则依据维修结算清单就可统计出配件维修所产生的毛利。

（2）配件销售业务利润的核算。保险销售收入是企业业务利润中的重要部分，同时也是汽车4S店中一项较大的业务，它涉及整车的销售和售后的维修。其中在整车销售过程中，4S店一般情况下会替客户购买保险，而保险公司就会给一定的代收手续费和返利。这笔费用4S店在核算时，应该将其单独列账核算，月底时财务管理人员应将代收手续费和返利转入到利润的部分。售后维修时，售后维修部应根据核赔定损的清单进行相关部位维修，核算时应和一般的维修相同对待，可能其核赔的定损清单上的金额比维修所需的费用多，这时应先将差额挂在应付账款上，半年或一年后再经总经理办公会及根据保险清查的情况将其转到利润。对于费用的控制、核算，应每月进行环比并与去年同期情况进行对比，对每项总费用所占比例进行比较并仔细分析引起相关变化的原因。

在大多数汽车4S店的财务管理中，财务管理大多以高效、低成本、程序流畅、数据反映及时并为下一步的决策提供详细财务资料为基本原则。可见财务管理在4S店的重要性。

◆ 第三节 财务管理制度 ◆

规范的运营管理标准手册将协助企业做好营运过程中的财务管理工作，可以明确汽车维修企业的投资标准和运营资金需求，明确每月必须提交的标准财务报表，确保合理的库存和资金正常运转，应收账款的管理要明晰，并且不能超标。

一 汽车4S店财务管理总则

1. 资金合理配置原则

资金合理配置是汽车维修企业持续、高效经营必不可少的条件。在财务管理工作中，要把企业资金合理地配置在生产经营的各个阶段上，并保证各项资金能顺畅运行。

2. 收支积极平衡原则

资金收支不仅要在一定期间总量上求得平衡，而且要在每一时点上协调平衡。资金收支的平衡取决于购销活动的平衡，它对各项经营活动有积极的影响。在财务管理中要利用开源节流、资金融通等各种积极的办法实现收支平衡。

3. 成本效益原则

对运营活动中的付出与所得进行分析比较，对经济行为的得失进行衡量，使成本与收益得到最优的结合，以求获得最多的盈利。企业一切经济财务活动都要发生资金耗费和资金收入，对每一项具体的经济财务活动，都要分析研究其成本与收益，求得资金增值。

4. 收益风险均衡原则

收益风险均衡原则是指对每项财务活动要分析其收益性和安全性，使企业可能承担的风险与可能获得的收益相适应，据以做出决策。

二 汽车 4S 店财务管理关键指标

1. 成本控制

成本控制：通过财务表格进行有效管理，参见相关财务报表（营业费用表、管理费用表、财务费用表）。

2. 流动资金标准

流动资金标准：严格执行需求订货、开票、回款政策，有充分的流动资金用于经营（参考：财务零件库存为月平均销售额的 1.5 倍，配件至少 2 个月周转一次）。

三 财务风险控制

对企业进行财务关键性指标分析，可以使汽车维修企业的管理者更好地加强企业管理，确保企业保持良好的营运状态。

1. 回款控制要点

汽车维修企业应自行检查零件欠款的还款情况，在还款到期的前 3 天时注意还款进度。对于未及时付款导致的零件无法发出，对零件部门和财务部门要进行处罚。

2. 企业盈亏平衡点

盈亏平衡分析是项目不确定性分析的重要方法之一，通过盈亏平衡分析可以判断当不确定性因素发生不利变化时，项目是处于盈利状态还是亏损状态，找到各个不确定性因素使项目处于盈亏平衡状态的临界值，进而结合预测的各个不确定性元素可能的变动范围，对项目的风险情况及项目对各个因素不确定性的承受能力进行科学判断，提高项目投资决策的科学性和可靠性。盈亏平衡分析图如图 3-1 所示。

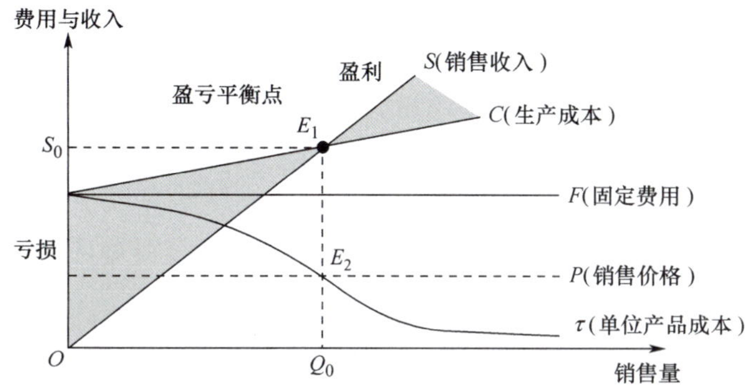

图 3-1 盈亏平衡分析图

企业获得利润的前提是运营过程中的各种消耗能够得到补偿，即销售收入至少要等于运营成本。为此，企业必须确定保本点进店台次和保本点的收入。计算过程如下（假设企业生产的产品全部售出，即产品产量等于产品的销售量）：

售后收入 = 进店台次 × 单车产值

运营成本 = 固定成本 + 变动成本

盈亏平衡点进店台次 = 固定成本/（单车产值 − 单位成本）

上述公式表明，在进店台次达到一定水平时，全部售后收入将和全部成本相抵。企业（维修服务）盈亏平衡点月度表如表 3-1 所示。

表 3-1 企业（维修服务）盈亏平衡点月度表

项 目 名 称	费 用
维修量/台	
售后服务业务总收入	
售后服务业务成本	
售后服务厂家商务支持收入	
售后服务差价（边际贡献）	
售后服务固定费用	
售后服务业务利润	
边际贡献率	
盈亏临界点产值	
盈亏临界点进店台次	

3. 财务营运能力指标

通过对财务状况进行计算和分析，从而做到及时提醒，防范风险，具体指标如下。

（1）现金比率。

现金比率 =（货币资金 + 短期投资 + 应收票据）/流动负债 ×100%

评价：比率过低，表明企业偿债能力差；比率过高，表明企业资金利用不充分。此指标用得较少，企业的现金比不能过高，过高说明企业现金没有发挥出最大效益。现金比一般在 0.3 左右比较合适。

（2）存货周转率和存货周转天数。

存货周转率 = 主营业务成本/平均存货

平均存货 =（期初存货 + 期末存货）/2

存货周转天数 = 360/存货周转率 = 平均存货 × 360/主营业务成本。

评价：存款周转天数越少越快越好，存货周转率越高越好，表明配件销售的数量增长，销售能力增强，若周转率低，表明必须重视客户开发，广告宣传，增强进店台次。

（3）服务利润率。服务利润率是企业利润总额与主营业务收入净额的比率，反映企业新创价值在销售收入中所占的比例。由于利润总额等于净利润加企业所得税，所以服务利润率也称服务利税率。

服务利润率 = 利润总额/主营业务收入净额 × 100%

评价：此比率越高，表明企业新创价值越多，贡献越大。

（4）服务毛利率。服务毛利率是反映毛利与主营业务收入净额的比率，反映毛利在服务收入中所占的比例。毛利是主营业务收入净额减主营业务成本。

服务毛利率 = 毛利/主营业务收入净额 × 100%

评价：服务毛利率是服务利润率的最初基础，没有足够大的毛利率便不能营利。企业在预计利润和粗估成本时，服务毛利率很有利用价值。

（5）服务净利率。服务净利率是净利润与主营业务收入净额的比率，反映净利润在销售收入中所占的比例。

服务净利率 = 净利润/主营业务收入净额 × 100%

评价：服务净利率表明每一元净服务收入可实现的净利润是多少。

（6）成本费用利润率。成本费用利润率是利润总额与成本费用总额的比率，反映企业新创价值与耗费的关系。

成本费用利润率 = 利润总额/成本费用总额 × 100%

评价：此比率越高，表明企业付出一定耗费完成的新创价值越多，获利能力越强。由此可以看出企业获利能力的提高，一方面要靠增收；另一方面还要靠节支，加强成本的控制能力。

四 财务报表

财务报表是一套包括了汽车维修企业全部财务信息的表格。

财务报表综合反映了汽车维修企业的经济活动过程和结果，管理者拿到了财务报表就可以对公司目前的经营情况一目了然。本书列出如下报表供读者参考使用：汽车维修企业资产负债表（表3-2）、汽车维修企业损益表（表3-3）、汽车维修企业资金流量表（表3-4）。

表 3-2 汽车维修企业资产负债表

单位名称： 年 月 单位：元

资 产	行号	年初数	期末数	负债及所有者权益	行号	年初数	期末数
货币资金	1			短期借款	43		
短期投资	2			应付票据	44		
应收票据	3			应付账款	45		
应收账款	4			其中：应付最大客户	46		
其中：6 个月账龄	5			其中：应付第二客户	47		
其中：7 ~ 12 个月账龄	6			其中：应付汽车集团	48		
其中：13 ~ 23 个月账龄	7			预收账款	49		
其中：超过 2 年账龄	8			其他应付款	50		
减：坏账准备	9			应付工资	51		
应收账款净额	10			应付福利费	52		
预付账款	11			未交税金	53		
应收补贴款	12			未付利润	54		
其他应收款	13			其他应交款	55		
存货	14			预提费用	56		
其中：新车库存	15			一年内到期的长期负债	57		
其中：旧车库存	16			其他流动负债	58		
其中：配件库存	17			流动负债合计	59		
待转其他业务支出	18			长期负债	60		
待摊费用	19			长期借款	61		
待处理流动资产净损失	20			应付债券	62		
一年内到期的长期债券投资	21			长期应付款	63		

（续）

资　　产	行号	年初数	期末数	负债及所有者权益	行号	年初数	期末数
其他流动资产	22			其他长期负债	64		
流动资产合计	23			长期负债合计	65		
长期投资	24			递延税项	66		
长期投资	25			递延税款贷项	67		
固定投资	26			负债合计	68		
固定资产原价	27			所有者权益	69		
减：累计折旧	28			实收资本	70		
固定资产净值	29			资本公积	71		
固定资产清理	30			盈余公积	72		
在建工程	31			未分配利润	73		
待处理固定资产净损失	32			所有者权益合计	74		
固定资产合计	33			企业负债及所有者权益总计	75		
无形资产及长期待摊费用	34						
无形资产	35						
长期待摊费用	36						
无形资产及长期待摊费用合计	37						
其他资产	38						
其他长期资产	39						
递延税项：	40						
递延税款借项	41						
资产总计	42						

财务负责人：　　　　审核：　　　　制表：

表 3-3 汽车维修企业损益表

单位名称： 年 月 单位： 元

项 目	行号	本期数	累计数
一、主营业务收入	1		
减：销售折扣与折让	2		
主营业务收入净额	3		
减：主营业务成本	4		
经营费用	5		
主营业务税金及附加	6		
二、主营业务利润	7		
加：其他业务利润	8		
其他业务收入	9		
其他业务支出	10		
减：管理费用	11		
财务费用	12		
汇兑损失	13		
三、营业利润	14		
加：投资收益	15		
补贴收入	16		
营业外收入	17		
减：营业外支出	18		
加：以前年度调整	19		
四、利润总额	20		
减：所得税	21		
五、净利润	22		

财务负责人： 审核： 制表：

表 3-4 汽车维修企业资金流量表

单位名称：　　　　年　月　　　　单位：元

项　目	行号	金额	项　目	行号	金额
经营活动产生的现金流量	1		支付的个人所得税	21	
经营活动产生的现金流入	2		支付的企业所得税费	22	
销售整车收到的现金	3		支付的其他与经营活动有关的现金	23	
销售配件收到的现金	4		经营活动产生的现金流出合计	24	
提供服务收到的现金	5		经营活动产生的现金流量净额	25	
其他经营收到的现金	6		投资活动产生的现金流量	26	
收到的税费返还	7		投资活动产生的现金流入	27	
收到的其他与经营活动有关的现金	8		收回投资所收到的现金	28	
经营活动产生的现金流入合计	9		取得投资收益所收到的现金	29	
经营活动产生的现金流出	10		处置固定资产、无形资产和其他长期资产所收回的现金净额	30	
购买整车支付的现金	11		收到的其他与投资活动有关的现金	31	
购买配件支付的现金	12		投资活动产生的现金流入合计	32	
支付给职工工资的现金	13		投资活动产生的现金流出	33	
支付给职工福利费的现金	14		购建固定资产所支付的现金	34	
支付租金的现金	15		购买无形资产和其他长期资产所支付的现金	35	
支付广告费的现金	16		投资所支付的现金	36	
支付促销费的现金	17		支付的其他与投资活动有关的现金	37	
支付装修费的现金	18		投资活动产生的现金流出合计	38	
支付的增值税税费	19		投资活动产生的现金流量净额	39	
支付的各项流转税	20				

（续）

项 目	行号	金额	项 目	行号	金额
筹资活动产生的现金流量	40		预提费用增加（减：减少）	62	
筹资活动产生的现金流入	41		处置固定资产、无形资产和其他长期资产的损失（减：收益）	63	
吸收投资所收到的现金	42		固定资产报废损失	64	
借款所收到的现金	43		财务费用	65	
收到的其他与筹资活动有关的现金	44		投资损失（减：收益）	66	
筹资活动产生的现金流入合计	45		递延税款贷项（减：借项）	67	
筹资活动产生的现金流出	46		存货的减少（减：增加）	68	
偿还债务所支付的现金	47		经营性应收项目的减少（减：增加）	69	
分配股利、利润或偿付利息所支付的现金	48		经营性应收项目的增加（减：减少）	70	
支付的其他与筹资活动有关的现金	49		其他	71	
筹资活动产生的现金流出合计	50		经营活动产生的现金流量净额	72	
筹资活动产生的现金流量净额	51		不涉及现金收支的投资和筹资活动	73	
汇率变动对现金的影响	52		债务转为资本	74	
现金及现金等价物净增加额	53		一年内到期的可转换公司债券	75	
补充资料	54		融资租入固定资产	76	
将净利润调节为经营活动现金流量	55		现金及现金等价物净增加情况	77	
净利润	56		现金的期末金额	78	
加：计提的资产减值准备	57		减：现金的期初余额	79	
固定资产折旧	58		加：现金的期初余额	80	
无形资产摊销	59		减：现金等价物的期初余额	81	
长期待摊费用摊销	60		现金及现金等价物净增加额	82	
待摊费用减少（减：增加）	61				

财务负责人： 审核： 制表：

第四节 汽车 4S 店纳税评估案例

一 汽车 4S 店的行业特点

4S 店是一种以“四位一体”为核心的汽车特许经营模式，包括整车销售（Sale）、零配件（Sparepart）、售后服务（Service）、信息反馈（Survey）等。4S 店是 1998 年以后才逐步由欧洲传入中国的舶来品。它与各个厂家之间建立了紧密的产销关系，具有购物环境优美、品牌意识强等优势。4S 店一般采取一个品牌在一个地区分布一个或相对等距离的几个专卖店，按照生产厂家的统一店内外设计要求建造，投资巨大，动辄上千万元，甚至几千万元。

简单来讲，汽车 4S 店就相当于汽车专卖店，是由厂家统一设计，根据厂家的模式经营管理的。

二 汽车 4S 店行业存在的主要问题

1）维修收入和销售配件少申报或未申报。

2）赠送配件、饰品等不做视同销售行为申报。赠送行为作为有效营销手段，广泛地被使用在汽车行业。购车和售后中出现的赠送行为，按照税法规定应视同销售处理，但大部分汽车销售企业在实际操作中忽略了这部分销售，或是少申报，容易造成税款的流失。

3）价外费用不做应征增值税收入申报。例如在销售汽车过程中向客户收取的代办上牌手续费或其他捆绑代办收取的手续费，根据增值税暂行条例，这部分业务收取的费用属于价外费用，应征收增值税。代办保险或增加装饰品，大部分企业均未做价外费用申报缴纳增值税。部分企业没有申报收入，还有部分企业违规避税。由于营业税税率远低于增值税税率，因此，很多企业就在地税部门领取服务业收入发票开具给客户，申报缴纳营业税而非增值税。

4）行业税负率偏低，且平均税负率难以定夺。汽车销售行业的参考税负率为 0.7%，但评估中发现不同品牌、不同车型间的税负率相差较远。例如，进口车的毛利较高，税负率能达到 1.5% 左右；国产车的毛利较低，且汽车维修企业库存较大，更导致税负率低于一般水平，税负率均在 0.5% 左右。又如小轿车和货车的税负率也有着较大的差别。

5）收取第三方的返还手续费没有按规定申报收入。例如代办车辆保险，从保险公司返还的手续费没有按规定申报。

6）厂商通过广告或业务宣传费、为汽车维修企业装修经营场所或其他形式向汽车维修企业返利，汽车维修企业没有做纳税调整。

三 汽车4S店的征管难点

1）不同品牌的汽车的增值税税负率差异较大，预警值较难准确确定。

2）汽车4S店的背景复杂，对评估和检查不大配合。

3）汽车维修工时费代金券是否应视同应税劳务、保险公司返还的提成等征税问题。

四 增值税相关主要经济技术指标及其纳税评估方法

1. 增值税税负

就汽车4S店来说，增值税税负还可以分为整体增值税税负率、整车销售增值税税负率、维修业务增值税税负率。

（1）整体增值税税负率分析。

增值税税负率＝本期累计应纳增值税额/本期累计应税销售额

税负差异率＝(评估企业税负率－行业参考税负率)/行业参考税负率×100%

汽车销售企业增值税行业参考税负率为0.8%；税负差异率预警值为－20%。

（2）整车销售增值税税负率分析。

1）在企业能分别核算整车销售业务、维修业务所形成的应纳增值税的情况下，可使用以下公式直接计算整车销售增值税税负率。

整车销售增值税税负率＝整车销售形成的应纳增值税/整车销售收入

2）在企业不能分别核算整车销售业务、维修业务所形成的应纳增值税的情况下，可使用以下公式间接计算整车销售增值税税负率。

整车销售增值税税负率＝（增值税总税负率－维修毛利率×17%×维修收入占全部收入的比例)/整车销售收入占全部收入的比例（数据参考：维修毛利率一般为30%～45%）

整车销售业务增值税参考税负率为0.6%；税负差异率预警值为－20%。

（3）维修业务增值税税负率分析。

1）在企业能分别核算整车销售业务、维修业务所形成的应纳增值税的情况下，可使用以下公式直接计算维修业务增值税税负率。

维修业务增值税税负率＝维修形成的应纳增值税/维修收入

2）在企业不能分别核算整车销售业务、维修业务所形成的应纳增值税的情况下，可使用以下公式间接计算维修业务增值税税负率。

维修业务增值税税负率＝（应纳增值税总税额－整车销售应税收入×整车销售增值税税负率）/维修收入

维修业务增值税参考税负率为5%；税负差异率预警值为－20%。

说明：通过分析增值税税负率，对企业纳税情况和销售情况进行监控，以便于分析企业是否存在少开汽车销售发票金额、少申报其他业务收入、不符合抵扣规定的进项税额没有转出等行为。

2. 各项收入测算分析

汽车维修企业的收入组成：汽车销售收入；维修收入；佣金、返利等其他收入。

（1）汽车销售收入。一般根据厂家指导价，有时销售价会比厂家指导价低。由于汽车销售对象的特殊性，经销企业不开发票进行偷税的可能性极小，但部分企业存在为少计提销项税、不按实际售价入账等现象，可运用多种渠道对此进行核实。

（2）维修收入测算。具有一定规模的汽车维修企业主要的利润来源于维修收入，企业维修收入占收入总额的比例一般在10%左右，但维修业务产生的利润却占企业总利润的80%左右，高档车的这一比例更高。账外经营维修服务和零配件销售往往是汽车维修企业偷逃税款的重要手段，因此测算维修收入，掌握维修业务的真实数据非常必要。

维修收入＝配件收入＋工时收入

维修及配件的销售毛利一般由两部分组成：配件加价，一般为15%～20%；工时费，一般占15%～25%。因此，维修业务的毛利率一般为30%～45%。

对于维修收入，可以通过以下两种方法进行测算：

1）从配件成本分析。

维修收入＝配件成本/（1－维修毛利率）

2）从工时费分析。汽车维修企业一般采用计算机核算维修费用，并提供有关清单给客户。税务部门可以通过企业提供的维修费清单，计算出工时费，再根据工时费占维修收入的比例测算出维修收入。

维修收入＝工时费/工时费占维修收入比例

说明：工时费占维修收入的比例一般为15%～25%，计算时可取上限25%。

（3）佣金、返利等其他收入测算。

1）代办牌照手续费测算。

代办牌照手续费收入＝汽车零售量×办牌率×单台代办牌照手续费

办牌率 = 通过汽车销售企业代办牌照的车辆台数/汽车零售量

参考数据：办牌率一般为 85% 左右。

2）保险返还测算。

保险返还 = 交强险返还 + 商业险全保返还 + 商业险第三者返还

交强险返还 = 汽车零售量 × 保率 × 保险费 × 返还率

商业险全保返还 = 汽车零售量 × 保率 × 全保率 × 保险费 × 返还率

商业险第三者返还 = 汽车零售量 × 保率 × 保险费 × 返还率

参考数据：各项保险的保率一般为 85% 左右，商业险全保的全保率为 90% 左右。返还率一般为 10% ~20%，但不同的保险公司、不同的险种，其返还率都会不同，可根据实际情况调整。

五　所得税相关主要经济技术指标及其纳税评估方法

主管税务机关应根据增值税评估结果调整所得税的相关数据，再根据企业的性质选取相应的分析指标进行所得税（包括内外资企业）纳税评估。

根据汽车销售企业的行业特性，对汽车销售企业所得税评估主要取用以下分析指标进行综合评估。

1. 毛利率

由于汽车销售企业的特殊性，整车销售受市场供求关系的影响，通常毛利率不高，其中进口车毛利率高于国产车；成熟期（开业三年以上）的汽车销售企业的主要利润来源于维修收入，因此需将整车销售与维修（含精品、配件销售）的销售收入、销售成本分离，分别计算毛利率。

（1）整体毛利率。整体毛利率是指整个汽车销售企业的总体毛利率，计算公式如下：

整体毛利率 =（主营业务收入 − 主营业务成本）/主营业务收入 × 100%

整体毛利率参考值为 7%；整体毛利率预警值为 −20%。

（2）整车销售毛利率。

整车销售毛利率 =［整车销售额 −（同期期初整车库存余额 + 同期期间整车购进金额 − 同期期末整车库存余额）］/整车销售额 × 100%

进口车销售参考毛利率为 8%，预警值为 −20%；国产车销售参考毛利率为 4%，预警值为 −20%。

（3）维修毛利率。

维修毛利率 =（维修收入 − 维修成本）/维修收入 × 100%

维修毛利率参考值为 35%；维修毛利率预警值为 −20%。

说明：企业的毛利率指标与同行业参考值对比相差较大，有可能存在少计收入、未计收入、多列成本等问题，应结合其他指标进一步分析。

2. 维修业务收入变动率与维修业务成本变动率比值

由于汽车维修企业的主要利润来源于维修业务，因此以维修业务为主要分析对象。

维修业务收入变动率与维修业务成本变动率比值＝维修业务收入变动率/维修业务成本变动率

维修业务收入变动率＝(本期维修业务收入－上期维修业务收入)/上期维修业务收入×100%

维修业务成本变动率＝(本期维修业务成本－上期维修业务成本)/上期维修业务成本×100%

说明：正常情况下二者基本同步增长，呈现趋势相同和配比相符。对该比值进行配比分析，如收入变动率异常，企业可能存在不计、少计维修业务收入；如成本变动率异常，企业可能存在多列维修业务成本、扩大税前扣除范围等问题。

3. 期间费用变动率

期间费用变动率＝(评估期期间费用－基期期间费用)/基期期间费用×100%

说明：如果期间费用变动率与前期相差较大，可能存在税前多列期间费用问题。

4. 所得税负担率(税负率)

所得税负担率＝应纳所得税额/利润总额×100%

所得税负担率参考值为20%。

说明：该指标反映一个企业所得税的税收负担情况。将该指标与同行业和本企业上期所得税负担率相比，若低于标准值，可能存在不计或少计销售（营业）收入、多列成本费用、扩大税前扣除范围等问题。

六 实际案例分析

1. 分析选案

（1）选案背景。东莞市寮步镇汽车销售行业近年来发展迅猛，企业经营逐步规范、汽车销量逐年上升，由原来只有货车经营发展到现在4S店经营，由原来的少数几家经营到现在的市场化经营，销售模式由过去的混车销售转为品牌专卖，服务项目由单一的整车销售转为集整车销售、零配件供应、售后服务、信息反馈、二手车置换为一体，形成了一个完善的销售和服务体系。据统计，寮步汽车销售企业有90多家，占全市汽车销售行业的1/3，附近的汽配城、二手车交易市场等应运而生，使寮步镇成为名副其实的“东莞市国际汽车城”。

汽车销售企业的业务主要包括整车销售和维修，增值税行业参考税负率为0.7%，其中整车销售业务增值税参考税负率为0.6%，维修业务的增值税参考税负率为5%。汽车销售企业的收入主要由汽车销售收入、维修收入、佣金、返利等组成。

（2）分析过程。位于东莞市莞樟路段的××贸易有限公司是2004年5月成立的一家汽车销售4S店，主要经营东风日产系列汽车销售及售后服务。该企业年均销售额超过3亿元，年缴税总额约800万元。增值税、企业所得税均属国税管辖。该企业注册资金由总公司调拨，从业人数有145人，2008年实现销售收入3.77亿元。2006—2008年其主营业务收入和增值税在评估前纳税情况如表3-5所示。

表3-5　评估前纳税情况　（单位：万元）

时间 纳税情况	2006年度	2007年度	2008年度
全年增值税应税收入	26 288.90	38 994.80	37 742.60
全年缴纳增值税	119.00	517.02	362.79
全年缴纳企业所得税	276.08	360.22	389.47

（3）数据来源。企业数据主要来源于CTAIS中的增值税申报表、企业所得税申报表、财务报表、汽车经销企业信息采集表，以及从企业检查中获取的各类数据。行业参考数据主要来源于《东莞市国家税务局汽车销售企业纳税评估工作指引（试行）》。

（4）横向比较分析。

1）增值税税负率比较分析（表3-6）。根据表3-6所示数据可知，该企业2008年整体增值税税负率及整车销售增值税税负率均呈下降趋势。

从表3-6分析，该企业增值税税负率波动异常，2008年度的整体增值税税负率比2007年下降37.5%，特别是2008年度整车销售增值税税负率大幅度下降，具体原因需进一步分析。

表3-6　增值税税负率比较分析

时间 税负率情况	2006年度	2007年度	2008年度
整体增值税税负率	0.45%	1.33%	0.96%
整车销售增值税税负率	—	1.10%	0.43%
维修业务增值税税负率	—	5.00%	5.70%

2）毛利率比较分析（表3-7）。由于汽车销售企业的特殊性，整车销售受市场供求关系的影响，通常毛利率不高。而东风日产汽车属中外合资汽车品牌中的典型，毛利率高于纯国产车、低于进口车。该企业是一家较为成熟

的汽车销售企业，其利润主要来源于维修收入。由于汽车销售企业库存量会对增值税税负率产生一定程度的影响，在分析其整车销售毛利时必须相应进行调整。

表 3-7 毛利率比较分析

时间 毛利率情况	2006 年度	2007 年度	2008 年度	行业参考值	预警值
整体毛利率	5.50%	5.50%	7.30%	5%	4%
整车销售毛利率	4.19%	3.67%	0	4%	3.2%
维修业务毛利率	49%	48%	50%	35%	28%

由表 3-7 数据可知，该企业的毛利率基本属于正常范围；维修业务毛利率偏高；2006 年度和 2007 年度的整车销售毛利率也基本正常，但 2008 年度整车销售毛利率为零，存在平销行为的可能性。

3）整车销售收入与销量分析。该企业整车销售收入占总收入的比例均在 90% 以上，整车销售数据如表 3-8 所示。

表 3-8 整车销售情况

时间 销售数据	2006 年度	2007 年度	2008 年度
整车销售收入	25 009.13 万元	36 671.26 万元	34 230.51 万元
整车销售成本	23 961.37 万元	35 325.36 万元	34 230.51 万元
年销售量	1362 台	3068 台	2990 台
平均进货单价	17.59 万元	11.51 万元	11.45 万元
平均销售单价	18.36 万元	11.95 万元	11.45 万元

由表 3-8 数据分析，2008 年度销量与 2007 年度基本持平，整车销售收入却大幅度下降，同比减少 2440.75 万元，原因有待进一步核查。

4）期间费用变动率分析。该企业各项费用见表 3-9。结合该企业主营业务收入情况分析，该企业期间费用增长异常：2007 年的主营业务收入仅增长 48.67%，而销售费用增长了 3 倍、财务费用增长了 7 倍，管理费用却未有统计数据；2008 年的主营业务收入出现负增长，总体费用却增长了 12.29%。

是否存在税前多列支，原因有待进一步了解。

表 3-9 费用变动情况

时间及费用变动率 费用	2006 年度	2007 年度	2008 年度	费用变动率（2007 年度）	费用变动率（2008 年度）
销售费用	294.55 万元	1195.62 万元	447.77 万元	305.91%	-62.55%
管理费用	485.48 万元	—	821.09 万元	—	—
财务费用	6.81 万元	56.22 万元	136.76 万元	725.18%	143.28%

（5）纵向比较分析。

1）毛利率与税负率配比分析。正常情况下，毛利率与税负率变动应为同步。毛利率高，增值空间大，税负率高；毛利率低，增值空间小，税负率则低。按照该企业的现有毛利率计算出各年度的理论税负率，进行配比，数据如表3-10所示。

表3-10　毛利率与税负率配比情况

时间 毛利率与税负率	2006年度	2007年度	2008年度
实际毛利率	5.50%	5.50%	7.30%
理论税负率	0.94%	0.94%	1.24%
实际税负率	0.45%	1.33%	0.96%

从表3-10数据分析，可知该企业2006年度和2008年度毛利率与税负率配比不合理，实际税负率低于理论税负率。

该企业毛利与税负率的变动不同步。2007年度毛利率不变，税负率却上升；2008年度毛利率上升，税负率却下降。原因有待进一步查实。

2）维修收入组成分析。从企业的维修业务数据分析，维修收入占总收入比例逐年上升，从2006年度的4.65%，上升到2008年度的9.35%。

正常情况下，4S店中的维修收入应由70%的零配件销售收入和30%的工时费收入组成。从该企业的维修收入组成情况看，零配件销售收入占维修收入的比重高达90%以上，组成比重不正常，可能存在少报工时费收入的嫌疑。

3）工资总额与工作人员配比分析（表3-11）。据表3-11数据进行配比分析，呈现以下问题：2007年度工作人员人数增长32.26%，工资总额却增长151%；2008年度工作人员人数增长17.89%，工资总额却增长36.92%。三年来，人均工资均有较大幅度的提高。正常情况下，全年工资总额变动应与工作人员人数变动呈正比，且变动幅度应为同步。该企业全年工资总额增长异常，原因有待查证。

表3-11　工资总额与工作人员配比分析

时间 工资总额与工作人员配比	2006年度	2007年度	2008年度
全年工资总额	1 774 083.66元	4 452 969.84元	6 096 918.97元
工作人员人数（月均）	93人	123人	145人
人均工资	19 076.17元	36203.01元	42 047.72元

4）2008年度纳税情况分析。以上数据分析结果显示，2008年度存在的异常情况较多，且涉及问题较为广泛，故在评估过程中尤为注重对2008年度数据进行分析。针对这种情况，评估小组工作人员抽取该企业2008年度

的纳税数据进行分析，如表3-12所示。

表3-12 2008年度纳税情况 （单位：元）

月份	上期留抵税额	进项税额	销项税额	进项转出额	应纳增值税额
1月	909 462.38	6 464 857.52	8 452 880.60	0	1 078 560.70
2月	0	2 611 102.16	2 439 520.17	0	0
3月	171 581.99	5 574 413.13	5 838 698.56	46 841.54	139 544.98
4月	0	3 700 804.68	4 458 633.68	0	757 829.00
5月	0	7 140 280.56	5 578 794.71	0	0
6月	1 561 485.85	5 034 070.20	3 866 974.04	0	0
7月	2 728 582.01	3 254 774.09	5 561 500.01	0	0
8月	421 856.09	3 156 523.09	5 220 973.16	0	1 642 593.98
9月	0	5 428 014.84	5 437 373.88	0	9 359.04
10月	0	7 087 840.29	6 729 929.40	0	0
11月	357 910.89	7 444 122.64	5 116 588.91	0	0
12月	2 685 444.62	4 588 387.20	5 460 551.76	0	0
合计					3 627 887.91

根据表3-12所示数据，对该企业2008年度纳税情况进行分析，发现该企业经常出现应纳税额为零的情况，在2008年度中累计有7个月份零税负申报，原因有待查证。

（6）综合比较分析。

1）其他应付款变化情况。经过对该企业资产负债表进行审核，发现该企业其他应付款变化异常。其他应付款变化金额较大，2006年1月至2008年12月期间，其他应付款每月增加的累计数为159 493 896.8元，每月减少的累计数为186 788 381.4元。是否存在通过其他应付款逃避或少交税款的行为，应对其他应付款的变化内容进行详细剖析。

2）应纳税额总体数据分析（表3-13）。根据《汽车经销企业信息采集表》及纳税申报表数据，综合考虑影响纳税人应纳税额的因素，如库存商品、留抵税额等，评估小组工作人员尝试计算该企业理论应纳增值税税额，与实际缴纳增值税税额进行配比分析，找出差异，再据此进行查证企业是否存在少申报收入的情况。

根据表3-13所示数据可知，实际缴纳增值税税额小于理论应纳增值税税额，可能存在瞒销行为。

2. 疑点列举

综合分析，以下几个疑点需要通过约谈或者实地检查继续求证。

表 3-13 应纳税额总体数据分析 （单位：元）

应纳税额 \ 时间	2007 年度	2008 年度
整车销售毛利	13 459 091	0
零配件销售毛利	3 928 620	7 697 151
工时费收入	6 843 063	9 792 497
其他形式返利	7 887 415	14 821 849
上年留抵税款	0	909 462
库存增量	1 735 848	6 974 631
本年留抵税款	909 462	1 813 280
理论应纳增值税税额	6 664 648	7 582 460
实际缴纳增值税税额	5 170 230	3 627 888

疑点一：增值税税负率波动大，经常出现零税负申报的情况。

从上述增值税税负率分析可知，该企业增值税税负率波动较大，尤其在2008 年度销量基本持平、返利大幅度增长的情况下，增值税税负率仍比上年下降 37.5%，且累计有 7 个月零税负申报。

疑点二：整车销售毛利率偏低，且呈下降趋势。

该企业整车销售毛利率 2006 年度为 4.18%，2007 年度为 3.67%，2008 年度为零，返利大于毛利率，是否存在平销或瞒报的行为。

疑点三：期间费用增长异常。

该企业 2007 年度主营业务收入增长 48.67%，而销售费用增长 3 倍、财务费用增长 7 倍；2008 年度主营业务收入出现负增长，而总体费用增长 12.29%。

疑点四：工资总额增幅与工作人员增幅配比不符。

该企业 2007 年度工作人员人数增长 32.26%，而全年工资总额增长151%；2008 年度工作人员人数增长 17.89%，而全年工资总额增长 36.92%。

疑点五：其他应付款变化异常。

该企业其他应付款变化金额较大，应详细了解变化内容。

疑点六：代办佣金收入为零。

该企业为综合性的商贸企业，具备代理上牌、代办机动车辆险等资格，但在“汽车经销企业信息采集表”上的“代办佣金收入”一栏却为零，是否存在未申报的情况。

3. 约谈举证

（1）约谈内容。针对该企业存在的以上疑点，税务部门于 2009 年 6 月 8

日向该企业发出了“纳税评估异常质询书”，要求企业对纳税异常情况进行书面解释。该企业人员在2009年6月9日对评估小组的质询做出“纳税质询情况回复”，同时附送一份详细的“关于纳税评估异常质询书的回复报告”，说明该企业的各项申报纳税情况。

为更深入地了解该企业的经营情况，把该企业作为开展行业纳税评估的典型案例，评估小组确定了约谈思路后，于2009年6月11日约见了该企业的财务人员×××，重点围绕如下几个问题展开讨论：

1）首先由×××介绍该企业的经营情况、财务会计制度及账务处理方法。根据×××对企业经营情况的介绍，该企业于2004年成立，每年销量达3000台。该企业销售的东风日产系列汽车属于中外合资的中档汽车，整车销售毛利和维修毛利均较低。

2）针对疑点一，特别是2008年度零税负申报较多的原因，该企业财务人员解释主要原因是该企业受2008年金融危机影响较大，销量欠佳，而厂家又有提车任务，导致提车多、卖车少，库存积压很严重。这使得进项税额大于销项税额，由此出现零税负申报的情况。

为改善这种情况，该企业于2009年1月开展多类型促销，减少库存，盘活资金，有效改善了进项不均衡导致的零税负申报情况。

3）针对疑点二，×××解释该企业整车销售的利润主要来源于厂家返利，返利的形式表现为：在下次购进整车时，厂家对进货价进行打折，作为上一批货的返利。财务入账时，每台车按发票价格入账，折让无法明确分摊至每一台车上，故车辆返利只能集中反映，直接冲减成本。2008年度整车销售的毛利率实际上为3.86%，在同行业已算是较高水平。

4）针对疑点三，×××做出如下解释：

① 由于公司规定，2007年度账务核算只有经营费用科目，未明确分“销售费用”与“管理费用”，导致在“汽车经销企业信息表”中2007年度的管理费用为零，实际管理费用已包含在表格中的“销售费用”内。

② 2007年度收入比2006年度增加了48.67%，销售费用和管理费用合计增加了53.28%，加上物价上涨等因素的影响，基本属正常。

③ 2008年销售量同比下降，故收入也比2007年度下降3.21%。由于外部环境及通货膨胀的影响，费用上涨6.13%是比较正常的。

④ 而财务费用增长较多的原因在于：该企业的注册资本是从母公司借入，2006年度尚属于新建，未收利息；2007年起，注册资本开始计息，故财务费用增加；2008年受金融风暴影响，整个汽车销售行业不景气，整车库存积压很大，资金无法盘活，导致财务费用同比增幅较大。2008年为增加销

量，该企业与建设银行合作开展按揭业务，按揭产生的手续费 147 124 元，也导致财务费用的增加。财务费用的增加，导致 2008 年总体费用增幅 12.29%。

据此，能充分解释疑点三。

5）针对疑点四，×××解释，该企业的工资按绩效核算，业务量越大、评级越高、薪资越高。2007 年度销售量为 3068 台，整车销售量同比增长 225.26%，业务人员的绩效随之提高；卖车多了，维修也有较大的增长，使得客户服务代表绩效也相应提高。2008 年度整车销售量与 2007 年度基本持平，工资总额的增加有两方面原因：一是老员工随着工龄的增加，薪资也有相应的提升；二是业务代表累计销售业绩提升后，级别也相应提高，薪资水平随之提升。据此，疑点四可以排除。

6）针对疑点五，×××解释，该企业的其他应付款主要是与母公司间的资金往来。由于分公司没有注册资本，分公司周转所需资金全部是从母公司借入。由于先付款后提车的行规，该企业所需的资金较多。另外，为加强资金营运管理，提高整个集团资金周转率，该企业所有的借款都需要支付利息，利息从借款之日起按日计算。由此，该企业其他应付款的资金往来较为频繁。

7）对于代理上牌佣金的问题，×××介绍，该企业在汽车销售过程中向客户提供代理上牌服务，向客户收取的上牌费在结转收入时已缴纳增值税。该企业在账务处理时未进行该项目的单独核算，而是统一作为销售收入缴纳增值税。

8）约谈中发现，该企业在汽车销售过程中存在赠送行为，而赠送物品并未按规定视同销售处理。

9）约谈中发现，该企业有固定资产改良支出，摊销年限计算全部按 5 年期摊销，与合同签订的 11 年半存在差异。×××也承认此项为多摊销，同意调增应纳税所得额。

（2）约谈结论。至此，基本锁定该纳税人存在赠品未做视同销售申报、固定资产改良支出多摊销等问题，并要求企业按照质询及约谈情况进一步进行自查自纠工作。

4. 实地调查

（1）调查内容。针对该企业的纳税质询及约谈举证，税务部门已基本锁定该企业存在以下问题：一是赠品未做视同销售申报；二是固定资产改良支出多摊销；三是财务费用有待进一步核查。为进一步核实约谈结果的真实性，评估小组决定对该企业进行一次实地调查。2009 年 6 月 15 日，评估小组到达东莞市××贸易有限公司，该企业相关人员积极配合，提供相关账本、凭证、报表等资料。对于评估小组提出的问题，该企业相关人员大部分都能给出合理解释，至此问题基本清晰。

（2）调查结论。通过调查核实，最后认定该企业主要存在如下违法事实：

1）固定资产改良支出多摊销，2005—2007 年度合计多摊销 1 806 414. 94 元，2008 年度多摊销 671 242. 96 元。

2）财务费用多列支，2006 年度、2007 年度多列支共计 343 552. 42 元。

3）视同销售收入少申报，不含税金额合计 573 167. 17 元。

5. 评估处理

（1）处理意见。根据《中华人民共和国税收征收管理法》第六十四条规定，对该纳税人少缴的税款进行补税处理，并缴纳相应的滞纳金。具体处理意见如下：

1）根据《中华人民共和国企业所得税暂行条例》的有关规定，调增应纳税所得额 2 821 210. 33 元，补缴企业所得税 877 299. 97 元。

2）根据《中华人民共和国增值税暂行条例实施细则》第四条规定，将购进的货物无偿赠送其他单位或者个人的行为，做视同销售货物行为处理。对于赠送部分视同销售收入的问题，该企业需要补充申报不含税销售收入 573 167. 17 元，补缴增值税 97 438. 42 元。

3）该企业共需要补缴税款（含滞纳金）1 244 571. 8 元。

4）督促企业整改，完善企业的税务管理，减少违法问题的出现。

（2）处理结果。该企业于 2009 年 7 月到东莞市国家税务局寮步税务分局进行了补税处理，共补缴增值税 97 438. 42 元、企业所得税 877 299. 97 元、滞纳金 269 833. 41 元。

（3）回归分析。评估结束后，对其评估前后纳税申报数据做了一个简单的回归分析，如表 3-14 所示。

表 3-14 回归分析

分析项目 \ 时间		2006 年度	2007 年度	2008 年度	行业参考值
增值税税负率	评估前	0. 45%	1. 33%	0. 96%	0. 7%
	评估后	0. 46%	1. 33%	0. 97%	
毛利率	评估前	5. 50%	5. 50%	7. 30%	5%
	评估后	5. 51%	5. 56%	7. 35%	

从表 3-14 的对比分析评估前后数据可发现，通过评估调整了 2006 年至 2008 年的纳税情况，使该企业的税负率与企业经营情况均衡，这一定程度上

改善了该企业的纳税情况。

通过调整后的计算说明，这次评估使该企业的税负指标有了一定程度的改善，特别是在企业所得税方面，优化了企业的费用核算，提高了应纳税所得额的准确性。

第五节 汽车销售行业税务稽查方法

一 汽车销售行业经营管理及核算特点

1. 汽车销售行业简述

汽车销售行业通常是指销售汽车整车的行业。汽车销售行业是商品流通业中比较特殊的行业，近年来获得迅猛发展，销售模式由过去的混车销售转为品牌专卖，服务项目由单一的销售整车转为集整车销售、零配件供应、售后服务、信息反馈、租赁、二手车置换为一体，形成了一个完善的销售和服务体系。

2. 汽车销售行业营销模式

目前汽车销售市场常见的营销模式有汽车专卖店、汽车交易市场、汽车超市、厂家直销和多品牌经营。

（1）汽车专卖店。汽车专卖店是目前最常见的汽车营销模式，俗称 4S 店，即集整车销售、配件供应、售后服务、信息反馈于一体的品牌专卖店。汽车专卖店的经营形式有特许经营和区域代理两种。

1）特许经营。它是指汽车生产企业将全国市场划分为若干片区，选择汽车销售企业进行特许授权，并通过地区分公司进行管理。其特点是片区内可以有一个或多个特许汽车销售企业，汽车销售企业之间允许在同一区域内竞争但不允许进行跨片区销售，也不允许销售其他品牌的汽车。

2）区域代理。它是指汽车生产企业在其划定的区域内选择唯一的代理汽车销售企业进行买断经营。其特点是汽车销售企业在区域内是唯一的，不允许进行跨区域销售也不允许销售其他品牌。

（2）汽车交易市场。它是指众多汽车销售企业把各种品牌的车型集中在一个大型市场销售，其特点是品牌多样、车型齐全，一般都有金融、保险和车管等部门入驻现场服务。

（3）汽车超市。汽车超市又称汽车城、汽车广场，是近几年兴起的一种销售模式，多偏重于销售轿车等车型较小的汽车，一般不经营体形较大的货车等。汽车超市和交易市场有很多相似之处，不同之处是汽车超市的环境、服务等软硬件要明显好于传统的交易市场。

（4）厂家直销。即汽车生产企业直接设立销售点销售本企业生产的汽车，其特点是一般在厂家所在地设立直销点，在国内主要销售区域设立销售分公司或办事处。另外，有部分客车、货车、专用车辆生产企业也采用这种销售模式。

（5）多品牌销售。部分汽车销售企业混合经营多个品牌的汽车，通常在当地或附近地区开设多家连锁店。

3. 汽车销售行业营销特点

（1）一车一证。每辆汽车的发动机和车架（底盘）号码都是唯一的，每辆国产车都有一份注明发动机和车架（底盘）号码的汽车合格证，每辆进口车都有一份中华人民共和国海关编号的《货物进口证明书》，进口车同时附中华人民共和国出入境检验检疫局编号的《进口机动车随车检验单》。

（2）使用机动车销售统一发票。汽车销售企业必须为消费者开具机动车销售统一发票，持此发票才能到公安局车管所办理车辆挂牌手续。

（3）代办各项事宜。购买汽车须办理各种手续。为赢得客户，汽车销售企业一般实行代办汽车验车挂牌、代办营运证件、代办车辆保险、汽车装饰等一条龙服务。

（4）建立客户资料。汽车销售企业按照汽车生产企业的要求，在销售时一般建立客户资料档案，以处理强制保养、售后服务、索赔、信息调查和采集等工作。

（5）采用信用消费制度。汽车是高值耐用商品，有的消费者采用信用消费的形式购买，先取得汽车的使用权，然后通过信用消费来取得所有权，信用消费的方式主要有分期付款、消费贷款、按揭贷款、产品赊销四种。

（6）不同情况实行不同的商务政策。汽车生产企业与汽车销售企业之间依据不同品牌、不同类型、不同经营时期制定不同的商务政策，其内容主要包括营销模式、网点设置、品牌管理、价格管理、销售结算方式、区域管理、服务要求、佣金及返利。

（7）与汽车生产企业形成信息网络。汽车销售企业通过网络系统，与汽车生产企业互相传递采购、销售、客户、售后服务等信息。

4. 汽车销售行业取得销售返利的主要形式

1）汽车生产企业开出折让通知后，汽车销售企业以佣金及代销手续费的名义开具普通发票收取返利。

2）汽车生产企业开出折让通知后，要求汽车销售企业到税务机关开具《进货退出或索取折让证明单》，由汽车生产企业开具红字增值税专用发票收取返利。

3）汽车生产企业直接在价格上进行折让，增值税专用发票上注明的价格低于统一定价。

4）汽车生产企业负担汽车销售企业的有关经营费用，如房租、广告费、差旅费等，在往来账中进行收付款处理。

5）汽车生产企业向汽车销售企业返还一定价值的实物，如汽车配件等。

5. 汽车销售行业财务管理

（1）汽车销售行业主要收入。汽车销售行业的主要收入包括整车销售收入、返利收入、代办汽车保险和贷款等事项所取得的佣金收入、汽车装饰收入、售后服务收入和汽车维修保养收入。

（2）汽车销售行业财务管理特点。

1）汽车销售活动财务管理主要包括进货管理、仓库管理、销售管理、收付管理、客户管理、索赔管理、强制保养管理、基础资料管理等。

2）汽车销售行业财务核算与普通商业批发企业基本相同，适用商业企业会计制度，但品牌专卖店核算既有商业核算，又包括汽车维修行业、服务行业的会计核算。其财务管理的主要特点是：单位数量易清点，按个别计价法核算；汽车销售企业占用资金多，存货流动速度快，资金来源大部分是银行贷款；汽车价值高，部分客户购买车辆时需要办理银行按揭。汽车销售行业一般财务管理体系如图 3-2 所示。

6. 汽车销售行业相关税收政策

1）《关于平销行为征收增值税问题的通知》（国税发［1997］167 号文）。

2）《关于商业企业向货物供应方收取的部分费用征收流转税问题的通知》(国税发[2004]136 号文)。

二 汽车销售行业常见涉税问题及主要检查方法

汽车销售行业的主要违法手段是隐匿收入，收取代办费和价外费用不申报纳税，隐匿售后服务收入等。汽车销售行业常见涉税问题如下。

1. 销售整车取得的收入未按规定入账

（1）问题描述。

1）分解销售收入。它是指将整车销售款分解为两部分，一部分开具《机动车销售统一发票》，另一部分价款开具收款收据，开具收款收据部分的收入不入账。

2）账外隐匿收入。它是指运用账外资金进行经营，进货、销货均不在

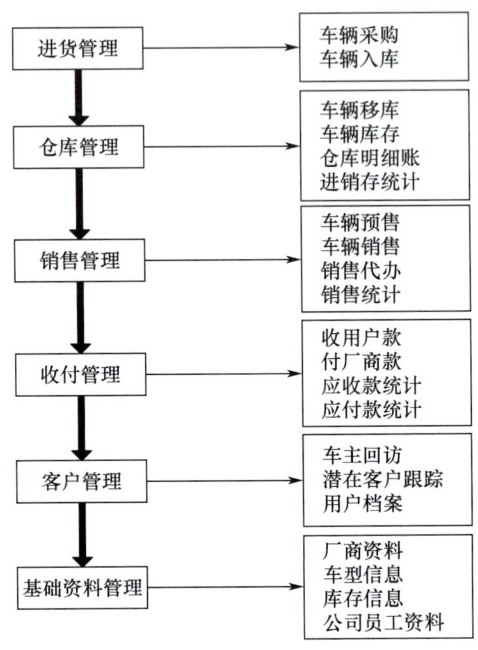

图 3-2 汽车销售行业一般财务管理体系

账面反映，销售整车时以代销的名义提供外地《机动车销售统一发票》，或提供伪造的《机动车销售统一发票》。

3）将销售整车取得的收入长期挂在往来账户，未按规定结转收入。

（2）主要检查方法。

1）调查掌握有关情况。税务稽查人员可以到汽车销售展厅询问了解经销的主要车型、销售价格、售后服务、近期的优惠活动、购车手续、银行按揭等基本经营情况；到经销同类型的汽车销售商处了解同期同类车型的销售价格等情况。

2）调取客户资料档案。税务稽查人员可以从销售部门获取详细的客户资料档案，将其与“主营业务收入”明细账和发票记账联、存根联进行核对，查找是否存在隐匿销售收入的问题。

3）盘点实际库存数。税务稽查人员可以根据汽车对应发动机及车架号码唯一性特点，对库存账面数量和实际数量进行核实，确认整车销售数量。

4）通过购车者进行调查。税务稽查人员可以对账簿、发票存根联进行检查和分析，选取一部分车辆线索到购车者处进行外围调查，核对购车者的发票、支付的购车款与汽车销售企业据以做账的发票和购车款是否一致。

5）检查资金流向。税务稽查人员可以到银行查询购车者付款的资金流向，查明汽车销售企业存入购车款的账户，查清该账户是否属汽车销售企业正常的结算账户，进一步核对每笔款项对应的进账单，核实有无隐匿收入的问题。

6）比对部门信息。具体检查方法：到车辆购置税办公室、车管所、保险公司比对汽车销售发票，查看汽车销售企业开具的发票、价款与购车者持有并办理车辆购置税、挂牌和办理保险的发票上注明的价款是否一致，有无使用外地《机动车统一销售发票》或伪造的《机动车统一销售发票》办理交税和挂牌手续等情形。

7）检查异常往来账。针对“预收账款”等往来账的贷方余额长期挂账的情况，注意审查货款的具体来源，结合库存商品明细账、发货单、汽车销售合同、企业代办银行按揭和挂牌记录等资料进行检查，核实企业有无汽车已经销售，而未按时结转收入的情况。

（3）实例。某地稽查局对某汽车销售公司销售进行了检查，发现其账面记录的一款轿车的销售价格低于市场上同期、同车型的销售价格。对此，税务稽查人员以购车者的名义到该公司的销售展厅对该车型的实际销售价格进行了了解，从销售部门调取了客户资料档案，抽取部分客户进行了调查，将购车者持有的发票、实际支付的购车款与该汽车销售公司据以做账的发票和售车款进行了核对，查实该汽车销售公司在销售汽车时将购车款分解为两部分：一部分开具了发票；另一部分开具了收据，开具收据部分的收入未按规定入账，少缴了税款。

2. 收取各种代办费用和价外费用未按规定申报纳税

（1）问题描述。汽车销售企业为购车者提供按揭、挂牌、保险等服务时，在正常车价外，收取一定的代办费、服务费和装潢费、试车费、提车费、加快费、运输费等费用，未按规定申报纳税。

1）将收取的代办费用和价外费用申报缴纳营业税。

2）将收取的收入代办费用和价外费用长期挂在往来账上。

3）收取的各种代办费和价外费用不入账。

（2）主要检查方法。

1）实地调查、了解掌握代办事项的种类和方式，有针对性地进行检查。

2）核实入账科目。税务稽查人员检查纳税申报资料，审核“其他业务收入”账户，看有无将应征收增值税的价外费用，故意按营业税税目申报。

3）检查往来账。税务稽查人员结合售车记录和凭证所附原始单据，审核借、贷方收付款的业务往来，着重检查其他应付款等往来账，看有无将收取的价外费用隐匿在往来账中。

4）获取各种代办费记事簿等有关资料。税务稽查人员可通过获取汽车销售企业记录的各种代办费记事簿和经办人员散落在外的有关记录资料进行检查。

5）外围调查。税务稽查人员可通过突击检查或正面交锋方式让其提供客户资料档案，从中选取一部分，到购车者处调查其支付各种价外费用的证据。

（3）图示。检查流程如图3-3所示。

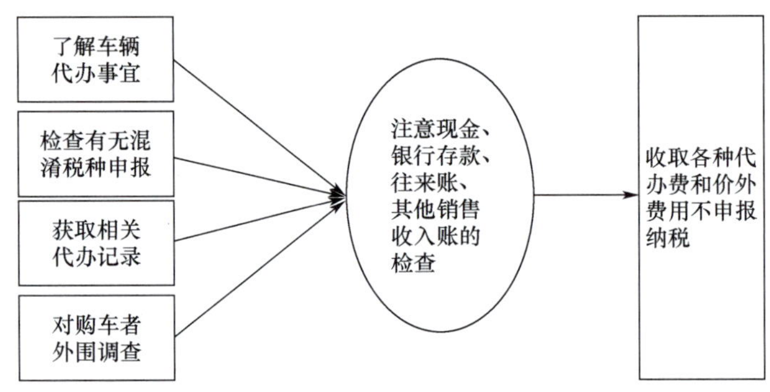

图3-3 代办费用和价外费用检查流程

（4）实例。税务稽查人员在对某汽车销售公司检查时发现，该公司在销售某品牌的轿车时，将其收取的中控锁加装费用800元、皮座套费用3000元、CD音像费用700元开具了服务业发票，并申报缴纳了营业税，未按规定申报缴纳增值税。同时，税务稽查人员通过向购车者进行调查取证，还查实和该公司利用该种车型供不应求的特点，向购买现车的客户额外收取1万~3万元的提车费、加快费、运输费、中介费等费用进行账外经营，偷逃增值税的事实。

3. 随车无偿赠送物品未按规定申报纳税

（1）问题描述。在销售汽车时向购车者赠送装饰物品、油品、掌上电脑、倒车雷达、GPS等物品，未按视同销售的规定进行账务处理，未按规定申报纳税。

（2）主要检查方法。

1）掌握赠品的品种和赠送方式。税务稽查人员可到汽车销售展厅了解企业的销售优惠政策，掌握随车赠送的物品和赠送方式，有针对性地进行检查。

2）核实赠品的入账科目。税务稽查人员可检查“库存商品”或“原材料”等存货类科目，核实企业购进和发出货物的品种、数量、金额，到仓库查看、盘点库存，确认赠品是否申报纳税；检查“管理费用”“销售费用”等损益类科目，判断费用发生是否合理，是属于自用还是赠送。

3）查实赠品的数量和金额。税务稽查人员可通过检查进货单据、资金往来等线索，进一步通过供货方核实，确认赠品的数量和金额。

4）随车外围调查。税务稽查人员可通过获取客户资料档案，到购车者处调查取证物品赠送情况。

（3）图示。检查流程如图3-4所示。

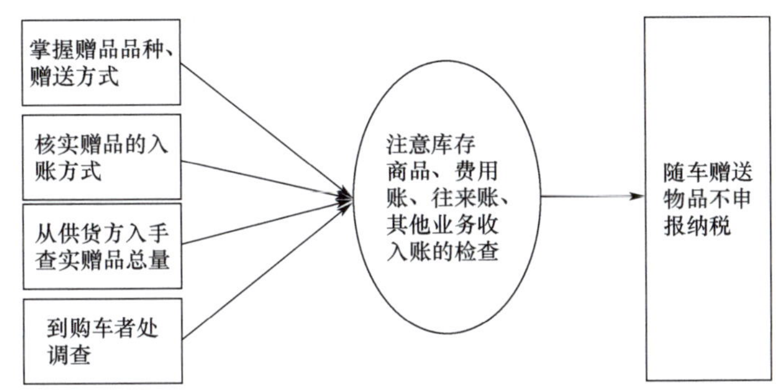

图3-4 无偿赠送物品检查流程

（4）实例。税务稽查人员在对某汽车销售企业检查时，发现该公司“管理费用”账户记录的汽油耗用量较大，远远超过了该单位自用车的正常耗油量。对此，税务稽查人员到该公司的汽车销售展厅了解了促销措施，得知该公司为提高销量，向每辆车的购车者赠送100L汽油。税务稽查人员调取了客户资料档案，到购车者处就赠送汽油的情况进行了调查取证，查证了该公司向购车者赠送的汽油未按视同销售的规定进行账务处理，未按规定申报纳税的事实。

4. 隐匿售后服务取得的收入

（1）问题描述。为购车者提供汽车装饰、更换零配件、汽车维修等售后服务，隐匿取得的收入，未按规定申报缴纳税款。

1）混淆应税项目，将增值税应税收入申报缴纳营业税。

2）从汽车生产企业取得售后服务费，长期挂往来账户，未按规定结转收入。

（2）检查方法。

1）现场调查。税务稽查人员可直接到销售现场调查，了解具体的售后服务方式。

2）外围调查。税务稽查人员可根据客户档案资料，找到该公司的购车客户进行外调，取得接受售后服务的证据资料，核实汽车销售企业是否从汽车生产商获得“三保收入”而不入账，变相从消费者处以超出“三保”期限而收取费用不入账。

3）核对申报资料。税务稽查人员应检查纳税申报资料，看是否将应交纳增值税的售后服务项目，错按营业税申报。

4）审核往来账。税务稽查人员应注意异常往来账的检查：账户余额长期挂账不变或只有借方（贷方）发生额；往来账二级明细科目混乱或未设，无法直接辨别其核算对象。

（3）图示。检查流程如图3-5所示。

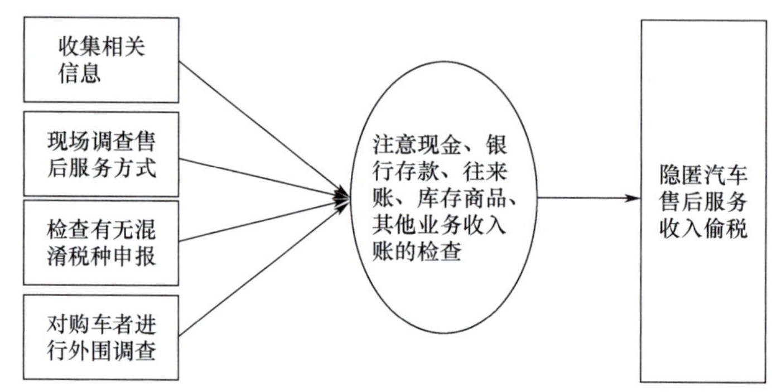

图3-5 售后服务取得的收入检查流程

（4）实例。税务稽查人员对某汽车销售企业进行检查时，经对其账面及申报资料审核，发现其为购车者2003年提供更换机油、“三滤”等养护服务，取得养护收入674 455元，开具服务业发票入账并申报缴纳了营业税，而按现行政策规定应缴纳增值税。另根据收集到的客户资料，对其中部分客户进行调查取证，发现汽车销售企业为一些私家车客户提供汽车维护，以现金结算。经查账核实，发现这部分收入均记入了“其他应付款”账，未按规定结转销售收入，未申报纳税。

5. 收取销售返利未按规定冲减进项税额

（1）问题描述。

1）收取的现金返利或实物返利未入账，或长期挂在往来账户。

2）收取的现金返利或实物返利虽按规定入账，但未按规定冲减当期进项税额。

3）收取的现金返利或实物返利虽按规定入账，但按营业税项目申报缴纳营业税。

（2）检查方法。

1）了解有关返利政策。税务稽查人员可要求汽车销售企业提供购销合同和生产厂家与汽车销售企业之间的汽车销售奖励办法等有关政策，有针对性地开展检查。

2）调查上游企业。若汽车销售企业不提供返利政策和有关资料，税务稽查人员可以到汽车生产商处调查，获得上游汽车生产商的返利奖励办法，汽车销售企业取得返利的时间、金额，以及收到返利而不入账的有关证据。

3）注重关联企业的检查。税务稽查人员应注意汽车销售企业与其有关联关系的企业之间的业务往来，检查与之相关的专门汽车维修企业，检查它们之间的资金往来、借款、还款、划款等账务的真实性，查清汽车销售企业将返利转移的情况。

4）审查重点账户。税务稽查人员应注重对企业往来账户的检查，分析该账户所附原始资料是否真实、合理，是否隐藏返利款。

5）税务稽查人员应盘点库存商品中的汽车配件，调查是否存在汽车生产商无偿提供汽车维修配件，而企业不入账。

（3）图示。检查流程如图 3-6 所示。

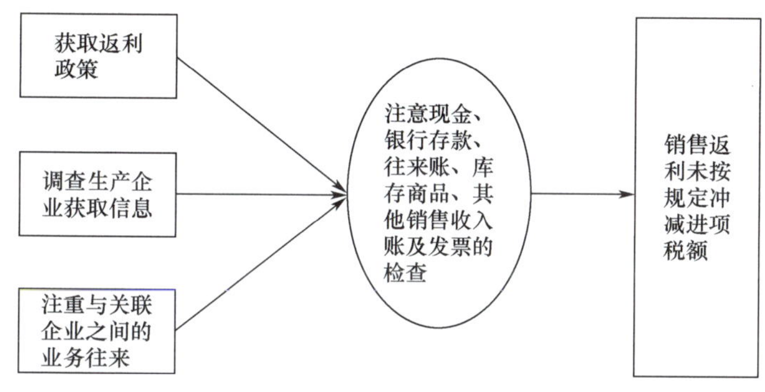

图 3-6　收取返利检查流程

（4）实例。某稽查局对一汽车销售企业进行检查时，要求其提供购销合同和返利政策，对方称没有合同，也没有返利，拒不提供相关资料。经对其账面资料进行审查也未发现返利线索。税务稽查人员到为其供货的汽车生产企业进行了调查取证，发现汽车生产企业根据销售奖励政策以现金方式进行年终返利。在未收到该汽车销售企业货款的情况下，汽车生产企业自行开具收款收据作为汽车销售企业付款凭据，直接折抵了汽车销售企业的应付货款，该汽车销售企业获得的年终现金返利未入账，也未按规定冲减当期进项税额。

6. 未按规定取得运费发票

（1）问题描述。

1）非法取得运费发票入账。要求承运方开具超过实际支付金额的发票，或通过非法渠道购买运费发票入账。

2）以加油发票代替运输发票。由承运方以汽车销售企业的名义取得货物名称为油品的增值税专用发票。

（2）检查方法。

1）观察票面。在检查汽车销售企业运输发票时，税务稽查人员可以通过观察票面印刷质量、纸张、水印、发票监制章、发票号码等防伪特征，发现疑点，必要时送相关部门进行鉴定。

2）调查分析。在市场运价起伏不大的情况下，税务稽查人员可根据市场单车运费和汽车销售企业的进货数量估算出年度运费总额，与账面数比对，若有异常，可分析原因并进行重点检查；也可以按运输公司名称将运费分户统计，筛选出不符合营业常规的业务进行重点检查。如企业某时间段突然更换承运人，短时间发生大量业务，之后不再合作，有可能是虚构的运输业务。

3）对比查证。税务稽查人员可以要求汽车销售企业提供与运输公司签订的运输合同和业务往来资料（如送货人签单等原始凭证），与账面资料进行对比；并对其资金流向进一步检查，从而发现疑点。

4）协查发票。对外地有疑点的运输发票，税务稽查人员可以发函到其主管税务机关，要求对方协助调查发票的真伪、是否有真实业务。

（3）图示。检查流程如图3-7所示。

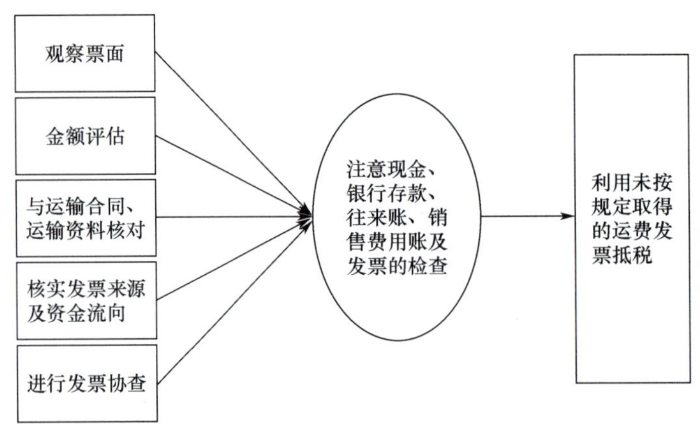

图3-7 未按规定取得运费发票检查流程

7. 购进汽车用于非应税项目，未按规定转出进项税额

（1）问题描述。将购进的汽车用于汽车租赁、运输等非应税项目，未按规定转出进项税额。

（2）检查方法。

1）分析法。对汽车销售企业的库存商品进行检查时，税务稽查人员应注意是否存在库存量过大或者有某种车型上期结存不动的问题，应与其资金流动情况进行对比分析。企业库存量大，占用资金也大，势必会造成汽车销售企业资金周转不畅，因此应从中寻找破绽，发现存在的问题。

2）实地盘点法。税务稽查人员可以对汽车销售企业库存进行实物盘点，找出账面数量和实地盘点数量是否有差异，再通过内查外调对差额部分进行核实，查明原因和去向。

第四章

服务营销

第一节 汽车服务营销概论

一 产品和服务的五个层次

产品和服务要用来满足不同的需求，因此产品和服务也有着不同的层次。

（1）核心利益。它是指顾客真正需要的服务或利益，就是卖点是什么，最根本的用处是什么，定位是什么。

（2）基本形式。它是指实现核心利益的具体形式（包装、式样、品质、风格、商标）。第二个层面是基本产品，就是要把产品和服务定位做出来，把这种感觉表现出来。

（3）期望的产品或服务。顾客对产品和服务有一个期望，就是维修、保养服务质量高和兑现已经承诺的服务。

以上这三个层次叫作产品的核心价值。

（4）附加产品和服务。它是指附加的服务或利益（超出顾客及竞争对手期望的价值或努力）。上面三个层次还不能达到让顾客满意。只有超越顾客期望的或者承诺的服务才叫满意，这一层我们叫作附加产品。

提醒您：

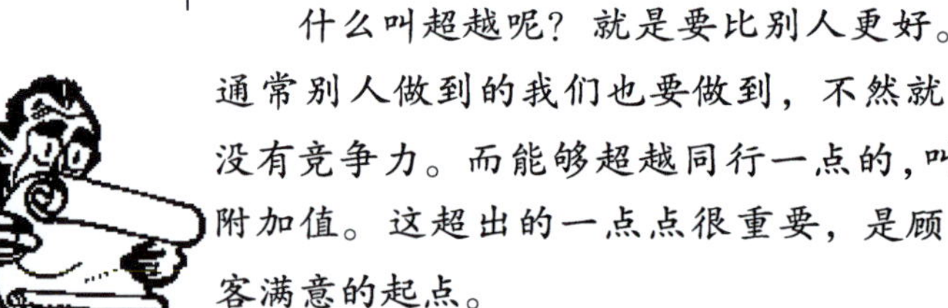

什么叫超越呢？就是要比别人更好。通常别人做到的我们也要做到，不然就没有竞争力。而能够超越同行一点的，叫附加值。这超出的一点点很重要，是顾客满意的起点。

（5）潜在产品和服务。它是指潜在的所能发掘或提供意料之外的额外服务或利益。

当然，如果超越更多，想得更透，这叫潜在值。别人想不到的我们能想到，这样就能赢得顾客的忠诚度。

二 汽车服务产品的特征与内容

1. 成交就是产品提供的总价值大于客户付出的总成本

图4-1所示为产品销售和价格的天平。

（1）顾客付出的成本。在交易过程中，顾客付出了金钱成本、时间成

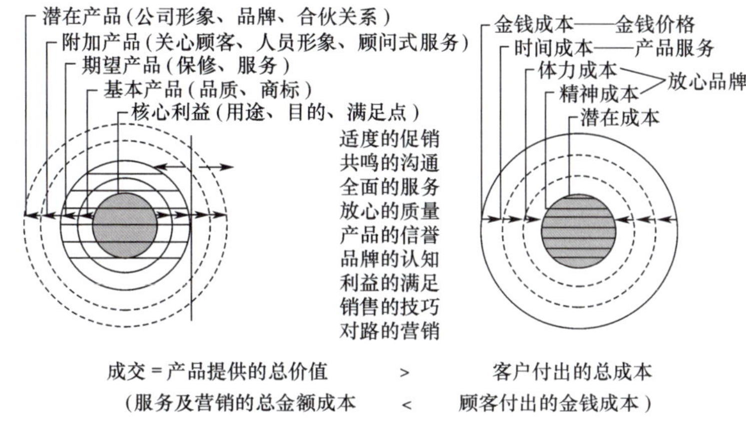

图 4-1　产品销售和价格的天平

本、体力成本和精神成本。如果企业的服务好，给顾客的感觉好，这些时间、体力、精神成本就会缩小。

（2）提供好的服务。企业的目的就是赚钱，要尽量把产品质量做好，以提高产品价格，把服务做好，令顾客感到方便，这样顾客就会觉得虽然多付了一点钱，但感觉很舒服，的确很划得来。因此说，服务好了，产品的价值就会增大，顾客不舒服的感觉就会减弱，顾客买得很开心，就会成交。

提醒您：

其实，真正的情况是顾客付出的钱，要大过企业的主要成本，这样才有钱赚。要赚到顾客开心，就要做服务、做感觉。而且越成熟、理性的顾客，越不在乎价格，越在乎服务。只要服务做得好，就会很容易令顾客满意，而且很容易赚到顾客的钱。

2. 服务产品的特征

图 4-2 所示为服务产品的四项特征，下面对这四项特征进行分析。

（1）无形性。服务是看不见、摸不着的，企业要给它做出有形的展示，英文叫作 Physical Evidence。

（2）可变性。服务本身的可变性是很强的，服务质量取决于服务人员、时间、地点和方式，企业要给它一个好的流程，英文叫作 Process。

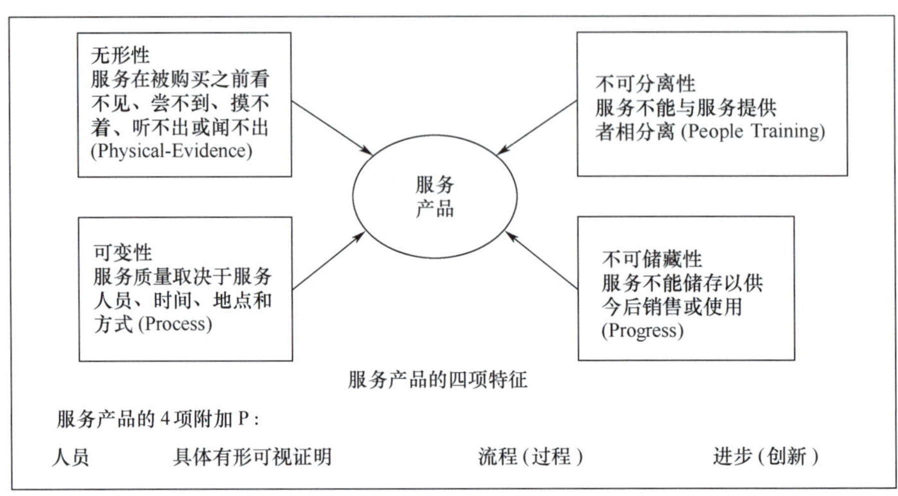

图 4-2 服务产品的四项特征

（3）不可储藏性。服务是不可储藏的，不能储存以供今后销售或使用，企业要想个办法，叫“进步创新流程”，英文叫 Progress。

（4）不可分割性。服务的不可分割性就是说服务不能与服务提供者相分离，企业要向提供服务的员工进行培训，这叫 People Training。

提醒您：

我们发现，服务还有另外4个P，叫人员、有形展示、流程和进步，因此总结起来就变成8个P了，就是4个硬的基本功，还有4个软的，就是服务。对于企业来说，就是4个软的再加上4个硬的，都要努力去做。

3. 维修服务质量特性和影响维修服务质量的因素

（1）维修服务质量的特性。维修服务质量是维修企业所具有的、能用以鉴别其是否能够确保客户满意的一切特性和特征的总和。维修服务质量特性包括主观性、互动性、过程性、难控性和长期性。服务质量包括互动质量、环境质量和结果质量。服务质量会对行为意向产生直接、正向的影响。较高的服务质量会影响顾客的再次进店，并促使顾客对服务进行口碑宣传。服务质量对顾客的认知、情感忠诚度有直接的影响。服务质量与愿意支付更高的价格和在价格上涨情况下继续保持忠诚之间存在着正相关关系。

（2）影响服务质量的五大因素。

1）人。对控制服务过程起着直接的、决定性作用的是服务者，是他们的素质，其中包括职业道德、个人品质、服务技巧和服务态度。

2）设施。服务特性的达到和服务过程的完成与维修设施的优劣及维修工具的使用密切相关。

3）材料。对于服务，我们所说的材料是指两个方面：一是服务中用到的配件、油漆、辅料等有形的物质；二是信息，包括市场信息、技术信息、服务信息、保险信息等无形的物质。材料对服务特性以及服务过程的质量的影响是很大的。

4）方法。服务方法包括服务的技能、方式、流程及艺术，以及管理用到的各种统计和非统计方法。服务方法的优劣对服务特性的达到和服务过程的完成有着重要的影响，是一个重要因素。

5）环境。顾客要求在舒适、有秩序的环境中等待其车辆的维修。环境的安全、优美、方便、舒适和有序是达到服务特性要求的必要条件。

通过控制人、设施、材料、方法、环境五大因素，来控制过程，以达到实现每一服务特性项目及其指标，这是质量管理的重要思路和原则。

提高汽车维修企业服务质量需要企业各个环节的努力，需要做好每个环节，做好质量管理。派拉素拉曼等人用“服务质量差距模型”测量服务质量，把感知服务质量定义为顾客对服务的期望与服务感知之间的差距，并且建立服务质量测评 SERQUAL 量表。构建服务质量评价模型，如图 4-3 所示。

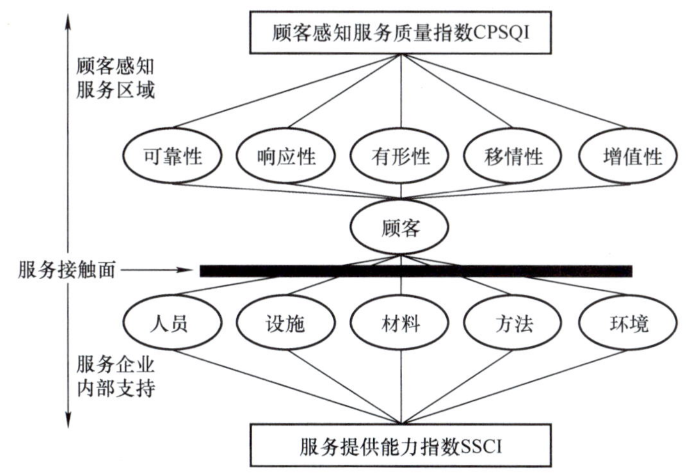

图 4-3　构建服务质量评价模型

图 4-3 中服务质量指数（SI）$=\alpha\times$ CPSQI $+\beta\times$ SSCI，其中 $\alpha+\beta=1$ 且 α，$\beta>0$。服务提供能力指数（SSCI）代表服务组织在现有人员、设施、材料、方法、环境等条件下的固有服务质量水平，是客观决定质量；顾客感知服务质量指数（CPSQI）代表顾客对服务组织的服务质量的感知程度，是建立在顾客的需求、向往和期望之上的，是主观上对服务的质量感知。

4. 服务产品所包含的有形内容和无形内容

我们知道，产品有无形和有形两种。无形产品是看不见、摸不着的，这种产品质量一定要做到令顾客相信，所以我们就要做到知名度、美誉度、忠诚度。那么，具体要怎么做呢？服务产品包含的有形内容和无形内容，如表 4-1 所示。

表 4-1 服务产品所包含的有形内容和无形内容

产品差异（独特满意）	服务到位（热情负责）	人员专业（精神面貌）	渠道可靠（买卖地方）	形象感觉（环境气氛）	促销认知（驱动、推动）
特色 性能 一致性 耐用性 可靠性 可维修性 风格 质量可靠 …	专业 热情 微笑 客户培训 客户咨询 上门服务 售后回访 售后服务 …	能力、资格 谦恭 诚实 可靠 负责 沟通 人员尽心 顾问式服务 专业性强 …	覆盖面 专业化 绩效 方便 维修点 联络 CIS 识别 展厅管理 零配件齐全 …	标志 文字与视听媒体 气氛 事件 诚信 担保 顾客感觉 信息反馈 品牌 …	广告影响 宣传作用 重复提醒 公共关系 折扣让利 人员推销 人际关系 感情 交情 解说比较 …

5. 服务是一种意识

从服务包含的内容可以看到，服务是一种感觉，是一种关怀，是一种意识。所以讲服务，就要先认识到、意识到并重视起来。

【案例】

上海一家宝马汽车4S 店对汽车消费者的服务流程投诉做过调查。投诉包括：

第一，没有人引导顾客停车。如果一开始进 4S 店的时候就没有人理会，那顾客一定会不开心。事实上服务不是什么高深的学问，顾客面对的细节就是服务。

第二，服务顾问没有向顾客问好。如果员工不理顾客，顾客肯定不开心。

第三，服务顾问没有给顾客的车安装座椅套、地板纸等保护件。服务顾问去开车送车间维修，有时候鞋子和工作服很脏，地板或者座椅套可能被弄脏。

第四，服务顾问没有提醒顾客要保管好车上的贵重物品。

第五，服务顾问没有和顾客书面确认当时车辆的情况。

第六，当顾客提出维修保养的需求之后，服务顾问没有马上记录顾客的需求。

第七，当顾客提出维修保养的需求之后，服务顾问没有向顾客确认其需求。

第八，维修保养前，服务顾问没有向顾客说明估价单上的维修或保养的内容。

第九，在维修和保养前，服务顾问没有向顾客说明大概要收取的费用和没有让顾客在工单上签字。

第十，服务顾问没有向顾客说明预计交车时间。

可见，任何使顾客不开心的小事情，都是服务的大忌，甚至打个招呼也是服务。一开始连招呼都不打，就算修得好，顾客都可能会不满。

6. 阻碍服务规划在客户服务中应用的因素

为什么现在客户服务的过程里有很多事情都做不好？也就是说，是什么原因阻碍了服务规划在客户服务中的应用呢？具体分析如下。

（1）短期策略。它是指企业管理者看得不够远，目光短浅，赚一笔是一笔，不关注企业未来的发展。

（2）企业高层的重视不够。除非企业的高层管理者理解营销规划，知道它对企业发展的必要性，最重要的是对它感兴趣，否则营销经理不会为了推进营销规则做任何实质性的努力。

（3）缺少规划。服务本身就是流程，如果规划不好，就会出现问题。

（4）缺乏一线管理人员的支持。一线管理者是那些负责向顾客提供服务产品的员工，他们通常能够有意或无意地了解一些有价值的营销信息，这与他们了解顾客和顾客的需求趋势相关。因此，他们对营销规划起到关键的作用。

（5）规划术语混淆。要赢得企业中所有人的认同，所使用的规划词汇必须为管理人员所理解。

（6）过分依赖数字。许多管理人员非常喜欢数字。数量、百分比、比率、成功率、销售利润、成本等是很多人日常工作的常见用语。然而，一旦要根据现状进行评价，预测未来，寻找机会，或者要找出问题的关键因素，就变得无能为力了。

（7）细节太多、目标太远。企业和个人必须认识到真正需要的不是大量的资料而是高质量的信息。产生过多资料的系统不但无效，而且会挫伤那些为处理资料而辛苦工作的员工的积极性。

（8）服务的战略规划与战术计划实施方案混乱。服务的战略规划与战术计划实施方案混乱的意思就是没搞清楚战略与战术的关系，成功的服务性企业知道，营销计划实施方案来源于战略规划，而不是战略规划来源于营销计划实施方案。尤其是开4S店，店址选错了，就赚不到钱。

（9）流于形式，走过场，出工不出力。通常情况是经理们把一大堆要填写的表格放在管理人员的桌上，并附上要求某日交回的便条。接下来的几个星期里经理们就忙于考证和收集所需要的资料。一旦表格填完，企业的生活又恢复原样，经理们就可以轻松了。

（10）没有把服务的规划整合到企业。很明显，营销规划应该是企业整体规划的一部分。二者都是在一个时间跨度内、在企业的同一层级上。实际上，其他主要职能部门（信息系统部门、财务部门与人力资源部门）也需要在同一时期进行规划。

（11）把规划工作交给规划人员去做。规划工作不应该交给规划人员去做，应该交给一线的、具体执行的人去做。因为除非规划人员是一线出来的，否则很可能会凭空去想，而不是凭具体的、第一线的实际情况去做。

（12）服务计划内容不够确定。影响营销的因素本来就很多，几乎囊括天、地、人、长期的战略及短期的战术等因素，所以营销计划内容就很容易形成一种不确定的因素。一流的营销计划应做到随机应变、随需应变及随敌应变。

一个产品要想做得好，有几个层面。核心层面是品质、科技；高一点的层面，根据马斯洛的说法，就是品味精神，事实上就是服务；然后更大的层面，就是最终培养出顾客潜在的感情，形成品牌。

【案例】

产品的品质、品位、软硬价值最终会在品牌上展示出来。比如可口可乐是2004年的最有价值品牌，仅仅是“可口可乐”这四个字已经值673.9亿美元，“丰田”也值226.7亿美元。

三 建立好的服务品牌的措施

1. 好品牌的三要素

好品牌有三个要素：知名度、美誉度（美誉度就是认知度、认同度、认可度）、忠诚度。

2. 品牌的形成过程

（1）市场定位。企业要想对自身的品牌做出正确的市场定位，首先，最根本的还是“天时、地利、人和”，还要了解国情、行情、人情，就是说“营销”的那个“营”还是必须要做的。“营”好之后，就要“销”，要找出卖点，确定市场定位。

（2）质量。定位确定之后，企业就要按照定位把产品和服务的软、硬质量做出来。软质量是服务，硬质量就是产品品质。

（3）文化。企业的战略管理要到位，思路要到位，这样，一段时间之后，就会形成比较稳定的企业文化。产品质量和企业文化形成了产品的美誉度。

（4）形象。产品做好之后，再提高知名度，做广告、做形象宣传。

（5）销售。有了美誉度再去提高知名度，就比较容易做了，如果服务不好，只是一味宣传，就等于把自己的缺点暴露在顾客面前。

有了美誉度、有了知名度，顾客忠诚度就自然有了。

强劲品牌的特征要素及应有的策略

1. 过硬的质量——质量认知策略
2. 正确的目标市场及定位——市场定位策略
3. 价格性能比合理——价格或价值策略
4. 独特新颖的形象设计——形象策略
5. 技术先进，功能齐全——科技功能策略
6. 品牌名字琅琅上口，好听易懂，能让人引起联想——品牌创新策略
7. 能充分体现个性化及差异化的知名度——差异化或个性化策略
8. 能完全展示产品整体价值的全面服务——完善服务策略
9. 提供超越顾客期望或比顾客想的更周到的产品价值——附加价值策略
10. 具有先进理念的手法，打动人心的广告宣传——广告推销策略
11. 拥有一流的经营管理人才及第一线的推广人员——人才能力策略
12. 经营理念，审时度势，市场使命，持久坚持——营销运营文化策略

【案例】

虽然每一个公司不一样，每一个产品不一样，经营的地点也不一样，但是只要把框架、结构、原理、布局定好了，再具体去执行就能形成品牌个性。

比如广州本田成功的背后就是产品与成本(质量)；通用重在实行本土品牌化战略(市场定位)；东风标致因为其法国背景，所以就以“时尚”为出发点(形象)铸强势品牌。

3. 好品牌的核心是美誉度

2009 年中国最有价值的 50 个品牌里，有 15 个品牌都是汽车产品。这说明汽车已经是大家很关心、很感兴趣的一个产品了。

(1) 好品牌是吸引力。产品的品牌知名度高，顾客就会被吸引上门，这样才能推销；如果品牌知名度不够，顾客不光顾，这样就连推销的机会都没有，所以说品牌是拉动力、吸引力。

(2) 美誉度是核心。研究汽车品牌，一定要讲 4S 服务，讲汽车的卖点，讲喜欢汽车的人的需求，讲汽车的软硬价值……只有研究所有与品牌有关的内容才有可能做出品牌。品牌不是靠吹牛吹出来的。知名度可以靠宣传获得，但是美誉度则不能，所以中国的第一代广告标王，只做名气，不做美誉度，这样最后都被淘汰掉了。

提醒您：

服务是 1，品牌是 0

如果想做知名度，那么太简单了，花钱做广告就可以了。但是，真正做美誉度才是最重要的，这才是顾客购买的根本原因。所以服务是 1，品牌是 0，有了核心，品牌才有价值，不然什么都是零。企业首先要做好服务品质。

第二节 服务营销流程

当前，中国汽车市场的竞争日益激励，市场推广活动的成功与否对汽车服务企业的生存和持续发展起着至关重要的作用。好的市场活动可以提升汽车维修企业的品牌形象和自身价值，可以提高服务业绩，从而增强企业的竞争能力。市场活动的良好管理对企业具有决定性的意义。

提高企业服务业绩的基本方法有两种：提高进厂台次和提高单车产值。有效的市场推广活动可以很好地帮助企业提升进厂台次，并对提升单车产值产生重要的影响。

一 服务营销要点

营销活动应当面向特定的客户类型进行设计和定位。

1. 对客户和当地市场进行分析

1）运用客户满意度指标（CSI）分析企业的工作业绩。

2）明确客户对企业的认知程度，确认客户的期望和需求。

3）客户数据库应包括姓名、地址、电话或其他联络方式，生日、兴趣爱好、进厂次数、在过去12个月中的进厂维修历史记录和拥有的车辆等信息。

4）分析企业在售后服务方面的弱项。

5）了解竞争对手所提供的服务以及它们是怎样吸引客户的。

6）运用这些信息调整市场策略以获得更强的竞争力。

7）确保企业的运营时间有竞争力且便利，并对企业所在地区的一般保养和维修服务的价格进行定期的市场调研。

8）无论采用何种媒介，针对怎样的细分市场，所有的营销活动都应当以下面几个概念作为基础。达到这些标准将确保客户能接收到清晰一致的信息。

① 汽车服务企业应当进行有声势的宣传以维系售后服务部的客户。要为售后服务部带来一定的客流，仅投放短信通知是远远不够的。

② 广告必须诚实可信。每一则广告都应当明确表述所提供的特定服务项目，以避免可能与同行竞争者出现的冲突和发生误解。

③ 广告和市场推广应当与企业对外树立的形象和理念保持一致。

④ 客户联系方式应当根据客户维修记录实时更新。

2. 最近购买了新车的客户应当受到优先礼遇

既然他们已经成为企业的客户，保持其对企业的忠诚度便是在长期看来提高销量最简单有效的方式。记住，这些客户还包括购买二手车的客户。

3. 经常光顾企业的顾客是最重要的客户

汽车维修企业应通过对这些重要客户提供忠诚度优惠措施（如打折卡、VIP卡）来区分他们和其他客户。

服务顾问应当能够认出这些重要客户，并让他们觉得自己受到欢迎。

汽车维修企业应为忠诚的客户举办活动，如为了促进家庭氛围的集体出游活动等。这些客户会为企业服务质量的改善提供好的建议。

4. 有助于企业留住客户并将客户流失率降到最低的措施

客户流失率的计算方法如下。

质保期内：

客户流失率 =［1 − 进厂台次 ÷ 销售台次（隶属汽车服务企业管理区域）］×100%

质保期外：

客户流失率 =（1 − 质保期外进厂台次 ÷ 质保期内进厂台次）×100%

汽车维修企业应尽力找出客户不来企业的原因，并尽快确认其中的问题，那些经过多次尝试仍没有反应的客户资料应当从数据库中删除。

5. 了解客户期望的服务、价格和产品

汽车维修企业需要了解客户期望的服务、价格和产品，获得这些信息的一种方法是直接向他们进行询问，同时，通过了解竞争对手的情况可以获得更多的信息。

6. 持续时间

大部分客户会在宣传的头 20 天内做出反应，因此企业的宣传活动应当持续一个月，还应在优惠券上提示截止日期，掌握每天因促销活动而光临企业的客户数量，并针对这一反应制订将来的促销活动。

7. 活动分类

汽车维修企业应把将要开展的活动进行分类，以便吸引具有不同需求的顾客。例如：定期保养，提供定期保养的优惠，宣传定期保养的重要性与益处，达到推广定期保养的目的；一般维修，以专业的检测设备及准确的诊断技术，给予顾客差异性的特别服务；车身服务，以钣金、喷漆的优惠活动通知客户企业配备有精良的车身调整、烤漆房等设备；周边产品、配件及精品以优惠价格促销，以促进顾客进店。

8. 主题

汽车维修企业应针对每次的营销活动设定一个主题，将促销同节假日、企业纪念日、驾车安全性或其他诸如此类的因素联系起来，依照设定的计划进行外出巡展活动，使用设计好的现场活动器具并进行合理布置。营销活动的次数每月不少于一次，场地设在客流量大的商场门口、小区、无售后服务网点的区、县等现场展示。

9. 媒体

要让客户了解所表达的信息，可以通过多种方式实现，企业的媒体展示是最有成本效益的。

10. 检查收效

市场推广部门应持续关注目标客户群体的需求，特别是对公司盈利贡献较大的忠诚客户的需求。售后服务的市场推广是一个持续性的循环运营过程。

表4-2为汽车维修企业展示活动总结表，相关内容可填入该表以便收存。

表4-2 汽车维修企业展示活动总结表

<table>
<tr><td rowspan="2">活动信息</td><td>活动名称</td><td colspan="5"></td></tr>
<tr><td>负责人</td><td></td><td>执行人</td><td></td><td>联系电话</td><td></td></tr>
<tr><td>活动计划描述</td><td colspan="2">详细文字说明：</td><td colspan="4">相关图片：
（图片可另附）</td></tr>
<tr><td>活动细节描述</td><td colspan="2">详细文字说明：</td><td colspan="4">相关图片：
（图片可另附）</td></tr>
<tr><td rowspan="2" colspan="2">目标达成</td><td>预计达成的目标：</td><td colspan="4"></td></tr>
<tr><td>是否达成目标：（具体描述）</td><td colspan="4"></td></tr>
</table>

注：活动计划描述中阐述组织活动的原因和详细计划。
活动细节描述中阐述活动开展的具体情况。

二 服务营销步骤

汽车维修市场推广活动循环中有五个步骤：计划、执行、检查与调整、跟进和总结。

1. 计划

汽车维修企业应对自身现有状况有一个充分的了解，然后针对市场推广活动建立一个合理的、可实现并且可衡量的目标，并通过一个强有力的、得到广泛支持的计划来实现它，所设立的目标必须能支持短期和长期的计划。汽车维修企业在进行推广活动前，应明确相应的产品、价格和促销方式，活动的时间和时效，车主消费能力，竞争对手的状态。汽车维修企业年度活动计划表如表4-3所示。

表 4-3 汽车维修企业年度活动计划表

项目		1月	2月	3月	4月	5月	6月	7月	8月	9月	10月	11月	12月
活动主题	活动主题计划												
	实际执行人												
	责任人												
	时间												
费用预估	费用计划												
	实际执行人												
	责任人												
	时间												
宣传方式	广告方式计划												
	实际执行人												
	责任人												
	时间												
人员安排	奖惩计划												
	实际执行人												
	责任人												
	时间												
奖惩办法	奖惩计划												
	实际执行人												
	责任人												
	时间												

2. 执行

汽车维修企业在开展市场推广计划时，应为每次的营销活动设立一个期限，使用统一的、高质量的形象，充分调动员工的工作积极性并合理分配员工在活动中的角色，令全体员工做好准备。各部门间保持沟通，确保预约服务、车间人力调配、零部件准备等方面可以满足活动的要求。汽车维修企业促销活动信息表如表 4- 4 所示。

表 4-4 汽车维修企业促销活动信息表

<table>
<tr><td rowspan="12">活动信息</td><td>活动</td><td colspan="2"></td><td>活动类别</td><td></td></tr>
<tr><td>活动时间</td><td colspan="2"></td><td>活动地点</td><td></td></tr>
<tr><td>市场分析</td><td colspan="4">（提交市场分析报告）</td></tr>
<tr><td>活动预算明细</td><td colspan="4"></td></tr>
<tr><td>精品促销活动信息</td><td colspan="4"></td></tr>
<tr><td>活动目的</td><td colspan="4"></td></tr>
<tr><td>活动目标</td><td colspan="4"></td></tr>
<tr><td>活动细节</td><td colspan="4">（简单描述、提交活动方案、计划）</td></tr>
<tr><td rowspan="2">广告宣传</td><td>广告投放</td><td>公关文章</td><td>媒体邀请</td><td>资料礼品</td></tr>
<tr><td>（形式、频次、金额）</td><td>（媒体、数量）</td><td>（媒体、姓名）</td><td>（品种、数量）</td></tr>
<tr><td>人员安排</td><td></td><td></td><td></td><td></td></tr>
</table>

3. 检查与调整

跟踪、记录市场推广结果有助于确定将来的促销计划。每当客户接受促销服务时，营销人员应记录销售数据跟踪了解每个客户消费单价提升的效果，分析一下客户来源的地理分布情况，检查并调整下一步的促销计划。汽车维修企业活动开展检查表如表 4-5 所示。

表 4-5 汽车维修企业活动开展检查表

评价项目	评价内容	评价标准	检查结果	考核人员
	活动预算	企业制订年度推广活动的预算安排		
	活动计划	企业制订年度推广活动计划		
	确定活动主题	主题明确、创意新颖		
活动计划、方案	市场信息分析	符合当地消费理念，有利于打压竞争对手		
	明确活动目的及目标	分别制订客户进店和销售目标，计划达成提升销量、顾客满意度提升的目的		
	方案内容	具有可操作性、内容完整，要求明确		

（续）

评价项目	评价内容	评价标准	检查结果	考核人员
活动计划、方案	实施计划	活动进程信息、时间节点明确		
	人员组织	分工明确，责任到人，组织活动培训		
	费用预算	测算准确，费效比合理		
活动实施	场地确认	有利于烘托活动气氛		
	现场布置	按照活动方案的要求，现场布置齐备		
	宣传制作物	制作物摆放及悬挂齐备		
	宣传资料准备	数量充足、品种齐全		
	礼品准备	符合主题、吸引客户、有利于后续宣传		
	广告预案	广宣预案能围绕主题，内容全面		
	广告投放	适时、适度发布		
	选择媒体	媒体具有影响力、代表性		
	广宣品制作张贴	制作及时、内容突出、吸引力强、影响面好		
	媒体维护	把握当地主流媒体动态，沟通交流渠道顺畅		
	活动应对	人员及组织工作落实，信息掌握准确及时		
	顾客组织	目标顾客组织招募针对性强。组织实施现场互动活动		
活动总结	销售促进	活动达成计划的销售目标		
	活动总结资料汇总	总结报告真实影像、照片、文字、图片、语音等相关资料齐全		

注：费效比的计算公式为：（费用支出金额 ÷ 当月实际收入）×100%。

4. 跟进

市场部依据各项活动综合评价的结果，有针对性地组织开展跟进改善活动，制订改善报告。汽车维修企业活动开展检查表如表 4-6 所示。

表 4-6　汽车维修企业活动开展检查表

序号	检查项目	检查结果				改进计划
		A	B	C	D	
1	是否选择了合适的时间					
2	是否选择了合适的地点					
3	是否选择了明确的活动目标对象					
4	是否达到预先计划的活动目的					
5	宣传资料、礼品选择是否合适					
6	是否便于客户参与					
7	活动现场布置是否达到计划设计标准					
8	活动是否安排了广告投放、媒体邀请					
9	人员安排是否分工明确，数量充足					
10	是否有针对竞争者弱点的活动设计					
11	竞争者是否会有较强的影响活动进行的反应					
12	活动预算是否真实、详细					
13	是否向参与者提供了明确的活动指引，各方是否明确各自的职责					
14	活动的配套措施和准备工作是否完善					
15	活动参与者是否有合理的利益					
16	活动是否有良好的可操作性					
17	活动过程是否便于控制					

注：评估结果为 C 或者 D 时，则必须写出改进计划。

5. 总结

提供自我评估表(表4-7)旨在帮助汽车维修企业确定其是否达到了本章中列出的标准。

表4-7 自我评估表

评估内容		是	否
1	当客户从企业购买新车时，是否将他介绍给售后服务部		
2	购车用户是否能清楚地看到零配件和精品展示，它们是否干净，摆放有序并清楚标价		
3	是否保存客户数据，并发送一些市场推广活动的信件以确保客户能再次光顾		
4	企业在零配件和售后服务方面是否有统一的市场推广战略		
5	客户维修记录中的联系方式是否放入市场推广活动名录		
6	企业是否使用宣传品(标语、海报等)以协助营销		
7	企业是否记录了它们的市场推广活动的效果		
8	企业是否有一个精确的客户数据库		
9	企业是否为所有的客户准备了保养提醒系统		

三 服务客户类型

各汽车维修企业结合自身的实际情况可以综合运用以下三种客户分类方法进行客户管理。

1. 客户价值观的分类（表4-8）

表4-8 客户价值观的分类

主要客户类型	客户特征与服务重点
情感关系导向类型 (注重人际交往)	希望与服务顾问建立一种互相信任的长久关系，自己不了解或不想了解车辆做了哪些修理 该类型客户最需要可信赖的、随时可以联系到的人提供售后服务
性价比导向类型(注重价值)	寻求物有所值，希望得到折扣 想了解或亲眼看到为他的车提供了哪些服务，主要为了确保物有所值，哪怕不是物超所值 该类型客户需要服务顾问向其解释与成本相关的技术问题（我们更换了油泵，这比修理它更便宜）
时间效率导向类型(注重便利性)	对服务或维修的过程不在乎或不感兴趣 认为服务和维修打断了车辆的使用，不欢迎服务和维修 该类型客户需要服务顾问根据客户的要求进行充分的准备和时间安排，尽量少花时间，充分利用在服务店里的时间

优点：可以根据客户本身的人文习惯进行控制，服务顾问更能直接地了解客户的需要，以便适当调整服务细节。例如：时间效率导向类型的客户不在乎服务的过程只关心速度，为此服务顾问可以督促其在进店前提前预约，同时可以和车间协调控制进度。客服人员也可以根据这种客户类型适当调整回访的侧重点，以便了解客户关心的重点，提高服务质量。

2. 客户进店频率的分类（表4-9）

表4-9　客户进店频率的分类

主要客户类型	客户特征与服务重点
忠诚客户类型（习惯光顾同一家企业）	基本注重与服务顾问之间的关系 该类型客户一年会进店4次以上，平均90天以内就会进店一次
弹性客户类型（在进店前会根据不同情况和心情挑选店面）	基本注重来店的便利性 该类型客户一年进店2次左右，平均120天以上才会进店一次
准流失客户类型（基本不会来店进行服务）	可能注重企业的整体感觉，包括服务顾问的服务、维修质量等 很可能对上一次的服务不满意 该类型客户一年进店2次以下，平均180天才会进店一次
流失客户类型（不会来店进行服务）	可能注重企业的整体感觉，包括服务顾问的服务、维修质量等 对上一次的服务肯定不满意 该类型客户超过360天不进店

优点：便于客服人员统计。

3. 客户进店按车型分类（表4-10）

表4-10　客户进店按车型分类

主要客户类型	客户特征与服务重点	
按车型分类（高端）	按喜好分类（运动型）	关注企业的娱乐设施 对企业所能提供的活动比较感兴趣 该类型客户对是否提供店外运动感兴趣，如高尔夫
	按喜好分类（社交型）	关注企业的服务态度和同类客户人群 该类型客户对企业是否有车友会活动感兴趣
按车型分类（低端）	按喜好分类（运动型）	关注企业的娱乐设施 该类型客户对企业所能提供的活动比较感兴趣，如健身、羽毛球、乒乓球等
	按喜好分类（社交型）	关注企业的服务态度和购车人群 该类型客户对企业是否有车友会和自驾游活动感兴趣

优点：便于汽车维修企业实施有针对性的服务营销活动。

第五章

运营KPI分析

◆ 第一节 KPI 的概念 ◆

企业绩效评估经常遇到的一个很实际的问题就是，很难确定客观、量化的绩效指标。其实，对所有的绩效指标进行量化并不现实，也没有必要。通过行为性的指标体系，同样可以衡量企业绩效。企业关键绩效指标（Key Performance Indicator，KPI）是通过对组织内部流程的输入端、输出端的关键参数进行设置、取样、计算、分析，衡量流程绩效的一种目标式量化管理指标，是把企业的战略目标分解为可操作的工作目标的工具，是企业绩效管理的基础。KPI 可以使部门主管明确部门的主要责任，并以此为基础，明确部门人员的业绩衡量指标。建立明确的切实可行的 KPI 体系，是做好绩效管理的关键。确定关键绩效指标有一个重要的 SMART 原则。SMART 是 5 个英文单词首字母的缩写：S 代表具体（Specific），是指绩效考核要切中特定的工作指标，不能笼统；M 代表可度量（Measurable），是指绩效指标是数量化或者行为化的，验证这些绩效指标的数据或者信息是可以获得的；A 代表可实现（Attainable），是指绩效指标在付出努力的情况下可以实现，避免设立过高或过低的目标；R 代表现实性（Realistic），是指绩效指标是实实在在的，可以证明和观察；T 代表有时限（Time bound），注重完成绩效指标的特定期限。

建立 KPI 体系的要点在于流程性、计划性和系统性。首先明确企业的战略目标，并在企业会议上利用头脑风暴法和鱼骨分析法找出企业的业务重点，也就是企业价值评估的重点；然后，再用头脑风暴法找出这些关键业务领域的关键绩效指标（KPI），即企业级 KPI。

接下来，各部门的主管需要依据企业级 KPI 建立部门级 KPI，并对相应部门的 KPI 进行分解，确定相关的要素目标，分析绩效驱动因数（技术、组织、人），确定达成目标的工作流程，分解出各部门级的 KPI，以便确定评价指标体系。

然后，各部门的主管和部门的 KPI 人员一起再将 KPI 进一步细分，分解为更细的 KPI 及各职位的业绩衡量指标。这些业绩衡量指标就是员工考核的要素和依据。这种对 KPI 体系的建立和测评过程本身，就是统一全体员工朝着企业战略目标努力的过程，也必将对各部门管理者的绩效管理工作起到很大的促进作用。

KPI 体系确立之后，还需要设定评价标准。一般来说，指标指的是从哪些方面衡量或评价工作，解决“评价什么”的问题；而标准指的是在各个指标上分别应该达到什么样的水平，解决“被评价者怎样做，做多少”的问题。

最后，必须对关键绩效指标进行审核。比如，审核这样的一些问题：多个评价者对同一个绩效指标进行评价，结果是否能取得一致？这些指标的总和是否可以解释被评估者80%以上的工作目标？跟踪和监控这些关键绩效指标是否可以操作等。审核主要是为了确保这些关键绩效指标能够全面、客观地反映被评价对象的绩效，而且易于操作。

每一个职位都对某项业务流程有影响，在订立目标及进行绩效考核时，应考虑该职位的任职者是否能控制该指标的结果。如果任职者不能控制，则该项指标就不能作为任职者的业绩衡量指标。比如，跨部门的指标就不能作为基层员工的考核指标，而应作为部门主管或更高层主管的考核指标。

绩效管理是管理双方就目标及如何实现目标达成共识的过程，以及帮助员工成功地达到目标的管理方法。管理者给下属订立工作目标的依据来自部门的KPI，部门的KPI来自上级部门的KPI，上级部门的KPI来自企业级KPI。只有这样，才能保证每个职位都是按照企业要求的方向去努力。

善用KPI考评企业，将有助于企业组织结构集成化，提高企业的效率，精简不必要的机构、不必要的流程和不必要的系统。

第二节 汽车维修企业KPI

汽车维修企业实施服务关键绩效指标，可以做到明确目标，用目标指引员工的行动，不论是对于个人，还是对于企业来说，都是非常有意义的。关键绩效指标（KPI）正是这样一种方法，通过实施KPI可以帮助企业实现战略目标。实施服务营业关键绩效指标主要基于以下目标：对服务店而言，实施KPI能够为其业务流程优化、经营分析、经营决策等管理活动提供数据支持；能够提高企业绩效管理水平，促进企业持续和突破性的改进。

1. 绩效管理的若干概念

（1）绩效评价的含义。绩效是指企业的经营业绩和管理效率，绩效评价又称绩效评估，我们把它定义为一种衡量、评价、影响企业表现的系统，以此来揭示企业运行的有效性及其未来工作的潜能，从而使企业本身、员工乃至社会都受益。

（2）关键绩效指标。关键绩效指标简称KPI，是通过对组织内部某一流程的输入端、输出端的关键参数进行设置、取样、计算、分析，衡量流程绩效的一种目标式量化管理指标，是把企业的战略目标分解为可操作的工作目标的工具，是企业绩效管理系统的基础。

关键绩效指标反映了最能有效影响企业价值创造的关键驱动因素，设置关键绩效指标可以使企业将精力集中于对企业绩效产生最大驱动力的经营活动上。KPI 源自战略目标，最终起到支撑战略目标的目的。

（3）KPI 在绩效管理循环中的位置。设定关键绩效指标及其目标值是整个绩效管理的起点和核心。关键绩效指标及其目标值是根据企业的发展战略目标而制定的，从而确保通过绩效管理使部门及员工的行为能够同企业的整体发展目标保持一致。

2. 汽车维修企业售后业绩指标体系

（1）售后业绩指标体系。近年来，随着汽车市场日趋完善，汽车售后服务在整个市场中的地位越来越高。然而汽车售后服务业的绩效评价体系却并不完善，因为汽车售后服务不同于单纯的汽车修理业，它还有服务业的特征，所以在汽车售后服务业中，单纯用财务指标评价绩效是不够的，而且有时是不明确的。因此，汽车服务业绩指标分为关键评价指标和一般评价指标两大类，关键评价指标又分为服务、零件、索赔、客户关系、保险、运营、财务几个方面。汽车维修企业运营指标（KPI）体系如表 5-1 所示，汽车维修企业运营指标（KPI）填写说明如表 5-2 所示。

表 5-1　汽车维修企业运营指标(KPI)体系

名称	KPI	当月数据	今年历史平均	过去年度月平均	区域当月平均	全国月平均
售后服务业务	工时收入(1)					
	零件收入(2)					
	维修收入(A)=(1)+(2)					
	机修收入(3)					
	钣喷收入(4)					
	维修收入(B)=(3)+(4)					
	精品、装潢收入(5)					
	养护产品业务收入(6)					
	售后总收入(7)					
	机修工单数量(8)					
	钣喷工单数量(9)					
	总工单数量=(8)+(9)					
	车型 A 工单数量(10)					
	车型 B 工单数量(11)					
	车型 C 工单数量(12)					
	车型 D 工单数量(13)					

（续）

名称	KPI	当月数据	今年历史平均	过去年度月平均	区域当月平均	全国月平均
售后服务业务	车型 E 工单数量(14)					
	总工单数量 =（10）+（11）+（12）+（13）+（14）					
	A 车型平均工单金额 =（15）/（10）					
	B 车型平均工单金额 =（16）/（11）					
	C 车型平均工单金额 =（17）/（12）					
	D 车型平均工单金额 =（18）/（13）					
	E 车型平均工单金额 =（19）/（14）					
	A 车型营业收入(15)					
	B 车型营业收入(16)					
	C 车型营业收入(17)					
	D 车型营业收入(18)					
	E 车型营业收入（19）					
	全部营业收入 （20）=（15）+（16）+（17）+（18）+（19）					
	返点收入 =（1）+（2）-（20）					
	售后员工薪资(21)					
	营业毛利 =（7）-（21）-（22）					
零件业务	零件进货成本					
	零件销售成本（22）					
	零件库存 项数					
	零件库存 金额					

（续）

名称	KPI		当月数据	今年历史平均	过去年度月平均	区域当月平均	全国月平均
零件业务	库存周转期						
	紧急订单	项数					
		金额					
	零件满足率						
	滞销库存比例						
索赔	申请索赔项次						
	索赔批准项次						
	申请索赔金额						
	索赔批准金额						
	索赔批准金额占服务产值比例						
CRM	接听电话数						
	打出电话数						
	预约单数						
	预约单数占总进店台次比例						
	客户投诉单数						
	客户投诉单数占工单比例						
运营分析	保险到期单数（过去三年客户）						
	续保单数						
	续保金额						
	零件毛利						
	售后毛利						
	机电单车产值						
	钣喷单车产值						
	平均单车产值						
	工位数						
	平均工位工单(月)						
	技师人数						
	平均技师工单(月)						
	平均技师产值(月)						
	服务顾问人数						
	平均服务顾问接车台次(月)						
	平均服务顾问贡献产值(月)						

表 5-2 汽车维修企业运营指标（KPI）填写说明

名称	KPI	解释说明
售后服务业务	工时收入(1)	工时收入(1)是指当月已结算的服务企业所有工单的工时收入(包括顾客自付、保险公司赔付、免费换油等的工时收入)
	零件收入(2)	零件收入(2)是指当月已结算的服务企业所有工单的零件收入(包括顾客自付、保险公司赔付、免费换油等的零件收入)
	维修收入(A)=(1)+(2)①	营业收入(A)=工时收入(1)+零件收入(2)
	机修收入(3)	机修收入(3)是指当月已结算的机电工单的总额
	钣喷收入(4)	钣喷收入(4)是指当月已结算的钣喷工单的总额
	维修收入(B)=(3)+(4)①	营业收入(B)=机修收入(3)+钣喷收入(4)
	精品、装潢收入(5)	精品、装潢收入(5)是指经销商当月的精品销售、新车装潢等的收入
	服务延展业务收入(6)	服务延展业务收入(6)是指延伸养护产品产值
	售后总收入(7)①	售后总收入(7)=维修收入(B)+精品、装潢收入(5)+服务延展业务收入(6)
	机修工单数量(8)	机修工单数量(8)是指当月已结算的机电工单数
	钣喷工单数量(9)	钣喷工单数量(9)是指当月已结算的钣喷工单数
	总工单数量 A=(8)+(9)	总工单数量(A)=机修工单数量(8)+钣喷工单数量(9) 注：此栏为公式自动生成
	车型 A 工单数量(10)	车型 A 工单数量(10)是指当月已结算的 A 车型维修(含机电、钣喷工单)的工单数
	车型 B 工单数量(11)	B 车型工单数量(11)是指当月已结算的 B 车型维修(含机电、钣喷工单)的工单数
	车型 C 工单数量(12)	C 车型工单数量(12)是指当月已结算的 C 车型维修(含机电、钣喷工单)的工单数
	车型 D 工单数量(13)	D 车型工单数量(13)是指当月已结算 D 车型维修(含机电、钣喷工单)的工单数
	其他车型工单数量(14)	其他车型工单数量(14)是指当月已结算的其他维修(含机电、钣喷工单)的工单数
	总工单数量 =(10)+(11)+(12)+(13)+(14)①	总工单数量=车型 A 工单数量(10)+车型 B 工单数量(11)+车型 C 工单数量(12)+车型 D 工单数量(13)+其他工单数量(14)
	A 车型平均工单金额 =(15)/(10)①	A 车型平均工单金额=A 车型营业收入(15)/A 车型工单数量(10)
	B 车型平均工单金额 =(16)/(11)①	B 车型平均工单金额=B 车型营业收入(16)/B 车型工单数量(11)

（续）

名称	KPI		解释说明
售后服务业务	C车型平均工单金额=(17)/(12)[①]		C车型平均工单金额=C车型营业收入(17)/C车型工单数量(12)
	D车型平均工单金额=(18)/(13)[①]		D车型平均工单金额=D车型营业收入(18)/D车型工单数量(13)
	其他车型平均工单金额=(19)/(14)[①]		其他车型平均工单金额=其他营业收入(19)/其他车型工单数量(14)
	A车型营业收入(15)		A车型营业收入(15)是指当月已结算的A车型工单的收入总额
	B车型营业收入(16)		B车型营业收入(16)是指当月已结算的B车型工单的收入总额
	C车型营业收入(17)		C车型营业收入(17)是指当月已结算的C车型工单的收入总额
	D车型营业收入(18)		D车型营业收入(18)是指当月已结算的D车型工单的收入总额
	其他车型营业收入(19)		其他车型营业收入(19)是指当月已结算的其他车型工单的收入总额
	全部营业收入(20)=(15)+(16)+(17)+(18)+(19)[①]		全部营业收入(20)=A车型营业收入(15)+B车型营业收入(16)+C车型营业收入(17)+D车型营业收入(18)+其他车型营业收入(19)
	零件外卖收入=(1)+(2)-(20)[①]		零件外卖收入=维修收入(A)-车间营业收入(20)
	零服员薪资(21)		零服员薪资(21)是指当月服务部门和零配件部门所有员工的薪资收入的总额
	营业毛利=(7)-(21)-(22)[①]		营业毛利=服务总收入-零服员薪资(12)-零件销售成本(22)
零件业务	零件进货成本		零件进货成本是指零配件部门当月进货的总额
	零件销售成本(22)		零件销售成本(22)是指当月零件部门销售所有配件的成本总额
	零件库存	项数	零件库存的项数是指当月库存零件的项数
		金额	零件库存的金额是指当月库存所有零件的成本总额
	库存周转期[①]		库存周转期=零件库存的金额/零件销售成本(22)
	紧急订单	项数	紧急订单项数是指当月非周订单(库存订单)的零件项数
		金额	紧急订单金额是指当月所有紧急订单的总金额

（续）

名称	KPI	解释说明
零件业务	零件满足率	零件满足率＝从零件库中直接供应的零件项数×100%/所有车间所需的零件总项数
	滞销库存比例	滞销库存比例＝滞销零件金额/零件库存金额
索赔	申请索赔项次	申请索赔项次是指当月经销商递交给生产厂家的索赔单的总数
	索赔批准项次	索赔批准项次是指当月生产厂家批准的索赔单总数
	申请索赔金额	申请索赔金额是指当月递交的索赔单的总金额
	索赔批准金额(23)	索赔批准金额(23)是指当月厂家特批索赔单的总金额(包括已到账和已批未到账)
	索赔批准金额占服务产值比例①	索赔批准金额占服务产值比例＝索赔批准金额(23)/维修收入A
CRM	接听电话数	接听电话数是指CRM部门接到客户的来电总数
	打出电话数	打出电话数是指CRM部门打出的客户跟踪电话总数
	预约单数	预约客户总数
	预约比例(24)①	预约比例（24）＝预约总数/总工单数量
	客户投诉单数	当月客户投诉总数量
	客户投诉比例（25）①	客户投诉比例(25)＝投诉单/工单总数量
运营分析	保险到期单数（过去三年客户）	过去三年保有客户保险到期数量
	续保单数	当月续保的单数，仅仅购交强险不计算
	续保金额	当月续保金额，交强险不计
	零件毛利（26）	零件毛利（26）＝零件收入(2)－零件销售成本(22)
	服务毛利率①	服务毛利率＝毛利/服务总收入
	机修单车产值	机修单车产值＝机修收入(3)/机修工单数量(8)
	工时效率	工时效率＝月收费工时/月技师实际工作时间
	钣喷单车产值	钣喷单车产值＝钣喷收入(4)/钣喷工单数量(9)
	平均单车产值	平均单车产值＝全部营业收入(20)/总工单数量(A)
	工位数（27）	车间总的工位数量
	平均工位工单(月)	平均工位工单＝全部营业收入(20)/工位数（27）
	技师人数（28）	车间技师总人数
	平均技师工单(月)	月平均技师工单＝总工单数量(A)/技师人数(28)
	平均技师产值(月)	平均技师产值＝全部营业收入(20)/技师人数(28)
	服务顾问人数	服务顾问当月总人数

（续）

名称	KPI	解释说明
运营分析	平均服务顾问接车台次（月）	平均服务顾问接车台次＝总工单数量（A）/服务顾问人数
	平均服务顾问贡献产值（月）	平均服务顾问贡献＝全部营业收入（20）/服务顾问人数

① 此栏为公式自动生成。

（2）设置KPI的原则。汽车维修企业绩效指标众多，要从这众多的指标库里挑选出最具有效影响4S店价值创造的关键驱动因素的特征的指标需要遵循一定的原则，即SMART原则，前文已解释清楚。

遵照SMART原则，从众多指标中层层筛选出了工位利用率、生产效率、一次修复率、单车产值、服务吸收率、客户来店率、回访实施率、顾客流失率、顾客满意度9个最具代表性的指标作为汽车维修企业的服务营业关键绩效指标。

3. 关键绩效评价指标目标值的确定

（1）目标值的定义。目标值是企业对未来绩效的期望，即绩效评价的标准，通过设置关键绩效指标的目标值，可以推动企业政策的落实执行和战略目标的实现。一般来说，制定KPI只是从哪些方面去衡量或评价工作，解决"评价什么"的问题；而目标值指的是在各个指标上分别应该达到什么样的水平，解决"被评价对象怎样做，应该做多少"的问题。关键绩效指标的目标值可以分为短期和长期，短期的可以是未来一周或一个月的目标值，长期的可以是未来一年或几年的目标值。合理的目标值能够明晰清楚地将工作的目标传递到每一位员工，使其职责明确。

（2）制定目标值的依据。合理的目标值应该以历史的数据和行业数据为依据，在对历史数据的统计分析并结合本行业的数据的基础上，就可以制订出适合本企业的短期或长期的目标值。

4. KPI实施相关要求

（1）实施方案。汽车售后服务绩效评价是现代汽车企业重要的管理工具，在外部竞争日趋激烈和内部生产率增长的速度日趋减缓的情况下，建立一套完整、行之有效的绩效指标评价体系来促进企业提高本组织的经营业绩显得尤为重要。以上这些指标只有在各项工作正常开展、操作流程规范的前提下并借助一些工具（如维修管理软件、报表系统等）才能实施，否则要获取这些指标所需的数据信息比较困难，即使能够获取一些数据，其真实性还有待商榷。

（2）信息收集与反馈。数据的收集是绩效评价的关键点，也是难点。鉴于数据的统计量比较大，建议企业指定专人统计填写，指标所涉及的相关人员应配合提供所需数据，填报人应对数据的真实性负责。企业需反馈的"关键绩效指标考核表"如表5-3所示。

表 5-3 关键绩效指标考核表

<table>
<tr><th colspan="5">车间管理</th></tr>
<tr><th>管理区</th><th colspan="2">相 关 主 题</th><th>是</th><th>否</th></tr>
<tr><td rowspan="4">到工时间</td><td colspan="2">● 应当上班工作人员都正常上班了吗</td><td></td><td></td></tr>
<tr><td colspan="2">● 检查节假日、病休、培训和其他的情况，也就是公司照样支付薪水但没上班的时间</td><td></td><td></td></tr>
<tr><td colspan="2">● 到工时间的增加意味着员工要工作更长时间，因此也要销售更长时间</td><td></td><td></td></tr>
<tr><td colspan="2">● 应到而没到的到工时间乘以有效工时率就得到潜在的还没意识到的销售量</td><td></td><td></td></tr>
<tr><td rowspan="3">工作时间</td><td colspan="2">● 检查生产力的计算(注:这个值不可能超过 100%)，生产力值和 100 之差称为怠工时间</td><td></td><td></td></tr>
<tr><td colspan="2">● 检查产生怠工时间的原因，包括领取零件的时间、分配工作的时间、休息时间、员工完成非生产任务所花费的时间</td><td></td><td></td></tr>
<tr><td colspan="2">● 和到工时间一样，减少工作时间会对销售量产生影响</td><td></td><td></td></tr>
<tr><td rowspan="10">效率</td><td rowspan="8">● 效率超过 115% 最好。若效率低于这个数，要从以下方面查找原因：</td><td>-能力不够，需要培训吗</td><td></td><td></td></tr>
<tr><td>-不正确的时间管理</td><td></td><td></td></tr>
<tr><td>-缺少监控和/或动力</td><td></td><td></td></tr>
<tr><td>-帕金森定律——有多少时间，就工作多少时间</td><td></td><td></td></tr>
<tr><td>-与质量和其他问题有关的返工工作</td><td></td><td></td></tr>
<tr><td>-当试图追求高效率时，会影响返工工作</td><td></td><td></td></tr>
<tr><td>-工作时遇到问题</td><td></td><td></td></tr>
<tr><td>-工作技能局限性(如电气诊断工作的效率比更换排气系统效率低)</td><td></td><td></td></tr>
<tr><td colspan="2">● 能连续达到好的工作效率时，要确保生产人员受到积极的反馈</td><td></td><td></td></tr>
<tr><td colspan="2">● 每周公布生产效率，让每个生产人员都知道</td><td></td><td></td></tr>
<tr><td rowspan="4">车间容量</td><td colspan="2">● 车间工作少会影响销售量、利润水平和客户满意度</td><td></td><td></td></tr>
<tr><td colspan="2">● 许多服务顾问常会把车间工作量安排得偏低，是避免和车辆维修还没完成的客户发生冲突。有人认为这样可以使车间更灵活，从而为客户完成“未预料到的工作”。车间的弹性制值得提倡，但不是以牺牲前面提到的几点为代价</td><td></td><td></td></tr>
<tr><td colspan="2">● 检查一下每天有多少工时被预约</td><td></td><td></td></tr>
<tr><td colspan="2">● 计算生产效率。许多车间容量的计算方法源于效率为 100% 的标准工时手册</td><td></td><td></td></tr>
</table>

（续）

<table>
<tr><th colspan="6">车间管理</th></tr>
<tr><th>管理区</th><th colspan="3">相 关 主 题</th><th>是</th><th>否</th></tr>
<tr><td rowspan="2">车间容量</td><td colspan="3">● 每天结束时查查还有多少工时没有被销售掉</td><td></td><td></td></tr>
<tr><td colspan="3">● 用有效工时价格乘以没有销售掉的工时得出潜在的额外销售量</td><td></td><td></td></tr>
<tr><td rowspan="2">销售工时</td><td colspan="3">● 通过良好的管理方法使每个生产者在他们的到工工时内工作，不断地保持高效工作，已售工时变得最大化</td><td></td><td></td></tr>
<tr><td colspan="3">● 检查生产效率（与到工工时相比的工作工时）和整个效率（与到工工时相比的已售工时）</td><td></td><td></td></tr>
<tr><td rowspan="7">返工工时</td><td colspan="3">● 过失工作的返工是维修部工作能力差的体现</td><td></td><td></td></tr>
<tr><td rowspan="3">● 检查返修工作是否被：</td><td colspan="2">-慎重地认识到</td><td></td><td></td></tr>
<tr><td colspan="2">-由生产部门监控</td><td></td><td></td></tr>
<tr><td colspan="2">-遵照规定实行</td><td></td><td></td></tr>
<tr><td colspan="3">● 汽车返厂维修意味着工作没有在第一次很好地完成，因此返修工作常常是“隐蔽”的</td><td></td><td></td></tr>
<tr><td colspan="3">● “隐蔽”的返修工作征兆包括：
-比期望的效率要低（返修工作没有进行单独分析），根本就忽视其存在</td><td></td><td></td></tr>
<tr><td colspan="3">-生产人员在进行返修工作时不能做付费工作，认识到这一点很重要</td><td></td><td></td></tr>
<tr><td rowspan="4">生产力</td><td colspan="3">● 衡量维修部把生产人员到工工时如何很好地转化为付费工作工时的方法</td><td></td><td></td></tr>
<tr><td colspan="3">● 确保生产绩效受到监控、列图对比，遵照规定不断提高</td><td></td><td></td></tr>
<tr><td rowspan="2">● 影响生产力的因素包括</td><td colspan="2">-怠工工时——查找原因</td><td></td><td></td></tr>
<tr><td colspan="2">-错误计算了到工工时，坚持记录每个生产人员的到工工时</td><td></td><td></td></tr>
<tr><td rowspan="5">怠工工时</td><td colspan="3">● 技师上班但没有做付费工作的百分比</td><td></td><td></td></tr>
<tr><td rowspan="4">● 检查确保其准确性，因为怠工工时高，是服务经理的问题：</td><td colspan="2">-返工工作正确分配了吗</td><td></td><td></td></tr>
<tr><td colspan="2">-检查花在零件柜台上的时间</td><td></td><td></td></tr>
<tr><td rowspan="2">-检查花在非付费工作上的时间，例如：</td><td>移动汽车</td><td></td><td></td></tr>
<tr><td>接车、交车</td><td></td><td></td></tr>
</table>

（续）

<table>
<tr><th colspan="5">车间管理</th></tr>
<tr><th>管理区</th><th colspan="2">相 关 主 题</th><th>是</th><th>否</th></tr>
<tr><td rowspan="2">收益率</td><td colspan="2">● 企业总的管理费用（除了销售部各种开支）中由新车销售所产生的利润以外的所有部门占的比例（百分比）</td><td></td><td></td></tr>
<tr><td colspan="2">● 若低于50%，这个数字必须每周进行监控，其他时间至少要每月监控一次，目的是必须实现超过100%的收益率</td><td></td><td></td></tr>
<tr><td rowspan="7">有效工时率</td><td colspan="2">● 这是考虑各种销售形式的平均有效工时率</td><td></td><td></td></tr>
<tr><td colspan="2">● 检查被监控、被记录的工时，最重要的是实施修复率</td><td></td><td></td></tr>
<tr><td colspan="2">● 相对预算每小时修复率，实际达到的修复率越低，提高被售工时的压力越大</td><td></td><td></td></tr>
<tr><td colspan="2">● 影响有效工时率的因素包括：混合销售工时（包含不收费工时率）、打折工时（为了维持竞争力）</td><td></td><td></td></tr>
<tr><td colspan="2">● 检查服务经理是否能注意正确的工作混合</td><td></td><td></td></tr>
<tr><td colspan="2">● 检查有没有授权过度的或没有必要的打折现象</td><td></td><td></td></tr>
<tr><td colspan="2">● 服务经理是否主动查到当有效工时比预算低而需要销售额外工时的情况</td><td></td><td></td></tr>
<tr><td rowspan="15">员工水平</td><td rowspan="10">● 生产人员太多了吗？指标包括：</td><td>-整体效率低</td><td></td><td></td></tr>
<tr><td>-工时生产率低</td><td></td><td></td></tr>
<tr><td>-怠工、没有产出的时间多</td><td></td><td></td></tr>
<tr><td>-单个生产者的毛利或直接利润低</td><td></td><td></td></tr>
<tr><td>-部门运作利润低</td><td></td><td></td></tr>
<tr><td>-用于完成非生产任务多</td><td></td><td></td></tr>
<tr><td>-生产人员“太多”</td><td></td><td></td></tr>
<tr><td>-士气低</td><td></td><td></td></tr>
<tr><td>-生产效率低（看上去忙）</td><td></td><td></td></tr>
<tr><td>-优秀的员工开始离开</td><td></td><td></td></tr>
<tr><td rowspan="5">● 生产人员太少了吗？指标包括：</td><td>-整体效率高</td><td></td><td></td></tr>
<tr><td>-工时生产率高</td><td></td><td></td></tr>
<tr><td>-个人平均毛利或直接毛利高</td><td></td><td></td></tr>
<tr><td>-返修工作提高（因工作是在匆忙之中完成的）</td><td></td><td></td></tr>
<tr><td>-过多的超时奖金支付</td><td></td><td></td></tr>
</table>

（续）

<table>
<tr><th colspan="5">车间管理</th></tr>
<tr><th>管理区</th><th colspan="2">相 关 主 题</th><th>是</th><th>否</th></tr>
<tr><td rowspan="3">员工水平</td><td rowspan="3">● 生产人员太少了吗？指标包括：</td><td>-工作倦怠</td><td></td><td></td></tr>
<tr><td>-“引起争论的因素”多</td><td></td><td></td></tr>
<tr><td>-来自员工的不满和怨言多</td><td></td><td></td></tr>
<tr><td rowspan="10">员工-概要</td><td colspan="2">● 检查是否把合适的工作安排给合适的生产人员</td><td></td><td></td></tr>
<tr><td colspan="2">● 能力低，效率就低</td><td></td><td></td></tr>
<tr><td colspan="2">● 某个技术人员擅长某几种工作，从而一直不给他安排其他工作，最后终于引起了厌倦情绪</td><td></td><td></td></tr>
<tr><td colspan="2">● 效率低的地方，需要良好的培训</td><td></td><td></td></tr>
<tr><td colspan="2">● 按工作类型进行的效率分析是存在的</td><td></td><td></td></tr>
<tr><td colspan="2">● 确认所有的奖金计划都达到了预期的激励积极性的效果</td><td></td><td></td></tr>
<tr><td rowspan="4">● 若某个技术人员获得的奖金很少甚至没有，找出原因：</td><td>-是因为他们所从事的工作吗（如：诊断工作等）</td><td></td><td></td></tr>
<tr><td>-奖金能拿得到吗</td><td></td><td></td></tr>
<tr><td>-奖金足够吗</td><td></td><td></td></tr>
<tr><td>-是否超时，如花了比预期要多的时间来完成工作</td><td></td><td></td></tr>
<tr><th colspan="5">零件部门管理</th></tr>
<tr><th>管理区</th><th colspan="2">相 关 主 题</th><th>是</th><th>否</th></tr>
<tr><td rowspan="7">零件利润</td><td colspan="2">● 零件利润是什么</td><td></td><td></td></tr>
<tr><td colspan="2">● 什么是前 3 个月的百分比趋势</td><td></td><td></td></tr>
<tr><td colspan="2">● 检查零件部门经理的购买政策（有相关政策吗，若没有，为什么没有）</td><td></td><td></td></tr>
<tr><td colspan="2">● 紧急订单的车辆是在车间里吗</td><td></td><td></td></tr>
<tr><td colspan="2">● 一旦急件或特殊订单零件到了，他们是否立即可用</td><td></td><td></td></tr>
<tr><td colspan="2">● 确保有零件预订系统，并且适合车间管理</td><td></td><td></td></tr>
<tr><td colspan="2">● 检查库存订单效率（库存：急件与特殊订单之比）</td><td></td><td></td></tr>
</table>

（续）

<table>
<tr><th colspan="5">零件部门管理</th></tr>
<tr><th>管理区</th><th colspan="2">相关主题</th><th>是</th><th>否</th></tr>
<tr><td rowspan="12">库存周转率</td><td colspan="2">● 计算过这个数据吗</td><td></td><td></td></tr>
<tr><td colspan="2">-正确性如何</td><td></td><td></td></tr>
<tr><td colspan="2">-连续地计算</td><td></td><td></td></tr>
<tr><td colspan="2">● 若库存周转率（STR）低，检查存货的年限情况</td><td></td><td></td></tr>
<tr><td rowspan="4">● 导致低库存周转率的因素是：</td><td>-陈旧库存</td><td></td><td></td></tr>
<tr><td>-过量库存</td><td></td><td></td></tr>
<tr><td>-不精确的、无效率的库存</td><td></td><td></td></tr>
<tr><td>-重复订购</td><td></td><td></td></tr>
<tr><td colspan="2">● 库存周转率（STR）高，检查漏销和急件情况</td><td></td><td></td></tr>
<tr><td colspan="2">● 库存周转率高于8:1，表示满意度指数低</td><td></td><td></td></tr>
<tr><td colspan="2">● 检查第一次提货率是否让人满意</td><td></td><td></td></tr>
<tr><td colspan="2"></td><td></td><td></td></tr>
<tr><td rowspan="3">零件满足率</td><td colspan="2">● 是否计算过这个指标，若没有，为什么没有</td><td></td><td></td></tr>
<tr><td colspan="2">● 确保这个值是在不断地更新统计，而不是分批地进行</td><td></td><td></td></tr>
<tr><td colspan="2">● 若零件满足率一直低于75%，检查零件经理是否完整记录零件库存，是否检查所有急件和其他特殊订件的漏销情况</td><td></td><td></td></tr>
<tr><td rowspan="3">库存补货效率</td><td colspan="2">● 是否计算过库存补货效率（SOE）</td><td></td><td></td></tr>
<tr><td colspan="2">● 目标成绩是75%或更好，零件部执行成效如何</td><td></td><td></td></tr>
<tr><td colspan="2">● 效率是否连续低于75%，如果是，如何导致这种情况</td><td></td><td></td></tr>
<tr><td rowspan="6">平均工时零件销售额</td><td colspan="2">● 是否监控过这个指标？</td><td></td><td></td></tr>
<tr><td colspan="2">● 什么是平均工时零件销售额？</td><td></td><td></td></tr>
<tr><td colspan="2">● 前3个月趋势怎样？</td><td></td><td></td></tr>
<tr><td rowspan="3">● 如果趋势上升，那么：</td><td>-技师是销售导向</td><td></td><td></td></tr>
<tr><td>-服务专员是销售导向</td><td></td><td></td></tr>
<tr><td>-零件供应率高（没有零件就没有销售）</td><td></td><td></td></tr>
<tr><td rowspan="2">销售值和销售方式</td><td colspan="2">● 零件经理是否知道并理解每月的销售收入目标</td><td></td><td></td></tr>
<tr><td colspan="2">● 列每月的实际销售收入值图，并与目标值相比较</td><td></td><td></td></tr>
</table>

（续）

零件部门管理				
管理区	相关主题		是	否
销售值和销售方式	● 销售收入是否按客户类型进行分类（描述销售从哪里来或不会从哪里来）	-车间销售		
		-对换销售		
		-零售		
		-其他企业		
员工概要	● 零件部有专人负责值班事务吗			
	● 零件部监控提货率和库存周转率吗			
	● 总经理和零件经理是否定期举行正式的绩效会议			
	● 零件经理是否告知员工本部门的业绩情况（至少每月通报一次）			
	● 非零件部员工有权订购零件吗？	-他们掌握了关于零件订购方面足够的知识吗		
		-是否对错误负责		
	● 所有的零件部员工都被鼓动：	-以正确的方式预订零件（减少急件订购）		
		-以合适的价格销售（打折促销）		
		-保持令人满意的毛利率		
		-达到理想的销售收入目标和销售组合		

第三节 关键岗位 KPI 考核内容及标准

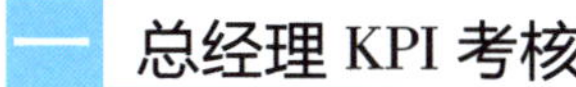

一 总经理 KPI 考核

总经理 KPI 考核表如表 5-4 所示。

表 5-4 总经理 KPI 考核表

类别	考核指标	权重	目标	数据来源	实际完成	得分	指标说明
经营指标（60%）	1. 产值	25%		财务部			结算总产值（含税金额）
	2. 非事故车产值	15%		财务部			
	3. 结算台次	10%		财务部			消费满 100 元
	4. 新客户台次	10%		客服部			首次进店消费满 100 元
保险指标（10%）	5. 续保金额	5%		客服部			
	6. 续保台次	5%	进店台次 10%	客服部			
CRM 指标（10%）	7. 有效保有客户	5%		客服部			原有保有客户 + 新客户 − 流失客户
	8. 客户满意度	5%	满意度≥85%	客服部			由客服部提供数据
财务指标（15%）	9. 毛利率	5%		财务部			
	10. 纯利润	10%		财务部			
管理指标（5%）	11. 综合考评	5%	每月每部门不低于 4 次	行政人事部			

被考核人：　　　　考核人：

二 运营总监 KPI 考核

运营总监 KPI 考核表如表 5-5 所示。

表 5-5 运营总监 KPI 考核表

类别	考核指标	权重	目标	数据来源	实际完成	得分	指标说明
经营指标（90%）	1. 产值	30%	财务部				结算总产值（含税金额）
	2. 毛利率	10%	毛利率达到 45%	财务部			由财务部核算
	3. 非事故车产值	20%	财务部				
	4. 结算台次	10%		财务部			消费满 100 元以上台次
	5. 工时	10%	<2%	客服部			
	6. 客户满意度	10%	满意度≥95%	客服部			由客服部提供数据

（续）

类别	考核指标	权重	目标	数据来源	实际完成	得分	指标说明
管理指标（10%）	7. 培训	5%	每月每部门不低于4次	行政人事部			每月2日之前提报行政人事部培训计划表，每次培训结束后提交培训签到表及培训总结
	8. 考勤	5%	日常考勤	行政人事部			迟到、早退、旷工者1次扣1分

被考核人： 考核人：

注：1. 考核比例，岗位工资的30%参与考核，经营指标按实际得分计算，合计得分即为考核分值。

2. 月度考核项目中，经营指标按实际得分计算，结算产值得分不封顶，其他管理指标封顶为满分，各项指标得分累计，即得出考核得分。

三 服务顾问主管 KPI 考核

服务顾问主管 KPI 考核表如表 5-6 所示。

表 5-6 服务顾问主管 KPI 考核表

类别	考核指标	权重	目标	数据来源	实际完成	得分	指标说明
经营指标（95%）	1. 结算产值	30%		财务部			结算产值，自报，财务部审核
	2. 结算台次	20%		财务部			不含0消费
	3. 工时产值	10%		财务部			除事故车以外结算产值/除事故车以外结算台次
	4. 保费	10%		保险部			保险部提供，财务部负责审核
	5. 新客户开发	5%		客服部			当天报备当天进店客户不计
	6. 客户满意度	10%	85%以上	客服部			
	7. 工单完整率	10%		客服部			发现一次扣1分，需要前台出具相关制度，并给客服部完整工单模板
管理指标（5%）	8. 培训	3%	每月不少于4次	行政人事部			每月月初2日之前提报行政人事部培训计划表，每次培训结束后提交培训签到表及培训总结
	9. 考勤	2%		行政人事部			迟到、早退、旷工者1次扣1分

被考核人： 考核人：

注：1. 考核比例，岗位工资的30%参与考核，经营指标按实际得分计算，合计得分即为考核分值。

2. 月度考核项目中，经营指标按实际得分计算，结算产值得分不封顶，其他管理指标封顶为满分，各项指标得分累计，即得出考核得分。

四 服务顾问 KPI 考核

服务顾问 KPI 考核表如表 5-7 所示。

表 5-7 服务顾问 KPI 考核表

类别	考核指标	权重	目标	数据来源	实际完成	得分	指标说明
经营指标（95%）	1. 结算产值	30%		财务部			结算产值，自报，财务部审核
	2. 结算台次	20%		财务部			
	3. 工时产值	10%		财务部			除事故车以外结算产值/除事故车以外结算台次
	4. 保费	10%		保险部			保险部提供
	5. 新客户开发	5%		客服部			当天报备当天进店客户不计
	6. 客户满意度	10%	95% 以上	客服部			
	7. 工单完整率	10%		客服部			发现一次扣 1 分，需要前台出具相关制度，并给客服部完整工单模板
日常考核（5%）	8. 培训	3%	参加培训每月不少于 4 次	行政人事部			每月 2 日之前提报行政人事部培训计划表，每次培训结束后提交培训签到表及培训总结
	9. 考勤	2%		行政人事部			迟到、早退、旷工者 1 次扣 1 分

被考核人： 考核人：

注：1. 考核比例，岗位工资的 20% 参与考核，经营指标按实际得分计算，合计得分即为考核分值。
2. 月度考核项目中，经营指标按实际得分计算，结算产值得分不封顶，其他管理指标封顶为满分，各项指标得分累计，即得出考核得分。

五 理赔定损专员 KPI 考核

理赔定损专员 KPI 考核表如表 5-8 所示。

表 5-8 理赔定损专员 KPI 考核表

类别	考核指标	权重	目标	数据来源	实际完成	得分	指标说明
运营指标（95%）	1. 结算产值	20%		客服部			客服部提供数据，财务审核
	2. 事故车毛利率	30%	毛利率达到 45%	财务部			财务提供数据
	3. 回款及时率	25%		财务部			以签订担保书回款日期为准，逾期一单扣 1 分，累计扣分
	4. 旧件利用	10%		配件部			
	5. 客户满意度	10%	95% 以上	客服部			

（续）

类别	考核指标	权重	目标	数据来源	实际完成	得分	指标说明
管理指标（5%）	6. 培训	3%	每月不少于4次	行政人事部			每月2日之前提报行政人事部培训计划表，每次培训结束后提交培训签到表及培训总结
	7. 考勤	2%		行政人事部			迟到、早退、旷工者1次扣1分

被考核人：　　　　　　　　　　　　　　考核人：

注：1. 考核比例，基本工资 = 岗位工资 ×80%，经营指标按实际得分计算，合计得分即为考核分值。

2. 月度考核项目中，经营指标按实际得分计算，结算产值部分得分不封顶，其他管理指标封顶为满分，各项指标得分累计，即得出考核得分。

六　车间经理 KPI 考核

车间经理 KPI 考核表如表 5-9 所示。

表 5-9　车间经理 KPI 考核表

类别	考核指标		权重	目标	数据来源	实际完成	得分	指标说明
经营指标（90%）	1. 结算总产值		30%		财务部			结算总产值，财务部提供
	2. 非事故车产值		25%		服务顾问			前台提供数据，财务部负责审核
	3. 结算台次		15%		客服部			
	4. 返修率	内返	3%	≤2%	车间质检			公司内部返修
		外返	7%	≤5‰	客服部			车辆出公司后返修
	5. 准时交车率		10%	>98%	客服部			服务顾问下单时需要注明预计完工时间，当月没有发现未及时交车，客服部在回访中发现，从当月中发现一次扣1分
	6. 客户满意度		10%	95%以上	客服部			
管理指标（10%）	7. 培训		3%	≥4次	行政人事部			每月2日之前提报行政人事部培训计划表，每次培训结束后提交培训签到表及培训总结
	8. 流程执行		5%		运营总监			如运营总监考核中未发现其他部门发现制度不执行者，连带运营总监同时扣分
	9. 工具设备保养		2%		行政人事部			设备到期未保养，发现一次0分，车间需提供行政人事部设备相关资料

被考核人：　　　　　　　　　　　　　　考核人：

注：1. 考核比例，岗位工资的30%参与考核，经营指标按实际得分计算，合计得分即为考核分值。

2. 月度考核项目中，经营指标按实际得分计算，产值考评得分不封顶，其它管理指标封顶为满分，各项指标得分累计，即得出考核得分。

七　机电车间小组 KPI 考核

机电车间小组 KPI 考核表如表 5-10 所示。

表 5-10　机电车间小组 KPI 考核表

类别	考核指标	权重	目标	数据来源	实际完成	得分	指标说明
经营指标（95%）	1. 结算产值	55%		财务部			结算总产值，财务部提供
	2. 结算台次	15%		客服部			客服统计数据
	3. 返修率 内返	3%	≤2%	车间质检			公司内部返修
	3. 返修率 外返	7%	≤5‰	客服部			车辆出公司后返修
	4. 准时交车率	5%	>98%	客服部			服务顾问下单时需要注明预计完工时间，当月没有发现未及时交车，客服部在回访中发现，从当月中发现一次扣1分
	5. 客户满意度	10%	95%以上	客服部			
管理指标（5%）	6. 培训	3%	≥4次	行政人事部			每月2日之前提报行政人事部培训计划表，每次培训结束后提交培训签到表及培训总结
	7. 工具设备保养	2%		行政人事部			设备到期未保养，发现一次0分，车间需提供行政人事部设备相关资料

被考核人：　　　　　　　　　　考核人：

注：1. 考核比例，基本工资 = 岗位工资 ×80%，剩余岗位工资的 20% 参与考核，经营指标按实际得分计算，合计得分即为考核分值。

2. 月度考核项目中，经营指标按实际得分计算，产值考评得分不封顶，其他管理指标封顶为满分，各项指标得分累计，即得出考核得分。

八　技术经理 KPI 考核

技术经理 KPI 考核表如表 5-11 所示。

表 5-11　技术经理 KPI 考核表

类别	考核指标	权重	目标	数据来源	实际完成	得分	指标说明
经营指标（85%）	1. 故障案例反馈报告	40%		客服部			每半月反应1次，每次2篇，总监签字提交客服部存档
	2. 质量信息反馈	25%		客服部			
	3. 满意度	10%	95%以上	客服部			
	4. 外返修率	10%	≤5‰	客服部			

（续）

类别	考核指标	权重	目标	数据来源	实际完成	得分	指标说明
管理指标（15%）	5. 培训	10%	≥4 次	行政人事部			每月 2 日之前提报行政人事部培训计划表，每次培训结束后提交培训签到表及培训总结
	6. 考勤	5%		行政人事部			迟到、早退、旷工者 1 次扣 1 分

被考核人：　　　　　　　　　　　　考核人：

注：1. 考核比例，岗位工资的 30% 参与考核，经营指标按实际得分计算，合计得分即为考核分值。

2. 月度考核项目中，经营指标按实际得分计算，管理指标封顶为满分，各项指标得分累计，即得出考核得分。

九　钣喷主管 KPI 考核

钣喷主管 KPI 考核表如表 5-12 所示。

表 5-12　钣喷主管 KPI 考核表

类别	考核指标	权重	目标	数据来源	实际完成	得分	指标说明
经营指标（95%）	1. 工时	25%		前台服务顾问			前台提供数据
	2. 产值	30%		车间质检			质检提供相关数据
	3. 内返/外返	10%	不高于 5‰	客服部			质检提供相关数据
	4. 准时交车率	10%	大于 95%	客服部			客服部提供数据
	5. 油漆辅料成本占比	15%	低于 18%	财务部			本月油漆辅料总成本/总收入
	6. 客户满意度	5%	不低于 95%	客服部			客服部提供数据
管理指标（5%）	7. 培训	3%	每月不少于 4 次	行政人事部			每月 2 日之前提报行政人事部培训计划表，每次培训结束后提交培训签到表及培训总结
	8. 流程执行及制度完善	2%		行政人事部			

被考核人：　　　　　　　　　　　　考核人：

注：1. 考核比例，岗位工资的 40% 参与考核，经营指标按实际得分计算，合计得分即为考核分值。

2. 月度考核项目中，工时完成得分不封顶，其他经营指标按实际得分计算，管理指标封顶为满分，各项指标得分累计，即得出考核得分。

十　配件经理 KPI 考核

配件经理 KPI 考核表如表 5-13 所示。

表 5-13 配件经理 KPI 考核表

类别	考核指标	权重	目标	数据来源	实际完成	得分	指标说明
经营指标（95%）	1. 配件产值	40%	设定目标	财务部			
	2. 到货及时率	5%	大于 95%	车间经理			
	3. 订货准确率	5%	大于 95%	车间经理			车间经理负责制作到货准确、及时汇总表
	4. 零件周转率	15%		财务部			设定一个零件周转率标准
	5. 配件合格率	10%	100%	车间经理			车间经理负责制作配件合格率汇总表格
	6. 库龄控制	10%	超过 6 个月	财务部			超过 6 个月的库存不得超总库存的 20%，以实际占比算得分
	7. 配件质量投诉	10%		客服部			发现一次扣 1 分
管理指标（5%）	8. 培训	3%	每月不少于 4 次	行政人事部			每月 2 日之前提报行政人事部培训计划表，每次培训结束后提交培训签到表及培训总结
	9. 配件部管理制度完善	2%		行政人事部			

被考核人： 考核人：

注：1. 考核比例，岗位工资的 40% 参与考核，经营指标按实际得分计算，合计得分即为考核分值。

2. 月度考核项目中，配件毛利考核得分不封顶，其他经营指标按实际得分计算，管理指标封顶为满分，各项指标得分累计，即得出考核得分。

十一 营销总监 KPI 考核

营销总监 KPI 考核表如表 5-14 所示。

表 5-14 营销总监 KPI 考核表

类别	考核指标		权重	目标	数据来源	实际完成	得分	指标说明
经营指标（90%）	1. 台次	进店总台次	20%		客服部			
		新车台次	10%		客服部			
	2. 产值	结算总产值	40%		财务部			每月结算总产值（含税金额）
	3. 信息报备	信息报备	10%		客服部			每月新增客户信息量
	4. 费用控制	业务开发费用	5%	不超过结算产值 5%	财务部			市场宣传费、活动费用、礼品、招待费、过路过桥费、固定办公费用、燃油费、差旅费（不包含事故车返利）
	5. 集团客户签单量	当月集团客户签单量	5%		客服部			

（续）

类别	考核指标		权重	目标	数据来源	实际完成	得分	指标说明
管理指标（10%）	6. 日志	工作日志提报	5%	每天	客服部			
	7. 培训	员工培训	5%	每月每部门不低于4次	行政人事部			每月2日前提交本月培训计划表，培训结束后提交培训签到表和培训总结

被考核人：　　　　　　　　　　　　　　　考核人：

注：1. 考核比例，基本工资 = 岗位工资 ×70%，经营指标按实际得分计算，合计得分即为考核分值。

2. 月度考核项目中，经营指标按实际得分计算，结算产值得分不封顶，其他管理指标封顶为满分，各项指标得分累计，即得出考核得分。

十二　保险部经理 KPI 考核

保险部经理 KPI 考核表如表 5-15 所示。

表 5-15　保险部经理 KPI 考核表

类别	考核指标	权重	目标	数据来源	实际完成	得分	指标说明
经营指标（95%）	1. 保费金额	50%		保险部			保险部提供，财务部审核
	2. 续保单数	20%		客服部			单交强险不计入单数
	3. 续保报备单数	10%		客服部			财务提供数据
	4. 续保流失率	5%		客服部			流失率低于 10%
	5. 保费配比	5%		客服部			客服部提供数据，财务审核
	6. 保险公司对账单	5%		财务部			每月 10 日前出具保险公司对账单
管理指标（5%）	7. 培训	3%	每月不少于4次	行政人事部			每月2日之前提报行政人事部培训计划表，每次培训结束后提交培训签到表及培训总结
	8. 考勤	2%		行政人事部			迟到、早退、旷工者1次扣1分

被考核人：　　　　　　　　　　　　　　　考核人：

注：1. 考核比例，岗位工资 = 基本工资 ×70%，其他 30% 参与考核，经营指标按实际得分计算，合计得分即为考核分值。

2. 月度考核项目中，经营指标按实际得分计算，结算金额项目得分不封顶，其他管理指标封顶为满分，各项指标得分累计，即得出考核得分。

十三 续保专员 KPI 考核

续保专员 KPI 考核表如表 5-16 所示。

表 5-16 续保专员 KPI 考核表

类别	考核指标	权重	目标	数据来源	实际完成	得分	指标说明
经营指标（95%）	1. 续保金额	45%		财务部			客服部提供数据，财务审核
	2. 续保单数	15%		客服部			财务提供数据
	3. 续保报备客户	10%		客服部			以签订担保书回款日期为准，逾期一单扣 1 分，累计扣分
	4. 续保利润	5%		财务部			保险部提供，财务部审核
	5. 续保流失	5%		客服部			流失率不能高于 10%
	6. 个人销售金额	15%		客服部			
管理指标（5%）	7. 培训	3%	每月不少于 4 次	行政人事部			每月 2 日之前提报行政人事部培训计划表，每次培训结束后提交培训签到表及培训总结
	8. 考勤	2%		行政人事部			迟到、早退、旷工者 1 次扣 1 分

被考核人： 考核人：

注：1. 考核比例，基本工资 = 岗位工资 ×80%，其他 20% 参与考核，经营指标按实际得分计算，合计得分即为考核分值。

2. 月度考核项目中，经营指标按实际得分计算，续保金额项目得分不封底，其他管理指标封顶为满分，各项指标得分累计，即得出考核得分。

十四 事故开发部经理 KPI 考核

事故开发部经理 KPI 考核表如表 5-17 所示。

表 5-17 事故开发部经理 KPI 考核表

类别	考核指标	权重	目标	数据来源	实际完成	得分	指标说明
经营指标（95%）	1. 结算产值	50%		财务部			部门结算产值（含税金额），客服提供，财务审核
	2. 台次	25%		客服部			当月结算总台次
	3. 费用	10%	不超过结算产值的 5%	财务部			市场宣传费、活动费用、礼品、招待费、过路过桥费、固定办公费用、燃油费、差旅费（不包含事故车返利）
	4. 保费	10%		保险部			保险部提供数据，财务负责审核
管理指标（5%）	5. 培训	3%	≥4 次	行政人事部			每月 2 日前提交本月培训计划表，培训结束后提交培训签到表和培训总结
	6. 日志	2%	每天	客服部			日志及时性及费用体现

被考核人：　　　　　　　　　　　　考核人：

注：考核比例，基本工资 = 岗位工资 ×70%，产值得分不封顶，其他经营指标按照实际得分核算，管理指标封顶为满分，合计得分即为考核分值。

十五 事故开发专员 KPI 考核

事故开发专员 KPI 考核表如表 5-18 所示。

表 5-18 事故开发专员 KPI 考核表

类别	考核指标	权重	目标	数据来源	实际完成	得分	指标说明
经营指标（95%）	1. 事故车产值	60%		财务部			以系统结算为准
	2. 进店台次	15%		客服部			财务结算总台次
	3. 费用控制	10%	不超过结算产值的 5%	财务部			市场宣传费、活动费用、礼品、招待费、过路过桥费、固定办公费用、燃油费、差旅费（不包含事故车返利）
	4. 保费	10%		保险部			保险部提供数据，财务负责审核
管理指标（5%）	5. 日志完成率	5%		客服部			客服部及内勤，日志及时性及费用体现

被考核人：　　　　　　　　　　　　考核人：

注：1. 考核比例，基本工资 = 岗位工资 ×70%，事故车产值得分不封顶，其他指标按照实际得分核算，合计得分即为考核分值。

2. 按照季度考核方案，以三个月为考核周期，前两个月按照岗位工资全额发放，末月工资全额考核末月工资 = 岗位工资标准 × 周期绩效得分 + 周期内业务提成 × 周期绩效得分。

十六 电销部经理 KPI 考核

电销部经理 KPI 考核表如表 5-19 所示。

表 5-19 电销部经理 KPI 考核表

类别	考核指标		权重	目标	数据来源	实际完成	得分	指标说明
经营指标（95%）	1. 台次	进店总台次	25%		客服部			财务结算总台次，以系统录入数据为准
		新车台次	15%		客服部			财务结算新车台次，以系统录入数据为准
	2. 产值（部门总任务）		35%		财务部			部门当月结算产值
	3. 保费		10%		保险部			保险部提供，财务审核
	4. 电话呼出量（月）		10%		IT			取录音卡电话总数量，须有通话时长
管理指标（5%）	5. 日志		3%	每天	客服部、内勤			客服部及内勤，日志及时性及费用体现
	6. 培训		2%	≥4 次	行政人事部			每月 2 日前提交本月培训计划表，培训结束后提交培训签到表和培训总结

被考核人： 考核人：

注：1. 考核比例，基本工资 = 岗位工资 ×70%，其他 30% 参与考核，产值得分不封顶，其他经营指标按照实际得分核算，管理指标封顶为满分，合计得分即为考核分值。

2. 提成比例：提成系数维修保养 0. 5%，事故车 1%。

十七 电话营销专员 KPI 考核

电话营销专员 KPI 考核表如表 5-20 所示。

表 5-20 电话营销专员 KPI 考核表

序号	考核指标		权重	目标	数据来源	实际完成	得分	指标说明
经营指标（95%）	1. 台次	进店总台次	20%		客服部			财务结算总台次
		新车台次	20%		客服部			财务结算新车台次
	2. 产值		35%		财务部			个人当月结算产值
	3. 保费		10%		保险部			保险部提供，财务审核
	4. 电话呼出量		10%		IT			取录音卡电话总数量，须有通话时长
日常指标（5%）	5. 日志		5%	每天	客服部、内勤			客服部及内勤，日志及时性及费用体现

被考核人： 考核人：

注：考核比例，基本工资 = 岗位工资 ×80%，其他 20% 参与考核，产值得分不封顶，其他经营、管理指标按照实际得分核算，合计得分即为考核分值。

十八　市场开发部经理 KPI 考核

市场开发部经理 KPI 考核表如表 5-21 所示。

表 5-21　市场开发部经理 KPI 考核表

类别	考核指标	权重	目标	数据来源	实际完成	得分	指标说明
经营指标（95%）	1. 结算台次	30%		客服部			财务结算总台次
	2. 信息报备	10%		客服部			以系统录入数据为准
	3. 新车台次	20%		客服部			财务结算总台次
	4. 产值	25%		财务部、客服部			客服部提供，财务部审核
	5. 保费	10%		保险部			保险部提供，财务部审核
管理指标（5%）	6. 日志	3%	每天	客服部、内勤			客服部及内勤，日志及时性及费用体现
	7. 培训	2%	≥4 次	行政人事部			每月 2 日前提交本月培训计划表，培训结束后提交培训签到表和培训总结

被考核人：　　　　　　　　　　　　　　　　考核人：

注：考核比例，基本工资 = 岗位工资 ×70%，其他 30% 参与考核，产值考核得分不封顶，其他经营指标按照实际得分核算，管理指标封顶为满分，合计得分即为考核分值。

十九　市场开发专员 KPI 考核

市场开发专员 KPI 考核表如表 5-22 所示。

表 5-22　市场开发专员 KPI 考核表

序号	考核指标	权重	目标	数据来源	实际完成	得分	指标说明
经营指标（95%）	1. 台次	25%		客服部			财务结算总台次
	2. 新车台次	20%		客服部			财务结算新车台次
	3. 信息报备	15%		客服部			以有效的信息报备为准
	4. 产值	25%		财务部、客服部			客服部提供，财务部审核
	5. 保费	10%		保险部			保险部提供，财务部审核
日常指标（5%）	6. 日志	5%	每天	客服部、内勤			客服部及内勤，日志及时性及费用体现

被考核人：　　　　　　　　　　　　　　　　考核人：

注：考核比例，基本工资 = 岗位工资 ×80%，其他 20% 参与考核，产值得分不封顶，其他经营、管理指标按照实际得分核算，合计得分即为考核分值。

二十 集团客户部经理 KPI 考核

集团客户部经理 KPI 考核表如表 5-23 所示。

表 5-23 集团客户部经理 KPI 考核表

类别	考核指标	权重	目标	数据来源	实际完成	得分	指标说明
经营指标（95%）	1. 集团客户签单量	20%		客服部			
	2. 产值	45%		财务部、客服部			当月实际收款的结算产值
	3. 台次	20%		客服部			财务部审核，系统结算台次
	4. 保费	10%		保险部			保险部提交，财务部审核
管理指标（5%）	5. 日志	3%	每天	客服部			客服部及内勤，日志及时性及费用体现
	6. 培训	2%	≥4 次	行政人事部			每月 2 日前提交本月培训计划表，培训结束后提交培训签到表和培训总结

被考核人： 考核人：

注：考核比例，基本工资 = 岗位工资 ×80%，其他 20% 参与考核，产值得分不封顶，其他经营、管理指标按照实际得分核算，合计得分即为考核分值。

二十一 CRM 经理 KPI 考核

CRM 经理 KPI 考核表如表 5-24 所示。

表 5-24 CRM 经理 KPI 考核表

分类	项目	权重	得分	数据来源	考评	说明
日常管理（95%）	报备管理	15%		营销部	报备失误一次扣 2 分	事故车/散客户/续保/集团客户四类报备管理
	营销数据	15%		营销部	错误一次扣 2 分，延时一次扣 1 分	营销日报/周报/月报准确及时
	回访管理	10%		运营部	延时一次扣 2 分	每周五之前把上周回访结果整理完毕
	投诉处理	10%		运营部	延时一次扣 2 分	小投诉 6 小时处理完毕，大投诉 24 小时处理完毕，重大投诉 3 天处理完毕
	运营数据	15%		运营部	错误一次扣 2 分，延时一次扣 1 分	运营日报/周报/月报准确及时
	到期客户筛选（保养/保险）	10%		运营部	延时一次扣 2 分	续保到期客户/保养到期客户/即将流失客户/刚刚流失客户导出，分给相关部门跟进
	工单完整	5%		客服部		每日整理前一天的工单，并确保完整

（续）

分类	项目	权重	得分	数据来源	考评	说明
日常管理（95%）	会员卡办理/积分使用	5%		客服部	每低2%，扣1分	会员卡办卡率不能低于60%
	俱乐部活动	5%		客服部	少一次扣5分	每个季度至少1次客户俱乐部活动
	前厅5S管理	5%		客服部	被客户投诉扣5分，被同事发现扣3分	每周检查一次5S，每天巡查前厅5S
综合考核（5%）	日志	3%		客服部	少一次扣2分	参加公司的培训和会议
	参加培训/会议	2%		行政部	少一次扣1分	每周提交日志

第六章

汽车维修企业的员工权限和盈利运作

第一节　员工权限

原则上对非协议客户不执行打折、挂账，若有特殊原因，可以按以下权限处理，并将原因记录在客户结算单上，并由权限使用人签字，从而避免了层层申报、效率太低导致客户满意度下降的情况发生。

1. 工时费、材料费权限

服务顾问权限：工时费8.5折，材料费9.8折。服务顾问主管权限：工时费8折；材料费9.7折。服务经理权限：工时费7折；材料费9.5折。总经理可以对工时、材料采取任意折扣。

2. 客户争议权限

由于维修原因，如配件损坏、维修方案不正确、配件晚到货等原因导致客户不满，为提升客户满意度，可以对于客户进行折让，权限规定如下。

服务顾问：100元以内。服务顾问主管：200元以内。服务经理：500元以内。总经理：500元以上。原则上不得低于成本价。

3. 挂账权限

除签有协议的用户外，普通客户严禁挂账，在客户确实未带够钱的特殊情况下，可在下列范围内行使职权。服务顾问：100元以内。服务顾问主管：200元以内。服务经理：500元以内。总经理：500元以上。但该挂账须在15天内结清，否则从使用权限的员工工资中扣除。

4. 针对客户的优惠措施

针对客户的优惠措施还可从以下几种中选择：使用备用车、赠送精品券、赠送美容券、赠送工时券、赠送零件折让券。以上5种方式可单选，也可多选，但优惠总额不得超过员工权限的范围，且优惠的原因及方式必须注明在结算单的第一联上。

5. 特殊优惠权限

员工自己的亲朋好友来修车需要进行特殊优惠的，需报业务主管批准。特殊客户（军、警、政府机关、相关的保险公司以及其他的特殊客户）由总经理电话同意，可以任意进行折让和挂账，三日之内由服务顾问主管填写“特殊优惠申请单”请总经理签字确认。

优惠的目的在于弥补企业服务不周而给客户带来的损失，如果发现企业员工有利用职务之便弄虚作假的，可以进行优惠金额10倍的罚款直至开除。在遇到超过权限的事情时，当事人必须向有此权限的上级汇报处理，任何人不得越权行事，如因超越权限造成损失，由责任人承担，并每次罚款500

元。财务部负责将每月优惠情况汇总后进行上报。

第二节 汽车4S店的美容装饰项目运作

随着新车销售的利润日趋降低并逐渐步向平稳，许多汽车4S店把经营汽车美容装饰项目作为产值和利润的又一重要来源。许多汽车4S店的管理层都在思考，作为4S店，如何选择适合自己的美容装饰模式，如何进行美容装饰项目的选择，如何施行美容装饰运作的内部激励措施以提升4S店的整体营利能力。

一 汽车4S店经营汽车美容装饰的优势

1. 客户对汽车4S店的信任

所有汽车4S店都有系统的客户投诉、意见、索赔的管理体系，给车主留下了很好的印象。如果汽车4S店经营美容装饰业务，这里将是大多数车主为自己爱车做美容装饰的第一选择。

2. 技术施工专业方面

由于汽车4S店只针对一个品牌的系列车型进行美容装饰施工，因而对车的性能、技术参数等许多方面都十分了解，具有“专而精”的施工优势。所以在实施一些需要技术支持和售后服务的产品和项目上，汽车4S店有较大的优势。

3. 人性化服务方面

汽车4S店有客户休息室，在客户休息区可以看杂志、书刊、报纸或者上网、看电视等，并且有专门的服务人员为车主提供服务。而95%的汽车美容装饰店没有类似服务。

4. 方便客户

客户在定好车型、签订合同、交完定金之后，可以与汽车4S店约定需要增加什么项目和产品。如此运作，可以使客户在提车时，就看见自己需要的装饰用品全部布置完毕。另外，在目前市场情况下，汽车4S店可以把美容装饰的费用划到新车价格或者维修费用之中，这也是不少新车用户选择在汽车4S店进行装饰美容的重要原因。

二 美容装饰项目的具体运作

（1）汽车4S店要根据自身的实际情况选择好适合的运作模式。当前市场上通常有三种模式：一是4S店设立独立的装饰部门，独立运作；二是4S

店设立装饰车间，但选择外包，同时对利润进行合理分配；三是4S店没有设立美容装饰车间，如果有装饰项目施工，外请施工人员现场施工，支付施工费用。

这三种模式各有特点，每家汽车4S店可以根据自己的实际情况，以及决策层对于美容装饰的重视程度，选择一个适合的运作模式。随着汽车售后市场的发展，汽车4S店运作美容装饰将是一个发展趋势。

（2）汽车4S店要设立专门的精品展示间和专业的施工车间。汽车4S店应该在售后服务区开设专门的精品展示间，用于产品的陈列，以便于客户进行选择；同时设立专门的施工车间，特别是汽车隔热膜的施工，需要在无尘车间进行。另外，底盘装甲施工也需要比较封闭的工位。

（3）汽车4S店可以根据所销售汽车品牌的定位和特点，选择匹配品牌的产品和项目。汽车4S店选择美容装饰产品时，至少要有一个知名品牌的产品，同时附加一个主推的品牌产品。知名品牌的产品客户需求量较大，但由于市场价格透明度高，利润较低。因此不管任何产品和项目都要向客户重点推荐，以获取较大的利润。

（4）汽车4S店运作汽车美容装饰要采用合适的管理模式和激励方法。汽车4S店应先期规划好精品陈列区和施工车间。在选择好产品和项目之后，接下来就是如何进行内部的管理运作。

第一，明确美容装饰部是一个独立的部门，不属于销售，也不属于售后，应该设有美容装饰主管，直接向总经理汇报。

第二，对于新车销售专员应该设立美容装饰的销售目标，根据平均单车美容装饰的贡献进行奖励。如果达不成目标，奖励比例下调50%，新车销售专员如果达成目标后，可以设定美容装饰产值的一定比例为奖金。

第三，如果客户购车时需要赠送美容装饰，最好不直接赠送给客户产品和项目，而是送客户代金券，由客户去选择自己喜欢的产品。

举例：一个汽车4S店要求每个新车销售专员平均每销售一台车为公司贡献1200元的装饰产值，如果每月有150台新车销售，每月新车装饰的产值将是18万元，年产值将会超过200万元。以50%的毛利计算，此店每年有100万元的毛利获取。

对于完成美容装饰目标的新车销售人员也有不少奖励。以一个新车销售专员每月销售10台车，每台车平均贡献1200元的装饰产值计算，为4S店贡献的装饰产值为12 000元，汽车4S店如果对销售专员美容装饰的奖励为较低的10%，销售专员也可以获得1200元。如此激励，新车销售专员一定会用心推荐装饰项目。

（5）汽车4S店内部要有良好的培训体系。生产厂家的车型不断推陈出新，汽车美容装饰的项目也在不断推出，不仅美容装饰部门的员工需要培训，新车销售部门的销售人员也需要进行美容装饰项目的培训，以针对不同客户的不同需要，合理地推荐产品和项目。

（6）汽车4S店要定期进行美容装饰的促销活动。在夏日可以推出夏日送清凉的贴膜活动，在春季举行出行送安全的底盘装甲促销活动，在秋季举行爱车需要办公用品活动，在冬季举行送温暖的座套促销活动。汽车4S店可以通过促销活动，拉动客户的需求，提升自己的产值。

举例：某汽车4S店车辆导航的推广。

针对新车销售人员每个季度设定一个车辆导航促销产品，比如进价3000元/套，给新车销售人员价格是4000元/套，如果新车销售人员售出价是5000元/套，则该新车销售人员在此产品的提成为：4000×5%+(5000-4000)-(5000-4000)×5%=1150（元）。

汽车4S店毛利为：5000-3000-1150=850（元）

解释：4000×5%为新车销售人员的正常提成，当售出时首先拿到200元的提成。

(5000-4000)=1000（元）是差价提成，如果售出4500元，提成为500元。

(5000-4000)×5%=50（元）是开票费用，如果售出是4500元，开票费用是25元。

如此运作，可极大地调动新车销售人员的积极性，同时新车销售人员根据客户购买精品价格的高低，可以自己做主降低车价(500~1000元)，也可以自己做主赠送客户500~1000元的精品券。当然新车销售人员都是从自己未来的奖励中拿出的促销方案。

目前，国内绝大部分的汽车4S店还没有做到精品装饰与新车销售的有机链接。

◆ 第三节 汽车维修企业的增值深化保养运作 ◆

一 全面、准确地认识免拆深化保养业务

虽然汽车免拆养护业务在国内已经普及，但是除了车主对免拆养护业务的误解，业内人士指出即便是维修企业管理人员及操作人员对免拆养护的认识也存在不同程度的偏差，甚至错误。因此，全面、准确地认识免拆养护业

务，对免拆清洗业务的开展及健康发展有着非常重要的意义。

1. 汽车免拆清洗

汽车免拆养护是相对于传统的汽车养护习惯而言的。按照传统的养护习惯，汽车应定期进行养护，即一级养护、二级养护和三级养护等。按照这样的养护方式，汽车行驶一定里程后，应清除发动机各系统中的灰尘、积炭、油泥等。为此，需要把发动机解体，用机械刮削或使用碱液、煤油等进行清洗。我们都有这样的体会，随着拆卸次数的增加，车辆的性能会不断下降。这主要是因为在拆卸过程中，破坏了原车各机件之间的配合关系。

对发动机定期拆解的传统养护方式已被认为是不科学的。汽车免拆养护就是在不对汽车各主要总成、部件解体的情况下，对其进行养护的方法。由于免拆养护时无须拆解发动机部件，从而避免因拆装而造成发动机原始参数改变、性能受损、密封性被破坏、原配件损伤等现象。

2. 汽车免拆养护的内容及方式

按照被养护部位的不同，常见的汽车免拆养护的内容包括燃油系统、润滑系统、冷却系统、变速器、动力转向系统、空调、制动系统和蓄电池八大系统的清洗和养护。

目前市场上对发动机进行免拆养护的方法主要有清洗剂清洗和免拆清洗机清洗两种。清洗剂清洗法就是把清洗剂直接加入油箱中与燃油混合在一起，发动机在运行过程中即可完成对油路和燃油系统的清洗。免拆清洗机清洗的原理是利用发动机原有系统的压力及循环网络，用清洗剂替代燃油，从而完成对发动机的清洗。

3. 对发动机（特别是喷油器）进行清洗的原因

1）发动机经过一段时间的使用，由于空气中的尘埃和汽油中的杂质等会使油路不畅或堵塞，加上燃烧过程中产生的积炭和胶质也会附着在进排气门、进排气道、节气门和燃烧室上。尤其是附着在喷油器上，使喷油器堵塞、粘着，造成喷油渗漏、雾化不良，甚至不喷油，从而造成油耗量增加、发动机动力下降、怠速不稳、加速不良和起动困难等故障。根据试验，如果有 10% 的喷油量受到阻碍，就会导致发动机燃烧不完全、性能下降、燃油消耗增加和排气温度升高等现象。因此，有必要对发动机各相关系统进行清洗。

在普及高标号清洁汽油后，不少车主认为喷油器不再需要清洗了。但是由于国内加油站管理混乱不能杜绝不达标的汽油进站，而且考虑到具体的行车环境，喷油器清洗仍然是汽车维护的重要内容。而电控喷油车的喷油易积聚在进气门上，多孔的积炭容易吸收汽油，产生更多的积炭，因此电控喷油车发动机更应该进行清洗。

2）发动机长期短时间运行，使其处在正常工作温度以下运转，导致汽油燃烧不充分，汽油中未燃烧成分会沉积在活塞和燃烧室表面，加速积炭的形成。

3）发动机进气门密封不良，导致机油渗入。在进气门上的机油低温蒸发产生残留物，由于机油燃烧困难，形成积炭。

4）为了更好地控制汽油和空气的混合比，提高燃油效率、减少排放，电控喷油车喷油器的精密程度得到了极大的提高，这也导致了汽油中胶质、蜡质、杂质等更加容易堵塞喷油器。

4. 积炭产生的原因

发动机工作时，燃油和进入燃烧室的少量机油不可能完全燃烧，未燃烧的部分油质在高温和氧化作用下形成胶质黏附在进气门、进气管道、活塞或燃烧室表面，再经过高温作用进一步凝成沥青质和油焦质的混合物，就形成了积炭。

产生积炭的主要原因是城市拥挤的道路、遍布路口的红绿灯，使车辆频繁起动和驻车。由于喷油器正对着进气门头部、颈部喷射。发动机在停止运转前喷出的油不能被燃烧，沉积在进气门头部、颈部。进气门头部、颈部的环境温度高达300℃，燃油中的汽油已挥发，其中的胶质、蜡质则逐步形成积炭。积炭的产生导致发动机的压缩比进一步提高，易产生爆燃。爆燃又导致燃烧不均匀、不充分，汽油中未燃烧的成分沉积在活塞和燃烧室表面，反过来又加速了积炭的形成。

5. 积炭产生的部位和危害

容易产生积炭的部位主要有：进气门头部和颈部、进气歧管、节气门、活塞和燃烧室。

积炭的危害主要有：

1）汽车加速不良。积炭减小了进气通道、降低了充气系数，从而引起气缸压力增高、点火时间推迟，导致发动机功率下降。

2）车辆难以起动。积炭落入进气门座的通道会造成气缸压力不足。此外，起动时喷射的燃油被积炭吸附，导致气缸内混合气稀薄，发动机无法正常起动。

3）发动机怠速不稳。当积炭附着在进气门和节气门时，发动机无法准确控制送往燃烧室的汽油和空气的量，从而引起发动机怠速不稳。

4）油耗增加。当积炭堆积在燃烧室时，容易引起爆燃，导致发动机点火时间推迟，功率下降，油耗增加4%~5%。

5）废气排放超标。积炭导致汽油和空气的混合比失调，从而导致汽油燃烧不充分，尾气中 CO、HC 含量增加，排放不达标。

6）发动机故障。当进气门杆上附有积炭时，会使气门杆与导管间发卡，导致活塞撞击气门造成发动机异响，从而导致进气门和活塞的损坏。

6. 燃油系统免拆养护的时机

对发动机燃油系统进行清洗是汽车免拆养护的重点。发动机出现以下情况时，应对燃油系统进行免拆养护。

1）冷车起动困难，加速不良，从其他转速回到怠速时常有短时不稳，经常发生爆燃。

2）氧传感器电压在 0.10 ~ 0.95V 之间且变化较慢（正常情况下，该电压在 0.3 ~ 0.7V 之间变化），燃油修正值大于 10%。

3）常在市区行驶的车辆，每行驶 2 万 km 就应清洗一次。

4）车辆正常使用中，油耗比新车时明显增加。

5）突然因气缸压力低而导致发动机不能起动或起动困难，且怀疑积炭可能落在进气门与气门座圈之间。

6）节气门开度超过 3°。

7）车辆年检或正常养护时，发现尾气排放超标。

二 服务顾问推广免拆养护业务时注意事项

全面、准确地认识汽车免拆养护业务之后，在面对车主时，服务顾问不仅要做到心里有数、操作规范，还要正确解答车主提出的相关问题。考虑到免拆养护业务的特殊性（特别是保养性免拆养护），服务顾问在和车主接触的时候要注意以下几点：

1）车主提出有关免拆养护业务的问题时，服务顾问在不清楚的情况下应求助于车间主管，切忌不懂装懂，乱用专业术语。

2）积炭往往出现在气门、节气门等部位，因此服务顾问在面对车主时应尽量使用“清洗喷油器”“清洗进气系统”等客户能听懂的话术来告知车主。

3）“汽车免拆养护作为常规保养项目时对汽车只有好处没有坏处”，服务顾问要避免对车主说类似的话。因为这会使车主疑心自己的车不需要做免拆养护，其背后是维修厂既不用承担任何责任，又赚取了养护费用。

4）免拆养护听起来简单，实际上涉及众多设备、产品及技术规范，服务顾问切忌向车主传达其工艺流程如何简单的信息，而应尽可能向车主介绍免拆养护设备和产品的技术要求、操作流程对清洗效果的关键作用及清洗过后需要进行的调节等，使车主明白免拆养护并不是简单的一“洗”了事。

5）服务顾问应避免直接评价同行及产品，更不能用所谓“黑幕”来博得车主的信任。遇到车主提出曾经经历或传闻的免拆养护业务欺诈问题，服务顾问应尽量将多种可能的原因告诉车主（如产品质量是否过硬、操作流程是否规范及养护后调节是否准确），而不是笼统地说其他企业是在用免拆养护“黑（车主的）钱”。

6）根据汽车积炭不同的形成原因，相应的清洗产品及规范也有所不同，因此不同的免拆养护产品均有自身的侧重点，很难有某一种清洗产品“包治百病”。弄清汽车积炭产生的原因，选择不同的清洗产品对维修人员提出了更高的要求。如果维修人员及服务顾问将这一信息传达给车主，不仅能使车主感觉到维修企业的技术能力，同时有助于减少由于清洗“无效”而产生的对免拆养护乃至维修行业的成见。

三 汽车维修企业养护产品的推广运作

1. 找到合适的供货商

最强的供货商不一定是最适合的供货商，汽车维修企业应根据自身的情况，找到与企业匹配的供货商。如果企业运作养护产品已经比较成熟，对供应商的要求价格应放在第一位，其次是产品品牌，最后是整体服务。如果企业运作养护产品正在发展期，最好选择两个品牌，两个供货商，供货商的整体服务应放在第一位，其次是产品品牌，最后是价格。如果企业刚刚运作养护产品，最好选择一个品牌，这一品牌最好是当地排名前三位的品牌，同时最好是同品牌4S店正在使用的品牌，推广起来比较容易，对供应商的考察品牌应放在第一位，其次是整体服务，最后是价格。

2. 汽车维修企业内部形成公开透明的奖励机制

从养护品采购到服务顾问的推广，再到技师的施工，汽车维修企业应形成一个完整的公开奖励机制。对于服务顾问，应该设立阶梯考核方案，贡献越大，奖励越多。而对于技师，则应采用固定提成方案。

3. 为企业设立目标

在汽车维修企业里原则上养护产品所贡献的产值的比例应该占到服务产值的12%左右。

【案例】

养护产品的目标设定（整体目标和服务接待的目标）。

某汽车4S店售后产值为100万元/月，则其养护产品的贡献值应该是

12 万元，此4S 店有服务顾问 4 人，那么平均每人每月养护产品的贡献应该是3 万元，平均每罐养护品为 200 元，则服务顾问销售奖励指标平均每月的销售罐数应该是 150 罐。服务经理设定目标时应该设立 150 × 80% =120（罐）即可以拿到最高奖励的一个指标，如表 6-1 所示的销售奖励指标。

表 6-1　销售奖励指标

销售罐数	每罐奖励/元	销售罐数	每罐奖励/元
0 ~ 50	1	101 ~ 120	8
51 ~ 80	3	121 以上	10
81 ~ 100	5		

对于每月的最高产值贡献者和最高罐数贡献者，可额外每人再奖励 200 元，以此调动员工的积极性。

4. 进行促销推广

（1）随时间季节推广产品方式。例如：以五一、十一、春节等节假日推广，以春、夏、秋、冬不同季节推广，以 4S 店店庆日、新车上市日、车展日推广，以车行驶里程数推广。

（2）团队、个人推广方式。例如：以企业、单位、车友会的团体推广，以老客户介绍新客户奖励方式、以车主驾驶证或身份证号码推广。

（3）套餐推广方式。不同档次的车适用不同的套餐，同档次车不同层面的车主适用不同的套餐，套餐产品要新老搭配，要以整体解决问题为原则。

深化养护产品推广案例：

某汽车 4S 店，制订销售推广方案主要考虑两个方面：其一，让顾客实实在在享受优惠；其二，让公司利益不受到损失，并使利益最大化。这两点表面上是矛盾的，但也可以同时兼顾，按照这个主旨，他们设定推广方案如下：消费 360 元，送 180 元。

项目：喷油器清洗 + 进气系统清洗 + 节流门清洗。

工时五折，送汽油清洗剂一瓶。

销售价：150 + 180 + 30 = 360（元）。

工时：120 元。

顾客优惠：120 + 60 = 180（元）。

销售成本：110 元，工时成本 40 元，赠送成本 30 元，成本共计 180 元。

毛利：180 元。

毛利率：50%。

2010 年，此汽车 4S 店售后产值 2800 万元，养护产品贡献值 380 万元，毛利 260 万元。此店已经进入了盈利为导向的时期，产品进货价格是第一选择。

5. 汽车维修企业运作养护产品内部的协调

汽车维修企业的采购方仅仅负责采购，不负责产品的推广。零件库房仅仅负责养护产品的保管，不能参与推广。车间主管、服务顾问、车间技师仅仅负责养护产品的推广，不能直接参与养护产品的采购。服务经理根据企业的实际情况，灵活地采取不同的措施，使养护产品的推广顺利。

6. 养护产品推广的难点

1）汽车维修企业内部不够统一协调，投资人、总经理、服务经理、甚至零件部主管都在参与养护品的采购和推广。

2）对于服务顾问和技师的内部激励机制没有形成公开化、透明化的机制，员工积极性不高。

3）供货方直接参与汽车维修企业的内部奖励。

4）养护套餐设定不太合理，客户认可度不高。

5）服务顾问对于养护产品理解不够深入，不能针对不同的客户设定满足其需求的套装方案。

6）服务顾问的沟通能力不强。

7）客户对养护产品的认知度低。

不同企业针对自己面临的难点，应该尽快制订合理改进方案，把养护产品的贡献提升到一个新的高度。

◆ 第四节 汽车维修企业的保险运营 ◆

一 中国汽车保险的发展进程

1. 萌芽时期

中国的汽车保险业务的发展经历了一个曲折的历程。汽车保险进入中国是在鸦片战争以后，但由于中国保险市场处于外国保险公司的垄断与控制之下，加之旧中国的工业不发达，中国的汽车保险实质上处于萌芽状态，其作用与地位十分有限。

2. 试办时期

新中国成立以后，创建不久的中国人民保险公司就开办了汽车保险业务。但是因宣传不够和认识的偏颇，不久就出现对此项保险的争议，有人认为汽车保险以及第三者责任保险对于肇事者予以经济补偿会导致交通事故的增加，对社会产生负面影响。于是，中国人民保险公司于 1955 年停止了汽车保险业务。直到 20 世纪 70 年代中期为了满足各国驻华使领馆等外国人拥有的汽车的保险需要，开始办理以涉外业务为主的汽车保险业务。

3. 发展时期

中国保险业恢复之初的 1980 年，中国人民保险公司逐步全面恢复中断了近 25 年之久的汽车保险业务，以适应国内企业和单位对于汽车保险的需要，适应公路交通运输业迅速发展、事故日益频繁的客观需要。但当时汽车保险仅占财产保险市场份额的 2%。

随着改革开放的发展，社会经济和人民生活也发生了巨大的变化，机动车辆迅速普及和发展，机动车辆保险业务也随之得到了迅速发展。1983 年汽车保险改为机动车辆保险使其具有更广泛的适应性，在此后的 20 多年中，机动车辆保险在中国保险市场，尤其在财产保险市场中始终发挥着重要的作用。到 1988 年，汽车保险的保费收入超过了 20 亿元，占财产保险份额的 37.6%，第一次超过了企业财产险（35.99%）。从此以后，汽车保险一直是财产保险的第一大险种，并保持高增长率，中国的汽车保险业务进入了高速发展时期。

与此同时，机动车辆保险条款、费率以及管理也日趋完善，尤其是中国保险监督管理委员会的成立，进一步完善了机动车辆保险的条款，加大了对于费率、保险单证以及保险人经营活动的监管力度，加速建设并完善了机动车辆保险中介市场，对全面规范市场，促进机动车辆保险业务的发展起到了积极的作用。

二　世界发达国家和地区的汽车保险市场的发展现状

1. 投保人承担部分损失：德国

与中国相似，车险业务也是德国非寿险业务的核心。2009 年，德国车险保费收入 328.6 亿欧元，占整个非寿险保费收入的 42.7%。德国保险市场开放度较高，有 120 多家经营非寿险的保险公司，竞争非常激烈，特别是车险方面，市场集中度很低，接近完全竞争状态。

德国的保险公司在理赔时实行“责任处罚”原则，即每次理赔不论赔偿额多少，投保人自己都必须承担 325 欧元。这种做法的目的是提醒投保人要尽量避免事故。德国的汽车保险费还实行“奖优罚次”。如果一年不出需要保险公司理赔的事故，第二年这辆汽车的保险费就会调低一个档。然而，一旦出了事故并由保险公司进行赔偿，那么次年的保险费就会上调三个档，而且保费的档越高，档之间的差额就越大。

2. 汽车保险业的社会管理功能突出：法国

法国车险市场是一个较为成熟和规范的市场，竞争充分，产品丰富，市场细分度高，财产险公司管理费用率约为28%。法国有146家财产险公司和相关保险公司经营车辆保险。2007年法国车险保费收入229亿欧元，占财产险保费的44%，相当于当年法国GDP的1%。调查表明，在法国100%的车辆购买了第三者责任险，58%的车辆购买了车损险，82%的车辆投保了盗抢和火灾险，87%的车辆投保了玻璃破碎险。就赔付额而言，2007年全法国发生的460万起事故中，责任险赔款最高，占总赔款的50.3%，车损险占33.9%，其他险种占16.8%。在责任险赔案中，涉及人身伤害的赔案占总赔案数的10.5%，但赔款额却占总赔款的59%。这主要是因为法国法律对涉及人身伤害的第三者责任赔款不设上限。

法国汽车保险业的经营区域和范围已经大大超越传统保险的内涵，汽车保险业的社会管理功能愈加突出。譬如：保险公司为减少酒后驾车事故发生率，允许客户在因饮酒而不能驾车时，可在保险公司报销一次交通费用。在重大节假日，保险公司会适时对大的娱乐场所进行查验，并对因饮酒不能驾车的客户提供交通服务。有的保险公司内部设立汽车修理研究中心，为保户提供修车价格指导或为汽车修理厂提供技术培训等。

3. 对中国汽车保险业的启示

（1）车险更充分体现了保险的补偿和保障功能。从第一份汽车保险保单、第三者责任险保单到政府强制责任保险，再到中国保险监督管理会的成立或未得到赔偿判决基金建立，再到无过失责任保险，无不体现了车险为保障受害人因车险损失能得到赔偿而做的努力。

当然保险公司是以营利为目的的，但是国外各大保险公司把更多的人力、物力投入在防灾防损上，通过降低事故发生率来实现自己的利润。而当客户出险时，保险公司会以各种方式给客户提供方便，如在定损前预先赔付，还有在客户修车时提供替代车服务，这不仅给受害者以赔偿，更体现了保险公司的人性关怀，从而提高了保险公司的市场竞争力。为此，国外很多保险公司的车险业务是负利润，而是依靠资本市场盈利来弥补这一亏损的。

（2）车险费率厘定因素众多而各国侧重不同。通过观察我们可以发现，各发达国家的车险费率厘定均由多种因素决定，基本上都包括：车辆保养情况、行驶区域、车型、历史赔付记录、年行驶里程数及驾驶人年龄、职业、性别、驾驶年限、投保人不动产拥有情况、信用记录和结婚年限等。而各国由于国情不同，其侧重点也不同：美国是一个倡导法治和自由的国家，且注重尊重人的个性，所以美国的车险费率厘定更多考虑人的因素，同一辆汽车，由于投保人或被保险人的不同，保险费率可以相差3倍。而德国人以行事谨慎著称，德国的车险出险率非常低，因此德国车险定价中车型是最重要的因素，其变动幅度最高可达2700%之多。

中国车险费率厘定距发达国家还有一定的差距，且自2003年1月1日起实行自主费率，由于中国车险发展时间短，而各大保险公司还不能实现信息共享，因此国家保险监督管理委员会应该从各保险公司收集车险数据，借鉴发达国家的车险要素费率体制的经验，并结合中国国情，制订出合理的指导价格，供各保险公司参考。

三　机动车保险的险种

（1）车辆损失险。车辆损失险是指车主向保险公司投保车辆以预防可能造成损失的保险。车辆损失险的保险金额可以按投保时的保险价值或实际价值确定，也可由投保人与保险公司协商确定，但保险金额不能超出保险价值。即价值10万元的车辆，保险金额不能超过10万元。

（2）第三者责任险。第三者责任险是指被保险人或其允许的合格驾驶人员在使用保险车辆过程中发生意外事故，致使第三者遭受人身伤亡或财产的直接损毁，依法应当由被保险人支付的赔偿金额，保险人依照保险合同的规定给予赔偿。投保时，投保人可以自愿选择投保，事故最高赔偿限额分为六个档次：5万元、10万元、20万元、50万元、100万元和100万元以上，且最高不超过1000万元。关于第三者的赔偿数额，应由保险公司进行核定，保险人不能自行承诺或支付赔偿金额。

（3）车辆损失险。车辆损失险主要针对投保车辆本身的损坏，第三者责任险是针对投保人使用保险车辆致使第三者遭受人身伤亡或财产损失。这两种保险有严格的区别，但均不包括驾驶员本身的保险。为了能够得到完整的经济保障，应尽可能将两种险种一并投保。

（4）机动车附加险。它是在投保主要险种后的附带险种。只有投保主要险种后，方可投保相应的附加险，附加险不能单独投保。

（5）盗抢险。盗抢险是指保险车辆因全车被盗、被抢劫或被抢夺时，保险人对其直接经济损失按保险金额计算赔偿。赔偿后保险责任终止，该车辆权益归保险人所有。

（6）自燃损失险。自燃损失险是指在保险车辆因本车电气线路、供油系统发生损毁及运载货物的自身原因起火燃烧，造成保险车辆损失，以及被保险人在发生本保险责任事故时，为减少车辆损失所支出必要合理的施救费用，由保险公司进行赔付。

（7）玻璃单独破碎险。玻璃单独破碎险是指保险车辆发生玻璃单独破碎后，由保险公司承担赔付责任。

（8）新增加设备损失险。新增加设备损失险是指投保车辆在出厂时原有各项设备以外，被保险人对另外加装设备而进行的保险，保险人将在保险单中该项目所载明的保险金额内，按实际损失计算赔偿。

（9）车上责任险（司乘意外伤害险）。车上责任险（司乘意外伤害险）是指保险车辆发生保险责任范围内的事故，致使保险车辆上的人员遭受伤亡，保险人在保险单所载明的该项赔偿限额内计算赔偿本应由被保险人支付的赔偿金额。

（10）车载货物掉落责任险。车载货物掉落责任险是指在使用过程中，若投保车辆所载货物掉落致使其他人遭受人身伤亡或财产损失，依法应由被保险人承担的经济赔偿责任，由保险公司在保险赔偿限额内给予赔偿。

（11）车上货物责任险。车上货物责任险是指投保车辆在使用过程中，如果所载货物遭受直接损失，以及被保险人为减少货物损失而支付的合理施救、保护费用，保险公司为投保车辆提供一定金额的赔偿。

（12）不计免赔险。不计免赔险是指投保了车辆损失险及第三者责任险的车辆，如发生保险责任范围内的事故，造成车辆损失（不含盗抢）或第三者责任赔偿，由保险人依据赔偿规定的金额负责赔偿。

四 汽车维修企业的保险运作

1. 掌握当地市场车辆基本情况和信息

1）汽车维修企业开展保险业务前，应先调查掌握所辖区域机动车社会拥有量、新增机动车辆信息和年检数量、驾驶员数量、各类车型所占比例、承保情况等。具体步骤：调查掌握所辖区域内机动车辆和承保车辆的历年事故发生频率，事故规律和出险赔付情况；分别建立社会车辆拥有量的保源数据库、车辆保险数据库和交通事故分析数据库，业务部门据此做好车辆风险分析、承保、核保指南。有条件的地区可以与车辆管理部门建立合作关系，实现资源共享。

2）汽车维修企业应了解市场对机动车辆保险的需求、选择取向，掌握客户投保心理动态。

3）汽车维修企业应了解其他汽车维修企业保险运作情况，掌握本地区保险市场竞争动态，竞争对手的保险业务发展重点、措施和手段，学习借鉴别人先进的方法。

2. 进行保前客户调查

汽车维修企业进行保前客户调查应重点做好以下工作：

1）摸清客户拥有车辆的数量、车型、用途及目前承保公司、保险期限、历年赔付情况或曾经投保的公司等。

2）了解客户的保险历史记录。

3）有的放矢地做好各类客户的公关工作。

4）根据保险数据库资料制订续保工作计划，做好续保工作。

3. 保险方案设计

1）业务人员了解投保人投保车辆的数量、种类、用途、行驶区域等有关情况以及投保人的经济承受能力，全方位地掌握投保人的要求和被保险人的保险需求。

2）业务人员应根据投保人和被保险人的实际情况向投保人介绍相关险种、条款和公司所能提供的增值服务，耐心、细致地帮助投保人制订最佳保险方案。

汽车维修企业设计保险方案时应以经营效益为中心，提升营利能力。保险方案的设计应有利于市场竞争，具有可操作性。设计保险方案应遵守不违法、不违规的基本原则。对于招标业务、统保业务，应根据客户的投保车辆状况、风险情况、保险需求设计“投标书”“保险建议书”“保险计划书”等。

3）业务人员应向被保险人明确说明义务。依照《中华人民共和国保险法》及监管部门的有关要求，业务人员要严格按照双方选择确定的保险条款（包括主险和附加险）向投保人说明投保险种的保障范围，特别要对责任免除、条款中容易发生歧义的内容及投保人、被保险人义务等条文进行明确说明。如需制订特别约定，对于特别约定的内容必须向投保人进行明确说明。

保险条款发生变更时，业务人员要向投保人解释清楚新旧条款的区别，主要说明增加了哪些保险保障、责任免除等。

业务人员不得为了争取业务有意对投保人进行误导，不得妨碍投保人履行如实告知义务。

4. 保险客户管理

客户是企业的重要资源，关系到企业的生存与发展，要稳定原有客户、不断吸引新的客户就必须对客户群体进行细分，根据不同客户群体的不同需求提供差异化的服务。同时，车险也是竞争最激烈的险种，这就要求各级管理人员、业务人员高度重视服务，牢固树立服务的观念，用优质的服务赢得客户，稳定车险业务。

（1）建立客户档案。汽车维修企业对所有客户都要建立客户档案，实行动态管理，根据客户的需求提供不同的差异化服务。

（2）做好基础数据积累。汽车维修企业应在业务处理系统中建立被保险人（投保人）信息库，收集并录入被保险人的组织机构代码证、所属行业、单位性质、法定代表人的姓名、联系电话、身份证号码、兴趣爱好以及保险业务联系人的姓名、联系电话、身份证号码、兴趣爱好等。

（3）通过业务数据库提取客户的有效承保、理赔信息。承保信息应包括历年承保车辆数量、车种、险种、保费、续保保费优待、车均保费、支付手续费情况、保险期限等。

理赔信息应包括历年赔案件数、赔款金额（按已决、未决分别列出）、赔付率（按已决、未决分别列出）、出险车辆的车型分析等。

（4）通过业务数据对客户进行分类。按照被保险人的性质可以将被保险人分为“法人或其他组织”和“自然人”两类客户群体；按照业务性质可以将被保险人分为续保和新保两类客户群体。

1）续保客户是指凡是在本公司连续投保达一年以上的客户。

2）新保客户是指在本公司第一次投保的客户。

（5）各类客户群体的细分标准。各公司根据业务数据对各类客户群体进行细分，并在业务处理系统中对保险单进行“客户管理类别”标注，可以根据“客户管理类别”对客户提供差异化服务。可以根据被保险人的职业类别等信息，将被保险人分为单位客户、特殊客户及个人客户。

1）单位客户是指统一结算的公司和企业客户。

2）特殊客户是指政府和军队系统客户。

3）个人客户，即私家车车主。

5. 汽车维修企业保险大客户开发

汽车维修企业可以根据现有客户资源及利用公司每年参与政府招标采购的资格，派专人到各大企事业单位、党政、军队机关洽谈关于车辆的维修与保险的业务。比如，可选择其中比较有代表性的单位如军队，为其提供定期的车辆免费检测活动，并且签订合同，以拥军拥政的名义请报纸媒体广泛宣传，以提高公司的知名度，为以后与各大单位客户建立合作关系打下基础。

6. 一般客户的开发及续保

汽车维修企业对于一般客户的开发及续保可以从以下几个方面入手：

1）搜集整理原有客户、流失客户、超过三个月未入厂客户资料，建立档案。专人专管防止资料外泄。

2）通过交管局、车管所等渠道搜集当地车主资料，按车型、购车时间、保险到期期限、地址、地域等分门别类建立档案。档案建立完毕后，按月份及车辆保险到期时间，提前15天群发保险到期提醒短信息，提前10天由续保专员给客户打邀约续保电话，来店续保客户可给予一定的奖励优惠政策，如送机油、机油滤清器代金券、四轮定位代金券、工时代金券等小成本的优惠奖励。此优惠还必须在满足一定条件才能享受，起到防止客户被其他竞争对手挖走的作用，尽量避免直接返还现金等政策，当然，要视客户要求而定。企业的盈利点不必十分注重每份保险单的返点利润，返点的部分利润可以以其他方式返还奖励给客户，以争取客户对企业的信任并提高客户对企业的忠诚度。盈利点主要集中在客户在企业续保出险后的维修利润，以小的投入博得大的回报。

7. 案例：汽车 4S 店如何提升续保比例

以下是我国中部地区一家汽车 4S 店的续保成功案例。针对即将保险到期的客户，首先把客户进行分类，分为企业(政府)客户和私人客户，这两类客户的需求点是不相同的。针对企业(政府)客户，建议采用续保赠送500～1000 元商场购物券的方式。而对于私人客户，建议采用续保赠送 2～4 次保养的方式提高续保比例。对于已经接受过赠送保养的客户，可以赠送价值 1000 元的车辆易损件套餐形式，拉动客户续保。对于老客户推荐新客户续保成功者，不仅赠送新客户促销套装，还对老客户赠送一次保养或者赠送价值 300 元的精品装饰券。

对于采纳促销手段续保的客户，补充一定的条款。比如：出险之后，第一个电话一定打给本企业，然后由保险专员协调向保险公司报出险，对客户形成约束机制。

对内部员工续保的奖励，可以采用阶梯状奖励。设定一个目标，续保 3 单以下，无奖励；4～6 单，每单奖励 100 元；7～9 单，每单奖励 200 元；10 单以上每单奖励 250 元。

对于续保人员，保险专员为协调人，新车销售人员、客户关系专员、服务顾问都可以为客户续保，但要记住：提前一个月把客户分到各个人手中，在保险到期前一周，对于还未成功续保的客户，进行二次重新调配，力争提高续保成功比例。

这个汽车 4S 店，每月新车销售约 120 台，未采用续保促销方案之前，每月续保约 35 单，采用此方案之后，每月续保约 130 单，进厂台次提升 15%，钣喷产值提升 35%，员工奖励提升 10%。真正做到了保险公司、客户、汽车 4S 店、内部员工四方的共赢。

8. 案例：汽车 4S 店如何提升新车保险比例

这是一家每月销售 60 台车的普通汽车 4S 店，对于新车销售人员设定的新车购买保险的比例是 80%，许多销售人员做不到。每月新车保险仅仅不到 10 单。

分析原因：新车保险折扣是八五折，50% 的客户认为价格偏高。新车购险没有任何的促销方案，让新车销售人员无处下手。

找出问题的根本原因之后，公司推出新车保险购买促销方案：每台车赠送 500 元的精品消费券，或者 500 元的工时消费券。新车销售人员可以根据客户的不同需求，合理地赠送，满足不同客户的不同需求。

运行三个月后，新车保险做到 50 单，提升幅度相当大。同时售后钣喷产值的提升超过 15 万元，毛利增加 7 万元，50 台车赠送出去 50×500×0.6 =15 000（元）的精品或者工时(赠送精品和工时的成本按六折计算)，净毛利仍然增加 5.5 万（元）（赠送出去的工时和精品可以计算成售后的促销成本,而不是计算成销售部的支出,或者两个部门各自承担 50%）。

对于精品装饰部门，客户拿着 500 元的装饰券来消费时，同时可以向客户推荐其他精品装饰，如果仅仅折算 50% 的成功推荐，可以有 25 个客户除去用完 500 元消费券之后，再购买约 1500 元汽车精品，那汽车 4S 店精品装饰也可以每月提升约 3.75 万元。

分析：当前的汽车维修企业，特别是汽车 4S 店，如何把新车保险、续保、精品装饰和售后产值的提升有机地链接在一起，而不是各自为政，各自核算，这是许多汽车维修企业要好好思考的问题。

汽车维修企业针对一些老客户，可在保险快到期时邀请其回厂，并根据其车辆情况及征得客户同意后，免费为其进行全车检查，同时给客户设定符合其需求的保险内容，让客户感觉到企业为客户着想的用心。无形中提高客户对企业的忠诚度。

对于售后修理方面，汽车维修企业应建立快修组和钣喷快修绿色通道。小的车体漆面损伤修复时间应不超过 4 小时，大面积漆面修补应提高维修效率，缩短维修时间。因为在客户不满的原因中等待时间过长是一个最主要的因素。

汽车维修企业可在每季、每月可不定期举办一些如服务月、服务周、全车免费检测等活动，发短信邀请从未到厂的新客户来店参加活动，随着活动的开展，相信新的客户会渐渐变成老客户。

9. 如何尽快从保险公司得到回款

关于出现的保险无法回款的案件，企业须从源头抓起，做到谁接车，谁定损，谁负责到底的方法。汽车维修企业应建立车主证件信息储备库，从而解决车主车辆出险忘记带证件和证件丢失等原因所造成的因证件不齐而无法理赔的问题；设立专人整理需要上交保险公司的案件，做到每天清、每周清、每月清；杜绝死案、呆案、无法理赔案件的发生，至于确实无法理赔的案件，可与各保险公司理赔部门协商解决。

涉及双方事故主车车主为三者垫赔付款的案件和有人身伤害的案件要单独整理、单独上交。以最快速度回款，减少主车车主因等待时间过长而造成的不满及投诉，使保险部回款每月完成任务。

对于新车保险和续保的费用，汽车维修企业(特别是单月保单超过 100 单以上的企业)，可以让保险公司的保险销售经理使用自己的信用卡来为保单买单，企业收受的客户的保险费用可以自行使用，每月底售后的保险公司的赔付款与保险销售款同步结算。

10. 案例：汽车维修企业售后毛利的计算

一家汽车 4S 店，目前售后车辆保有量为 2400 台，每月新车销售约 100 台，计算其公司各项合理的指标。

平均每月续保指标 = 保有量 ×50%(理想的续保比例)/12(每年 12 个月) = 2400 ×50%/12 = 100 (单)

新车的保险指标(比例大于 80%) = 100 ×80% = 80 (单)

平均每月保险单数 180 单

平均每单保险的价值 4000 元，平均每月保险金额 72 万元

保险毛利 180 ×4000 ×10% = 72 000 (元)

每月钣喷贡献值应该不低于 72 万元

设定保险贡献值为产值的 40% ，此 4S 店的机修贡献值应为：(72/40%) ×60% = 108 (万元)

服务总产值：72 + 108 = 180 (万元)

深化保养贡献值 = 180 ×15% = 27 (万元)(15% 为合理的深化保养贡献值)

服务部员工工资 = 180 万元 ×(6%~8%)(这一比例为全国平均比例)

工时贡献值 = 180 万元 ×(25%~30%)

服务毛利 = 180 ×45% = 81 (万元)

老客户每天进厂台次 = (2400 ×4)/12/30 = 29 (台)　按老客户每年回厂 4 次计算(不同品牌车每年回厂台次不同)

新客户每天进厂台次 = (100 ×12 ×4)/12/30 = 14 (台)　按新客户每年回厂 4 次计算

新车精品装饰月贡献值 = 100(新车月销售) ×1500(平均每台贡献) = 150 000 (元)

回厂车辆精品装饰月贡献值 = 43(回厂客户) ×100(平均每台贡献) ×30≈13 (万元)

精品装饰月贡献 = 15 + 13 = 28 (万元)

精品装饰毛利 = 28 × 50% = 14（万元）

此汽车4S店除去新车销售毛利之外，保险毛利 + 售后毛利 + 精品毛利 = 7.2 + 81 + 14 = 102.2（万元），如果加上车主俱乐部和客户关系管理部门贡献的延伸服务，毛利值会更高。

第五节 汽车维修企业售后运营考核指标

汽车维修企业售后运营考核的日常指标如表6-2～表6-16所示。

表6-2 一次修复率指标

指标	一次修复率
定义	一次性修复的工单在总工单中所占的比例
计算方法	$\frac{\text{一次性修复的工单数}}{\text{总维修工单数}} \times 100\%$
备注	目标值为95%，实际最低不得小于85%
意义	一次修复率过低表明汽车维修企业的技术诊断和维修能力不足，或者维修、检验、试车流程不完善。同时，过低的一次修复率会使客户对企业丧失信心，并最终降低客户的忠诚度

表6-3 客户满意度指标

指标	客户满意度（CS）
定义	客户在最近一次接受服务后的总体满意情况
计算方法	$\frac{\text{成功回访的对服务表示满意的客户数}}{\text{成功回访的本月接受服务的总客户数}} \times 100\%$
备注	理论目标值为100%，实际最低不得小于75%
意义	客户满意度过低表明汽车维修企业的服务运营状态欠佳（技术诊断和维修能力不足，零件库存不足或结构不合理，服务顾问的工作技能不足，工作欠佳等）。客户满意度低最终会降低客户的忠诚度和导致客户流失

表6-4 零件库存周转率指标

指标	零件库存周转率
定义	该期间的零件销售成本和平均库存成本的比例
计算方法	$\text{周转率} = \frac{\text{该期间的零件销售成本}}{(\text{初期库存成本} + \text{末期库存成本})/2}$
备注	零件销售和平均库存都应当按照成本价格计算
意义	周转率过低表明汽车维修企业的库存结构不合理，或者总零件库存相对于车辆保有量来讲太大。这会影响企业的零件营利能力，并占用大量资金

表 6-5　维修工单数指标

指　　标	维修工单数
定　　义	每个月内汽车维修企业的所有机电维修工单和钣喷工单数量
计算方法	机电维修工单数＋钣喷维修工单数
备　　注	无理论目标值，但可根据保有量来计算最小值
意　　义	分析每月的维修工单数的波动或异常变化，有利于企业发现自身问题或市场变化，从而更好地提供服务，提高客户满意度

表 6-6　生产率指标

指　　标	生产率
定　　义	技师计时的可销售的工作时间与可用工作时间之比
计算方法	$\frac{\text{计时的可销售工作时间（含零售、索赔、内部）}}{\text{技师的可用工作时间}}\times 100\%$
备　　注	理论目标值为100%，实际最低不得小于85%
意　　义	生产率高表示有足够的工作做，车间工作流程顺畅，技师人数配备合理。生产率低则表示客户预约欠佳，零售和保修客户的入厂率不够，需要进行市场推广活动，同时也可能表示技师配备太多

表 6-7　生产效率指标

指　　标	生产效率
定　　义	技师完成维修后，该工单的结算工时和打卡工时的百分比
计算方法	$\frac{\text{出票结算的工作时间（零售、索赔、内部）}}{\text{技师计时的该工单的工作时间}}\times 100\%$
备　　注	实际最小值不得低于85%
意　　义	生产效率过低表示技师没有在合理的时间内修好车辆，或者是技师技能不够，或者是车间的设施、设备不够完善，或者是内部流程不畅。最终会影响企业的场地使用效率，降低其营利能力

表 6-8　单个技师服务车辆数指标

指　　标	单个技师服务车辆数
定　　义	汽车维修企业截至当月的车辆保有量除以其机电维修技师的数量
计算方法	$\frac{\text{该汽车维修企业截至当月的车辆保有量}}{\text{该汽车维修企业截至当月的机电维修技师数}}$
备　　注	理论值为200
意　　义	按照汽车维修企业的车辆保有量来计算该企业应配备的技师数量，以免造成企业人力成本的浪费，同时，也间接地保证了维修技师的任务量和基本收入

表 6-9 每工单的零件销售指标

指 标	每工单的零件销售
定 义	汽车维修企业固定时期内，每个维修工单的平均零件销售金额
计算方法	$\frac{\text{固定时期内的零件销售金额}}{\text{固定时期内的维修工单数}}$
备 注	暂无理论值
意义	每工单的零件销售过低说明客户车辆的车况较好，也可能说明企业的服务回访员没有很好地引导客户来维修车辆。每工单的零件销售过高，说明客户的车辆使用成本较高，也可能说明该企业的客户中没有太多的新客户加入，是原有客户的车辆行驶里程的增加导致维修成本的提高

表 6-10 零服吸收率指标

指 标	零服吸收率
定 义	汽车维修企业的零服毛利在其当月的运营成本（不含销售部费用）中所占的比例
计算方法	$\frac{\text{当月的（服务、零件、钣喷）毛利收入}}{\text{当月的（固定费用＋服务/零件/钣喷营业费用＋工资）运营成本}}\times 100\%$
备 注	销售部费用主要指销售部人员的工资、新车利息和新车广告等费用
意 义	零服吸收率是衡量售后服务营利能力的一个重要指标，参考值在70%～100%，如果比率超过100%，说明售后服务的毛利收入已经能够维持企业的日常运营

表 6-11 零件一次满足率指标

指 标	零件一次满足率
定 义	在第一次需求时，从零件仓库直接发出的零件项数占到维修车间所需零件总项数的百分比
计算方法	$\frac{\text{从零件库直接供应的零件项数}}{\text{维修车间所需的所有零件总项数}}\times 100\%$
备 注	目标值为92%
意 义	一次满足率过低表明汽车维修企业的零件库存不够或结构不合理，这将导致客户为同一故障二次进厂，或失去客户。同时，也造成滞后交车或待料时间过长，从而浪费人力、物力

表 6-12 总库存和呆滞库存比例指标

指 标	总库存和呆滞库存比例
定 义	呆滞零件在总的库存零件中所占的比例（以金额计算）
计算方法	$\frac{\text{呆滞库存的金额}}{\text{总库存的金额}}\times 100\%$
备 注	金额按采购价计算。经计算该比例为0.3%较合适。应在每个月滚动计算
意 义	呆滞库存比例高会影响该汽车维修企业的现金流和营利能力。同时，占用库存的空间，并有在库存期间损坏的风险

表 6-13　客户回访率指标

指　　标	客户回访率
定　　义	客户在其车辆接受服务的一周内接到回访电话的比率
计算方法	$\frac{\text{一周内接到回访电话的客户数}}{\text{当月接受了服务的总客户数}}\times 100\%$
备　　注	理论目标值为 100%，实际最低不能小于 70%
意　　义	客户回访率过低表明汽车维修企业的服务回访员配备不足，或对客户不够重视。这样就无法及时准确地得到客户对企业的意见或建议，并进行改善。如果客户不满意，一般不会主动致电企业，他们会寻求其他汽车维修企业，这样就导致了客户的流失，也导致客户失去了对企业的信任和忠诚度

表 6-14　客户信息准确率指标

指　　标	客户信息准确率
定　　义	经过核实后，信息准确的客户数量所占成功核实了信息的客户总数量的比例
计算方法	$\frac{\text{信息核实准确的客户数量}}{\text{成功核实的客户数量}}\times 100\%$
备　　注	理论目标值为 100%，实际最低不得小于 70%
意　　义	客户信息准确率过低的直接后果就是汽车维修企业无法联系到客户，无法进行预约，也无法在召回等活动中主动联系客户，只能被动地等待客户前来接受服务。同时在企业的市场活动中，也无法将相关信息及时地传递到客户手中

表 6-15　维修推荐比例指标

指　　标	维 修 推 荐
定　　义	客户愿意将该汽车维修企业作为维修地点推荐给其他人
计算方法	$\frac{\text{愿意推荐其他人进店的客户数量}}{\text{收到答复的总数量}}\times 100\%$
备　　注	最低 85%，期望 100%
意　　义	维修推荐率低说明客户对维修不满意，可能因为未准时完工，未一次修复好车辆，或者维修过程出现意外和客户咨询未得到满意回复等

表 6-16　员工流动率指标

指　　标	员工流动率
定　　义	在本年度中，与企业终止聘用的员工人数占员工总人数的比例，从员工流动率可以窥测企业对员工的吸引力以及企业人事政策、绩效考核政策的有效性
计算公式	$\frac{\text{流失的员工数量}}{\text{目前员工的总数量}}\times 100\%$

（续）

备　注	低于 5%
意　义	可以看出原因：招聘不当、企业缺乏培训、企业缺乏奖励、员工缺乏福利、工作条件差、企业氛围差

汽车维修企业售后运营指标分析如表 6-17 所示。

表 6-17　运营指标分析

评估指标	合理值	说　明
机电产值占总产值的比例	50%～60%	低于 50%，说明客户日常保养进厂太少；高于 60%，说明钣喷贡献值少
深化保养产值占总产值的比例	12%～15%	—
员工工资占总产值的比例	15%～20%	—
工时产值占总产值的比例	10%～22%	—
平均单车产值	600～1100 元	不同品牌的平均单车贡献产值不同，只能同品牌比较
平均服务接待每天接车台次	10～12 台次	—
平均工位日工单	3	每个工位平均每天接车台次
库存周转率	6 次/年	—
内返率	<5%	内部检查返修车辆数量/当日交车台次
外返率	<2%	客户投诉返修车辆数量/当日交车台次
客户投诉比例	<5%	当月客户投诉数量/当月新车销售量

汽车 4S 店服务经营状况月报表如表 6-18 所示。

表 6-18　汽车 4S 店服务经营状况月报表

类别	项　目	本月数据	上月数据	本店去年月平均数据	本月同品牌全国平均数据
车间业务	工时收入				
	工时收入占服务比例				
	人力利用效率（实际工时/每天可以用工时）				
	服务效率（标准工时/每天可以用工时）				
	维修人员生产率（标准工时/实际工时）				
	零件收入				
	零件收入占服务收入比例				
	维修收入				
	机修收入				

（续）

类别	项　目	本月数据	上月数据	本店去年月平均数据	本月同品牌全国平均数据
车间业务	机修收入占总收入比例				
	钣喷收入				
	钣喷收入占服务总收入比例				
	机修工单数量				
	机修工单数量占比				
	钣喷工单数量				
	钣喷工单数量占比				
	收费工单数量				
	索赔工单数量				
	免费工单数量				
	总工单数量				
	免费工单占总工单数量比例				
	零服员工薪资				
	零服员工薪资占产值比例				
	零服员工薪资占工时比例				
	零服员工薪资占毛利比例				
	平均单车产值				
	平均单车毛利				
	平均单车机电产值				
	平均单车钣喷产值				
	平均工位产值				
	平均工位工单数量（月）				
	工位完工率				
	平均服务接待产值				
	平均技师产值（机电）				
	平均技师产值（钣喷）				
	平均每天进厂车辆台次				
	平均服务接待接车台次				
	平均技师完工台次（机电）				
	平均技师完工台次（钣喷）				
	养护品贡献产值				
	养护产值占服务总产值比例				

（续）

类别	项目	本月数据	上月数据	本店去年月平均数据	本月同品牌全国平均数据
车间业务	养护品渗透比例(占进厂台次比例)				
	养护品毛利				
	养护品毛利占服务毛利比例				
	机电毛利				
	机电毛利占服务产值比例				
	钣喷毛利				
	钣喷毛利占服务产值比例				
	服务(机电+钣喷)毛利				
	服务(机电+钣喷)毛利占服务产值比例				
	一次修复率				
	内返工率				
	外返工率				
	准时交车率				
	保险事故流失单数				
	保险事故流失比例(占保险事故车辆台次)				
	单笔超万元事故车单数				
	单笔超万元事故车贡献产值				
	单笔超万元事故车贡献产值占服务产值比例				
	道路救援费用				
	道路救援贡献产值				
	道路救援费用占贡献产值比例				
	广告促销费用				
	广告促销费用占服务产值比例				
	收费服务实施率(收费服务台次/进场台次)				
	服务进厂台次				
	收费服务进厂台次				
零件业务	当月零件贡献毛利				
	当月零件进货成本				
	当月零件销售成本				
	零件库存项数				

（续）

类别	项　　目	本月数据	上月数据	本店去年月平均数据	本月同品牌全国平均数据
零件业务	零件库存金额				
	库存周转期				
	紧急订单次数				
	紧急订单金额				
	紧急订单成本				
	零件满足率				
	零件毛利率				
	超一年库存零件数量				
	超一年库存零件比例				
	滞销库存零件数量				
	滞销库存零件比例				
索赔	索赔贡献毛利				
	申请索赔项次				
	索赔批准项次				
	申请索赔金额				
	索赔批准金额				
	索赔占产值比例				
	全国平均索赔占产值比例				
	超过 3 个月未批复索赔数量				
	超过 3 个月未批复索赔金额				
客户关系管理	接听客户电话次数				
	打出电话次数				
	客户满意度				
	不满意客户比例				
	客户投诉比例				
	超过一个月未解决客户投诉数量				
	预约客户数量				
	预约客户占进厂客户比例				
	预约准时到店客户数量				
	预约准时到店客户占预约客户比例				
	失约客户数量				
	失约客户占预约客户比例				

（续）

类别	项 目	本月数据	上月数据	本店去年月平均数据	本月同品牌全国平均数据
客户关系管理	主动预约客户数量				
	主动预约客户占预约客户比例				
	客户信息准确率（销售）				
	客户信息准确率（售后）				
	延伸品贡献产值				
	延伸品贡献毛利				
保险	新车保险贡献毛利				
	新车保险贡献				
	新车保险比例				
	平均单车（新车）毛利				
	续保贡献				
	续保贡献毛利				
	续保比例				
	平均每人续保数量				
	续保支出				
	续保支出占贡献比例				
	保修期内客户流失比例				
	超保客户流失比例				
精品附件	精品贡献毛利				
	精品贡献收入				
	平均单车（新车）收入				
	平均单车（新车）毛利				
	销售顾问平均每人贡献				
	销售顾问平均每人毛利				
	销售（服务）顾问奖励费用占比				
	售后精品贡献				
	赠送精品金额				
	赠送精品比例				
	厂家指定精品金额				
	厂家指定精品比例				
	汽车隔热膜贡献产值				
	汽车隔热膜贡献毛利				
	平均单车汽车隔热膜贡献产值				

（续）

类别	项　　目	本月数据	上月数据	本店去年月平均数据	本月同品牌全国平均数据
精品附件	平均单车汽车隔热膜贡献毛利				
	汽车导航贡献产值				
	汽车导航贡献毛利				
	平均单车导航贡献产值				
	平均单车导航贡献毛利				
财务	服务总产值				
	服务总毛利				
	服务毛利比例				
	应收账款金额				
	应收账款比例				
	保险公司应收账款金额				
	保险公司应收账款金额所占比例				
	合同单位应收账款金额				
	合同单位应收账款金额所占比例				
	超过期限三个月应收账款金额				
	超过期限三个月应收账款金额占过去六个月毛利比例				
	折扣和促销赠品金额				
	折扣和促销赠品金额占服务产值比例				

注：服务毛利不含精品和保险的毛利。

服务产值也不含精品和销售保险的贡献。

第七章

运营盈利管理

◆ 第一节 客户欣喜招数 ◆

1. 主动揽客活动

1）客户只有对上一次的服务非常满意，才愿意接受服务营销的宣传。

2）客服中心应利用带有自动识别车架号的 DS-CRM 系统了解质保期内客户的名单，并预测下个月内即将到期保养的客户信息，并提醒客户。

3）通过 DS-CRM 系统，客服中心还能了解到超出质保期且 6 个月以上未到店的客户，与他们联系并提供免费检测。

4）根据客户车辆、驾驶习惯和其他特点，客服中心在与客户沟通时要因人、因车而异，吸引客户进店。

5）参与新车交付过程的服务顾问向客户提供一张亲情卡，告知客户凭此卡首次维修时可以打折，并且可以有奖积分，还能获取一个用户名和密码，登录公司网站，可以查询维修历史资料和即将要进行的维修保养项目。

6）汽车维修企业每季度应向客户派发一些宣传资料（新闻邮件、生日贺卡、周年纪念贺卡、企业 DM 杂志季节保养特别活动等）。

7）汽车维修企业应长年开展车辆生日活动——免费检查服务，提前两周邀请客户参加。

8）汽车维修企业应对那些经常接受服务的忠实客户加以识别，请他们在海报上和营销活动中讲述服务的经历，吸引类似的客户群体。

9）汽车维修企业应邀请客户参加各种与汽车相关的活动（汽车维护知识、新车诊所、新车型展示、安全讲座等活动）及其他与汽车无关的活动，如烧烤、儿童日等。

10）汽车维修企业应按照季节或节日推出不同服务套餐（包括快修、上门提车等）。

11）汽车维修企业应对车龄在 5 年内的车主进行跟踪，了解每个客户接受服务的倾向，找出喜欢或不喜欢的原因，制订相应的行动方案，重新赢得已经投向其他企业的客户。

2. 客户预约

1）所有服务顾问都应在铃声响三声之内接起电话，问候对方，问候包括下列内容：问好，感谢来电；告知客户自己的姓名；询问客户需要什么帮助，并记录。

2）10 分钟内回复确认短信（预约和其他要求），说明收到短信并在 60 分钟内进行答复。

3）30分钟内回复预约邮件。

4）短信和邮件都应以正式的问候语开头。例如：“尊敬的李女士，谢谢您的短信或电子邮件……”

5）服务顾问听到客户的需要后，询问客户的车牌号码及姓氏，并以此在DS-CRM系统中查找相应的车辆信息档案。

6）对于维修客户，在客户第一次进行电话沟通时，服务顾问应收集下列信息，通过在线诊断工具的使用，在客户来店时可以减少服务登记的时间：问题、位置、噪声、频率、发生时的情景……

7）服务顾问可以根据客户车辆服务记录向客户建议其他可能需要的服务。

8）汽车维修企业应在客户选定的预约服务时间的一天内为他们完成服务。

9）汽车维修企业应针对简单的服务项目提供流动上门服务。

10）服务顾问在接车后，应预估保养服务所需的时间与费用并告知客户。

11）如果修理和诊断人员已经看过车辆，服务顾问可以为客户预估所需的时间和费用，否则告知客户需要增加的项目，并征求他们的同意。

12）服务顾问应询问客户，其车辆维修期间是否需要其他代步交通工具。

13）服务顾问应再次与客户确认服务预约时间。

14）服务顾问应询问客户喜欢何种预约提醒方式。

15）通常提醒客户两次，一次是提前72小时，另一次是提前24小时。

16）如果在预约提醒时，客户的安排有变化，服务顾问则要根据客户需要重新安排时间。

17）服务顾问应感谢客户提前预约，让我们有机会为其服务。

18）客服人员必须接受服务预约过程的培训，确保在2～3分钟内就以上项目进行有效沟通。

19）汽车维修企业应确保为服务团队提供完整的预约单，以便他们根据预约单中涉及的故障内容、配件和代步交通工具等需求有效地展开工作。

20）汽车维修企业应对预约客户提供取送服务（10km内免费）。

21）汽车维修企业应对返修客户加快处理速度，开放当日预约，不计里程免费提供取送服务。

3. 接车预检

1）门卫的态度要让人感觉很舒服，面带微笑地看着客户，欢迎客户的光临，显示出对客户的尊重。

2）不同工种的员工都按要求穿着相应的服装，以显示自信和专业精神。

3）全体员工向两三米范围内的客户微笑致意并问候客户（如下午好），如果知道客户姓名，应该以姓名尊称客户。

4）服务顾问要做好准备迎接客户的到来，并称呼其姓氏。

5）服务顾问感谢客户的来访，并立即着手处理服务项目。

6）对于没有预约的客户，欢迎之后，服务顾问要立即开始服务。

7）服务顾问应使用五件套检查车辆。

8）有预约的客户可以走预约通道。

9）所有的车辆都要根据某种标准，诸如车龄等信息，来接受不同程度的检查。

10）服务顾问应陪同客户打开行李箱，查看有无贵重物品，如有就要求客户带走，并检查备胎。

4. 服务需求确认

1）服务顾问在预约时间的前一天审核所有的预约客户服务信息，留意客户的特别需求，如召回、维修及客户类型。

2）服务顾问确保库房里有需要更换的配件，如没有则提前准备，以便提供最快捷的服务。

3）预约客户的名字会显示在预约通道牌上，以示欢迎。

4）服务顾问保证预约客户的配件按时供应，并准备好提供有可能需要的代步工具。

5）服务技师随时待命，以便能在第一时间诊断预约维修客户的车辆，这样服务顾问能在客户离开前提供工时费及维修或保养费的估算和维修时间的估计。

6）预约客户信息和车辆维修信息确认后，不要再次询问客户。

7）服务顾问应询问客户预约电话中没有问到的，技师需要的额外信息（当技师不在服务通道内）如：车辆最突出的问题——在某一速度、某种路况下车辆异响等。

8）服务顾问应向非预约客户询问与修理要求相关的一系列问题（按照网上诊断工具或检测表所示），然后输入系统。

9）服务顾问或服务技师和客户一起试车，保证他们完全了解客户车辆的故障。

10）服务顾问向客户提供一份维修工单副本，包括预计的时间、费用和服务顾问的联系方式等信息请客户签字确认。

11）服务顾问询问客户在车辆维护期间期望使用什么联系方式，包括短信、电子邮件和电话；如果客户选择的通信方式已经在文件中标明，再确认其准确与否。

12）应客户要求向不愿意等候的客户，汽车维修企业应提供代步交通工具（出租车、往返接送汽车、代步车）。

13）预约客户的代步交通工具服务顾问需确认是否可以提供，再安排。

5. 零件领用

1）确认的工单，必须做到所需零件100%有库存。

2）重要零件必须提前进行预拣。

3）尽量在客户面前打开零件包装。

4）使用专用的零件领用篮。

5）预约进店客户提前备好零件。

6）紧急零件到货自动提醒。

6. 车辆维修

1）在车辆第一次进店服务时，客户的要求必须被完全满足。

2）服务区域将按照DOS系统提供的标准运行。

3）服务工作必须达到期望的质量要求，以减少返修率。

4）客户希望实际的维修时间和费用不要超出预估水平 。

5）拆卸零件不落地。

6）技师进入车内需要戴脚套和手套。

7. 客户关怀

1）专职服务人员（服务顾问、接待员、经理）都接受过客户接待技巧的培训，包括和客户沟通的正确方式（规范、仪表、卫生）。

2）客户能够通过服务顾问的手机和他直接取得联系。

3）服务顾问或者客服专员微笑为客户打开进入客户休息区的门。

4）客服专员能够叫出老客户的名字。

5）客服专员引导客户就座，并说出推荐座位的好处。

6）客服人员应为客户介绍娱乐设施（影片、上网、图书、杂志）。

7）客服人员应为客户倒上第一杯饮品，并且双手奉上。

8）客服人员应为外地客户介绍本地的旅游、餐饮、住宿等情况。

9）客服人员应适度赞美客户家乡的美景、特产等。

10）遇到带孩子的客户，客服人员应为孩子送上点心。

11）客服人员应为孩子提供玩具或者计算机游戏。

12）客户服务部应准备万能充电器。

13）如果遇到客户身体不适或生病，客服人员要向客户提供热水和热毛巾等，如果需要提供药品，可以代客户购买。

14）客服人员可以协助家长照顾孩子。

15）客服人员引导客户就餐。

16）如果遇节日，客服人员应送上节日祝福和节日小礼品。

17）如客户在生日当天进店，客服人员应送上生日卡片和小礼品。

18）客户可以清楚地看到他们的车在接受哪些服务，并能够和服务技师沟通(通过对讲机或直接面对面交流)。

19）在服务过程中，服务顾问和在休息区等候的客户进行 1～3 次沟通，告知客户最新的进展情况和服务安排的变动。

20）服务顾问应陪客户走到服务查看区，介绍目前正在使用的技术；如果客户有兴趣，服务顾问可向客户提供与服务技师交流的机会。

21）面对以性价比为导向的客户，服务顾问应向他们展示正在使用的专用工具、服务技师工作区附近的培训证书，以及服务技师对汽车所做的工单之外的检查项目等。

22）对待情感关系导向类型的客户，如果可行的话，服务顾问应将他介绍给服务技师，并要求服务技师简要地介绍他正在进行的服务，并感谢客户的配合。

23）如果是时间效率导向类型的客户，服务顾问应及时让他们了解服务最新的进展情况和正在进行的工作情况，如果涉及费用，在服务结束前询问他们想怎样付费，以便加快手续办理工作。

24）车辆修理好后，服务顾问用客户要求的联系方式（短信、电子邮件、电话）通知未在店等待的客户。

25）如果费用和时间发生变动，服务顾问立即用客户选择的联系方式告知客户。

26）休息区应和其他部门分开(员工不得进入其中休息或吃东西)，保证客户能看到服务区的情况；休息区应设有吸烟区和无烟区，给每位客户都安排舒适的座位，并配有实时更新的服务进程显示板。

27）休息区应向客户提供免费的饮料、零食，可以上网并备有最新的时尚报纸或杂志。

28）在服务过程中，服务技师应提供准确的时间和费用评估并随时更新。

29）休息区和卫生间保持 5S 优良。

8. 完工质检

1）完工后，维修主管应安排专人对维修车辆进行质检，确保一次性修复车辆。

2）维修车间应设立专门的质检工位。

9. 车辆清洗

1）车辆进行排序号清洗。

2）洗车工应保证20分钟内对车辆清洗完毕。

3）车辆清洗完毕，应保证车内物品整齐归位。

4）车辆清洗完毕，应有序放在车辆终检车位(交车区)。

10. 车辆终检

车辆终检时，应重点做好以下工作：

1）至少要对80%的车辆要进行终检。

2）环车仔细检查。

3）进行车内检查。

4）音响和时钟的检查。

5）车辆起动的检查。

11. 结算交车

1）门卫必须接受客户服务方面的培训（身体语言、交谈等）以便正确引导交车服务，通过耳机通知服务顾问客户的到来，如果客户使用了代步车辆，确保服务顾问等待客户的到来以便登记车辆。

2）全体员工向在自己周围两三米内的所有客户致意。

3）汽车维修企业应清晰地标出取车的地点。

4）汽车维修企业应清晰地标出代步车辆交车地点。

5）服务顾问需要确保车辆的设定(如座椅、收音机等）复原到客户原来设定的状态。

6）客户进入后，服务人员(顾问等)应在第一时间向客户表示欢迎。

7）其他员工（客服人员、服务经理）检查代步车辆。

8）服务顾问带领客户到他的爱车的停放处。服务顾问用准备好的工单说明所进行的服务内容和所需的费用。

9）服务顾问必须能够令人信服地说明所进行的服务及这些服务对客户及其驾车体验的好处。

10）所有服务人员都必须能够使用恰当的语言与客户互动交流，穿着得体，讲卫生懂礼貌。

11）所有车辆都需清洗干净(按照车辆清洗规范)并盖上车罩以备移交(在车身干燥的情况下)，且在交车过程中服务顾问需戴上白手套。

12）服务顾问应先进行交车服务，后要求提取车辆的客户付款。

13）收银员不需要解释所进行的服务项目，因为这是服务顾问的职责 。

14）收银员处理客户投诉的程序是尽快让服务经理或客服总监来到收银台。

15）在客户付款时不要让客户等待 5 分钟以上。

16）服务人员必须接受培训确保客户满意，在无管理人员在场的情况下，有最高限额 1000 元人民币的折扣权来确保客户满意。

17）服务顾问能够使用说明—复述—解决（CPR）方式来处理客户投诉。

18）整个服务交车应从问候及代步车移交开始，5～7 分钟内完成 。

19）服务技师应随时待命，以回答客户提出的具体问题。

20）服务顾问能够在电话里向客户介绍服务工作、费用和所进行的维修保养服务对客户驾车体验的影响。

21）汽车维修企业应能够提供取、送服务车辆的服务。

22）所有维修过的车辆必须进行路面测试以确保故障已经排除（根据具体故障码）。

23）客服总监（如果不在，其他客服人员）和每个客户交谈确认他们是否满意，并把名片递给客户，让他们有任何问题都可以打电话咨询，并通知客户估计 72 小时之内会给他们打电话或发短信进行回访（按照客户偏爱的联系方式）。

12. 售后回访

1）客服中心在服务后 72 小时内联络所有客户表示感谢并确认客户是否满意 。

2）客服专员应根据客户在系统中确定的联系方式（短信、电子邮件或电话）向客户致谢。

3）客服专员应根据客户想要的联系方式（短信、电子邮件或电话）对客户进行满意度调查。

4）客户在服务后如有问题，汽车维修企业应指派一个能直接解决问题的客服人员，而不是转手给多人来解决。

5）根据满意度结果，每月召开一次改进会议。

6）详细记录客户投诉，以用于改进会议。

第二节　客户疑问解答

一　技术类热点问题

1. 为什么冷车刚起动的时候加速踏板踩不下去？

答：发动机工作过程中，节气门体处会有燃油蒸气、空气中的灰尘等混合物，熄火后，混合物便吸附在节气门周围，就是常说的积炭，冷车后其中的胶质便固化，导致节气门翻板与节气门体粘连、节气门轴转动困难，感觉踩不下去、加速踏板沉重。这是正常现象，行驶一定里程后清洗一下节气门体就可以解决。以后如果注意使用清洁燃油、定期更换空气滤清器会延长清洁周期。

错误应答：这是由于节气门体的结构所致，由于您的车的节气门翻板采用的是半球式结构，在节气门被污染后就会使节气门翻板出现卡滞现象。

点评：可以介绍结构，但不要让客户理解为结构问题、设计问题。

2. 我的车转向盘为什么这么重？

答：根据您的轿车转向系统的结构特点，低速或原地转向时感觉有点沉，但这很好地保证了高速时的稳定性，且转向随动性好而不发飘。另外，轮胎气压、车轮定位不正常等也会造成转向特别沉。

3. 怎么回事儿，我的车现在（向右）跑偏？

答：车辆在行驶过程中，因道路的设计特点，一般车辆在放开转向盘后，可能向右侧有轻微的滑移。造成车辆跑偏严重的原因很多：如路面原因，轮胎气压不正常，四轮定位不正确等，让我们的技师给您检查处理一下吧(建议方便时到我店,我们将安排技师仔细检查,之后给您处理好)。

是否在正常范围，大致可通过有如下方法评价：在平坦笔直路面上，转向盘位于中心位置、以 90km/h 的时速向前行驶。从放开转向盘到车辆偏移到约 3.5m 的偏离时间应在 7 秒以上。即相当于以 90km/h 的时速均匀行驶 100m，向一侧偏移距离≤2m，否则视为有跑偏倾向。

4. 为什么我刚买的新车油耗这么大？

答：油耗大小是由多种因素决定的，如环境路况、使用条件、驾驶习惯等因素。另外，新车各零件在磨合期也会影响油耗，磨合期后，油耗会下降，你可以放心使用。

5. 新车刚买没多久，坐在车内开不开后门了呢？

答：您先别着急，这不是门锁坏了，可能是在上下车时不注意将儿童锁锁上了。儿童锁是防止坐在后座的儿童在汽车行驶时开启车门发生意外的安全保护措施。只要解除儿童锁就可以从车内开门了。

6. 为什么车子行驶时噪声很大？

答：这款轿车在设计上是一辆比较具有运动感的车，行驶时声音大可以使车子的运动感表现得更加出色。

点评：应与客户共同试车，亲自体验所说的噪声大小、部位，然后再给出解释。如果存在轮胎或底盘等故障，应向客户说明；如果是正常发动机的声响，上述回答可以作为一种解释，但要理清因果关系，应该说“设计兼顾了爆发力、运动性能，从而使发动机声音略大”，而不是声音大，运动性能就好。

7. 为什么轮胎会起包？

答：轮胎起包现象多是由于使用过程中受到较大的外力冲击，造成胎壁帘布层局断线，然后形成起包。例如：车辆过沟坎或减速带时没有及时减速，上马路路肩，轮胎侧面剐蹭、挤压等情况都会造成轮胎起包。建议驾驶过程中过沟坎或减速带时及时减速，注意不要让轮胎的侧面发生挤压、剐蹭，如果轮胎出现起包一定要及早更换，否则在行车过程中易出现爆胎。

8. 车速90~100km/h时转向盘发抖，车速120km/h时，车辆就开始抖动，整个转向盘都抖，这是为什么？

答：这种情况有可能是车轮动平衡出现了问题，具体情况让我们的技师检查一下。

解释：车辆在行驶一段时间后，有多种原因会造成轮胎动平衡改变，如有的车辆在行驶过程中轮辋沾上了泥块，有的车辆钢圈被剐蹭过，有的轮胎在行驶过程中产生异常磨损等，造成了轮胎的不平衡，从而达到一定车速后会产生抖动，做动平衡即可解决。

9. 为何车行驶时有异响？

答：您好，别着急，如果方便的话，请您到我们店里来仔细检查一下，然后我们会根据检查情况采取相应的措施处理，请您放心。

解释：车辆在行驶过程中，车身承受着各个方向的应力。由于车辆使用的路况是复杂的，如果经常行驶颠簸、坑洼路面，会导致局部扭曲变形，这种变形虽然很小、肉眼看不出来，但是的确存在着，积累多了部件之间就容易发生干涉，导致车身异响。

10. 为什么左前门玻璃升降开关不能控制其他三个门玻璃升降？

答：这可能是由于断电引起的系统恢复或者设置不正常导致的现象，重新进行人工设定就可以解决了（你可以分别通过三个车窗玻璃各自的控制开关升降一次玻璃，升到顶后停止3秒，控制功能就可以恢复了）。

11. 车灯的灯光怎么会这么暗，怎样才能亮一些？

答：您的车辆采用的是环保型卤素灯，与氙气灯比起来可能感觉暗一点，但光强度和光照度都达到国家标准。我们可检查一下你的车灯，如果灯泡或线路有故障也会变暗；如果都正常，只是感觉暗的话，改换氙气车灯会变亮一些。

12. 保险杠颜色为什么和车身颜色不一样？

答：因为保险杠和车身的材质不同，使用的底漆也有区别，所以对漆面的颜色有一点影响。

13. 卖车时你们说百公里耗油量是6.2L，而实际上在市内行驶百公里耗油量却是12L，这是正常的吗？

答：百公里6.2L的耗油量是车速为90km/h时的经济耗油量，它是反映车辆性能的一个参数；实际耗油量受很多因素影响，如车速、驾驶习惯、载重、风速、道路状况等，市内行车更是要远大于百公里6.2L的经济油耗。您可以到店进行一下检测。

14. 发动机故障灯亮了，还可不可以继续行驶？

答：发动机故障灯亮，说明车辆有故障出现了。如果正在行驶过程中，不必惊慌，你观察一下冷却液温度表指示是否正常，感觉一下发动机运行状况怎么样。如果冷却液温度正常、发动机工作无明显异常，将车辆开到最近的汽车维修企业检查维修，防止长时间带病行驶对车辆造成不良影响，行车中注意不宜高速；如果冷却液温度高或者发动机有异响，请就近停车，我们会去救援。

15. 我的车最近油耗为什么这么高？

答：这可能是车的燃油系统需要清洗了。如果长时间不清洗油路，会有喷油器雾化不良的现象，影响油耗。您可以到店，让我们的技师为车清洗一下油路，顺便也检查一下其他影响油耗的因素，如火花塞、胎压等。

16. 为什么我的车窗玻璃升到一半就会自动落下来呢？

答：这可能是由于导轨变形，玻璃导槽组件老化、有异物或脏污等原因引起玻璃上升阻力增大，车窗的防夹功能起作用的结果。让我们的技师检查一下，处理好后重新进行位置设定即可。

17. 为什么车辆CD机老是卡碟？

答：导致CD机卡碟的原因较多，一般来说，使用了劣质的碟片或者错误的操作都会导致CD机卡碟。具体的原因我们的技师会详细地检查和分析。

18. 为什么前照灯有水气？前照灯有时会有少量雾气，打开车灯一段时间雾气又消失？

答：为了使车灯散热，前照灯不是完全密封的，在灯体下面有通气孔。如果空气的湿度比较大，通风不好时，空气进入灯罩后遇冷，就会出现少量雾气，打开车灯过一会儿雾气就会散去，这是正常的，请您不必担心。如果雾气一直存在，建议您及时到店，我们给您的车检查处理。

19. 起动车时，钥匙拧不动，转向盘也转不动？

答：这是方向锁锁上了，左手活动一下转向盘，右手拧钥匙即可。

20. 清洗过节气阀后，怠速过高(1000~1200r/min)行驶时冲击过大？

答：如果清洗节气门之前没有这种现象，一般是因为节气门处的积炭清除以后，节气门位置传感器的初始位置发生改变，控制调整需要一个重新学习的过程。应该不会有什么问题，行驶一段时间就会恢复正常。如果您有时间，让我们的技师为您的车辆检查一下，看还有没有其他问题，您好放心。

二　业务类热点问题

1. 你们4S店的配件怎么这么贵啊？

答：首先，我们的配件是原厂件，质量有保证，配件价格是全国统一的，您可以在厂家的网站上查询每个配件的价格；其次，跟其他品牌同级别车相比，我们的价格并不贵；再者，更换后的配件还有质量担保，这里更换的配件有1年或3万km的保修期；最后，优质的配件可以延长整车的使用寿命，保证您的行车安全。

2. 连配件都没有，还是什么4S店？怎么这样的配件都没有备呢？

答：很抱歉，因为这个配件不属于常用件，所以我们一般是采用紧急订货的方式，我们会用最快的速度给您准备。希望你下次能提前预约，我们可以根据情况提前为您准备好配件，节省您的时间。

3. 保养就是换换机油、机滤，费用为何这样高呢？

答：4S店为用户车辆保养提供专业的技术人员、配套的设备、原厂配件，是优质安全的保证；费用也是在厂家指导下制定的，更换机油、机滤只是我们保养的一部分，我们按照厂家要求还为您提供多达30项的其他检测项目，包括……，为您的爱车提供全方位的、细致的检测，使您用车安全、放心。与同级别的车相比，我们的收费是比较合理的，相对于小修理厂来说，我们的专业性肯定比他们好。比方说，要是去看医生，大医院和路边的小医院，哪个更有保证，更让人放心呢？道理都是一样的。

4. 你们这么大的4S店，喷漆时间怎么这么长？

答：喷漆慢主要是因为喷漆的工序较多，我们店喷漆一共有××道工序，实实在在（需要的话可以给客户工序板看,并讲解）。另外，烤漆是有工艺要求的，每道工序都需要时间来完成，并且有的工序要等到上一遍油漆干透后才可以做。本着为客户负责，同时为了保证我们的修理质量，我们每一项都严格地执行，这样就势必造成时间相对长了一些。我们是厂家指定的4S店，质量有保证，喷漆车辆比较多，时间会稍长一点。请您放心，我们会在保证喷漆质量的前提下尽量缩短车辆在厂的停滞时间。另外，您下次来店前可以提前预约，这样我们可以为您的来店提前安排好一切，为您节省时间。

5. 你们的服务流程太烦琐了，真是浪费时间！

答：可能您感觉我们的流程有些烦琐，但这全都是从保证客户利益的角度出发，按流程操作是为了进行严格管理，确保您得到规范、高质量的服务，其实细致流程的最大受益者是您。（交车时，采用反问法）流程复杂也是为了向您说明这次维修内容，让您更明白地消费，您不希望这样吗？（接车时）每台车的情况不同，您的叙述是我们判断故障与维修的最好参考。

6. 为什么工时费这么贵？

答：工时价格是厂家和汽车行业管理部门依据所在地区的经济水平制定的，与当地的物价相符合。

7. 我可以进车间看一下我的车吗？

答：可以。欢迎您到我们车间参观，请带好参观证，并注意自身安全。不要到举升架下面，请您参观时尽量不要妨碍正在作业的技师，感谢您对我们的车间作业提出宝贵建议。

8. 我用的时候有异响，来服务店一查又不响了？

答：我们可以先给您的车做一个全面的检查，看是否存在安全隐患，如果没什么问题，现在故障又无法再现，可以等故障现象稍明显后再来店为您的爱车做检查。

9. 我的车刚做保养不久，这么快就又出问题了，你们保养的时候怎么没有检查呢？

答：您好，不好意思，请问您的车出了什么问题？（查看上次的保养记录）（如果没有相关记录，……）现在请我们的技师给您的车辆检查一下，看看是什么问题，您稍等。

10. 人家好多品牌车都提供 4 次免费保养，你们怎么才一次啊？

答：的确有部分车型送 4 次保养，但实际上是将 4 次保养的成本包含在车辆的销售价格里了，对客户来说是一样的。

11. 我可以在其他的维修厂为我的车进行保养吗？

答：保修期内您不可以在外面给您的车做保养，如果您的车辆在 4S 店的维修保养记录不全，您的爱车将失去享受保修的权利。即使过了保修期，也不建议你在外面给车做维修保养，因为您的爱车的技术含量是比较高的，很多问题没有专业的设备，不经过专门的培训是没办法为您解决的，为了避免不必要的麻烦，建议您还是选择到 4S 店对您的车辆进行维修保养。

12. 做一次保养怎么需要那么长时间，不就是换个机油吗？怎么会用 45 分钟呢？

答：您好，这是 4S 店和路边店的差别之一，我们做保养不仅仅是给您的车换一下机油、机油滤清器，还会根据您车的行驶里程对相关部件做全方位的检查和保养，所以时间要稍微长些，请您耐心等候，保养结束我会第一时间通知您的。

13. 做一次保养就有好几个人打电话过来回访！

答：不好意思，打扰您了，我们的3日回访和厂家的售后回访是为了了解你对此次维修保养的建议和意见，以便改善我们的工作，下次给您提供更加完善的服务，如果您不方便接听我们的回访电话，请您给我们说明，我们记录在维修合同里，下次就不会打扰您了。

14. 车子异响为什么总是解决不了？一个月修了三次异响，怎么还响呀？

答：可能每次响的部位和产生的原因不一样，我们马上检查，请您放心，我们很快会为您查明原因，并解决问题的。这个问题我们已汇报厂家销售公司，已经引起高度重视，会给我们技术和设备方面的大力支持，这个问题很快会给您解决的，请放心。（针对上次遗留问题）根据系统的记录，上次已建议您更换×××，这次，您看能不能把×××更换了，这样就可以解决问题。

三 服务咨询与救援服务

1. 我的车在公路上被撞了怎么办？

答：您好，请先别着急，请先报交警处理，然后向保险公司报案，报完案后可以拿交警处理单到我店，我们会协助您处理。请先不要惊慌，我们会马上为您解决。请先告知我们现在车子出现的状况。以及您的具体位置和最佳联系方式。

2. 你们外出救援收费吗？

答：如果车辆在质量担保期内，而且出现故障的零部件符合索赔政策，我们可以免费救援。如果车辆不在质量担保期内，或者出现故障的零部件不符合索赔政策，救援是收费的。如果用轿车救援，每公里三元，清障车救援每公里五元。

3. 我的车坏在路上，可以救援吗？

答：可以的，请先不要惊慌，我们会马上为您解决。请先告知我们现在车子出现的状况，以及您的具体位置和联系方式；在质保期内，如因质量原因发生的问题，我们会提供免费服务（应适当说明相关细则）。

4. 要是我的车坏在路上了，不能行驶了怎么办？如果我的车半夜坏掉了，你们可不可以派人过去？

答：我们设有24小时紧急救援电话，提供24小时现场救援。市区内我们争取半个小时以内赶到，如果您在外地，我们还可以帮您联系就近的服务站为您提供救援服务。服务顾问名片上有我店的咨询电话及救援电话，请保留好，您可随时联系我们。

5. 我想问问做预约服务对用户有什么好处吗?

答：做预约服务的好处就是可以像VIP会员一样，享受我们店正在开展的优惠活动。例如：来店后有专门的维修工位、快捷的维修保养等，这样可以为您节省不少时间。

6. 是24小时预约服务吗?

答：我们正常的工作时间是早8:00到晚6:00，但我们提供全天预约无忧服务，如果您不能在工作时间来，您可以提前预约，我们可以在约定的适当时间为您服务。

7. 我没有带保养手册，可以给车做保养吗?

答：当然可以，我们有维修档案记录的。但是请您下次记得带来，我们会在保养手册做好记录，以方便您在外地的4S店给车做保养。

8. 我要去店里给车做首次保养，都需要带什么?

答：带您的行车证和保养手册就可以。

9. 销售部卖车时送了一次保养，现在我可以使用吗?

答：当然可以，随时欢迎您的光临。

10. 我的车用的是进口件，现在为什么停止供应，只能换国产件?

答：这是从两个方面考虑的，国产件都是经过严格测试、试验，在质量要求上与进口件的标准是一致的(国产件的质量甚至优于进口件的质量)。另外，国产件的价格低于进口件，从而大大降低了顾客的维修成本。

11. 为什么我的车要换总成件而不是修理?

答：厂家根据零件更换流程，并结合中国汽车修理技术现状，对部分零配件维修采用更换总成的方法，以确保车辆的维修使用安全。

12. 我家离服务中心比较远，能否不到服务中心换机油?

答：当然可以，如您要自行更换机油，请注意使用同等级机油，并同时更换机油滤清器。但是，我们还是建议您到我店来更换机油。因为我店的售后人员都是受过专业培训，会在换油的同时对车辆进行检查并提出保养建议。

13. 怎么补办保修手册?

答：补办保修手册需要提供相关资料。汽车4S店特别申明，保修手册丢失，不再享受首保免费换油的服务(即使补办新的保修手册也不再享有此权利)。

四 配件供应与维修费用

1. 请问给车做首次保养时可以自带机油吗?

答：不可以的，必须用指定的专用机油，4S店为用户车辆提供的机油是最适合发动机的，这也是为用户负责。

2. 我想换个空调滤芯，每个4S店都有卖吗？

答：只要是我们这个品牌4S店都有此配件，但为了确保消费者不蒙受伪劣配件带来的损失，配件是不外卖的。如果您想更换，欢迎您到店，我们将竭诚为您服务！

3. 你们用的是原厂配件吗？

答：请您放心，除了我们自律之外，厂家还对我们实施严格监控。我们也欢迎用户的监督，如果您有兴趣，我们很愿意为您展示原厂配件。

4. 我自己带配件到店维修可以吗？

答：很抱歉，不可以。因为如果发生质量问题无法判断责任在谁，而且对于外购的零件不能享受质量担保，如更换厂家原厂配件则可以享受，并且质量有保证。另外，从呵护您爱车的角度出发，一旦所带的是伪劣配件，将会严重影响车辆的使用寿命以及您的行车安全。

5. 汽车4S店检修CD费用为何这么高，是怎么定义这个收费标准的呢？

答：CD机是一种高精度仪器，拆检比较费时间，也需要专业的维修技术，我们检修费用采用全国统一定价，同时也得到了相关物价部门的批准。同时建议您能认真阅读音响使用说明书，以免不必要的开支，如需帮助，我很乐意让我们店内的技师为您讲解和示范。

6. 保养4个工时是需要4个人工作，还是需要施工4小时？

答：工时是维修操作的计量单位，是由维修项目的难易程度和所需时间等综合评价得出的。一般定义是指一位合格适当、训练有素的操作者，在标准状态下，对一特定的工作以正常速度操作所需要的单位时间。

7. 老顾客多给点折扣吧？

答：我们会根据您来我们店的次数区分您的会员级别，给予不同程度的优惠，这您可以放心。像您这样的老用户是肯定有优惠的。同时也欢迎您加入我们的俱乐部。

8. 你们店里厂家活动挺多，可客户没有得到实惠，这是为什么？

答：厂家开展的活动主要以免费检测为主，与一些打折的活动相比，我们更愿意让用户了解自己车辆的性能，保证用户车辆性能的完好，让用户使用得安心、放心，这才是最大的实惠。

9. 为什么各地服务站工时费多少不一样呢？

答：厂家是统一工时的，但工时单价根据地区消费水平的不同会产生一定的差异。

10. 为什么每次保养的价格都不一样？

答：尽管每次保养所检查的项目都差不多，但是根据您车辆自身的状况不同，因磨损需要更换的项目也是有所不同的，因此每次的保养费用很有可能存在不同。

11. 保险公司跟你们谈维修价好像有优惠？

答：一般情况下，保险公司也是以4S店的报价为依据进行事故车辆定损，同时由于保险公司与4S店平时有非常密切的业务合作关系，所以在对某些事故车辆定损时，会有相对优惠的维修价格(强调长期合作,你也可以加入俱乐部,获得优惠)。就像如果您加入我们的俱乐部同样会有优惠一样，我们4S店对所有的进厂车辆都保持同样严格的质量标准，您完全可以放心。

12. 例行保养需要多少费用？

答：车辆的例行保养根据行驶里程不同有不同的维修作业项目，最基本的5000km保养需要更换机油和机油滤清器滤芯，同时对车辆状况进行全面的检测，所需材料及工时费用总计为××元整。

13. 想了解保养、配件及维修的大体价格。

答：配件及维修的价格我们都完全开放地面对客户，并把一些常用的配件、工时的价格放在大厅内展示牌上，并且公司的网站上开通了配件价格的查询功能，方便您的查询。

五 质保与索赔标准

1. 车子我是在你们这买的，因为出差在外做了几次保养。如果车辆出现质量问题，是不是不能再免费更换或维修了？

答：如果您是在厂家指定的特约维修站进行保养维修的话，是可以的。在任何厂家授权的特约维修站，您都会享受同样的质量担保。

2. 我的车没有按时做保养，以后可否享受三包？

答：这是不可以的。根据厂家质量担保规定，车辆的维修保养都必须在指定的4S店进行，不符合规定的无法享受质量担保。

3. 跑长途超过保养里程怎么办？

答：建议您到就近的厂家授权的特约维修店给车做保养。

4. 索赔期内，车主间接损失如何解决？

答：根据国家相关法规间接索赔政策的规定，间接损失不在索赔范围之内。

5. 索赔期内更换零部件，刚出索赔期后配件又坏了，这说明配件质量有问题，为什么不能索赔？

答：汽车是一种比较特别的商品，保修期比其他一般商品要长很多，一般家电产品整机只有一年保修期，过了保修期您就得付款维修，您的汽车2

年或 6 万 km 在此期限内如果出现产品质量问题即可获得免费维修，而且在保修期内换上的零件均符合质量标准，保修期限随整车的保修期限结束而结束，而且我们保证您同其他车主享有同样的保修权利。

6. 是不是质保期内所有的配件都能索赔？

答：因为汽车由 13000 多个零件组成，每个零件的特性都不同，所以有部分诸如灯泡、刮水器、制动片等零件，不属于保修范围。请您放心，这些条款的制定均符合我国的法律法规，同时我们将保证您和其他车主有一样的保修权利。

7. 车在质保期坏了，特别是维修时间比较长，这些天的损失怎么不给予适当的补偿？

答：国家法律也有规定，国际上广泛采用的有限保修索赔，对于额外损失不补偿，您随车的《质量保证书》中也写到不额外补偿，请您方便时看一下，同时非常感谢您对我们工作的支持。

8. 我的车质保期是多久？

答：您的车质保期为自购买之日起（以购买发票日期为准）2 年或 6 万 km，二者先达到的为准。

9. 蓄电池的质保期是多长？

答：根据厂家的相关规定，蓄电池为易耗品，质保期为 6 个月（自销售之日起）。

10. 我在你们店自费更换的零部件有没有质保期？多长时间？

答：用户自费更换的配件，质保期为 1 年或 3 万 km，二者先到即止（易损、易耗件和特殊配件的质量担保期除外）。

11. 我的车子已经过质保期了，我再来 4S 店维修有什么保障吗？

答：首先是维修质量上的保障，我们的技师经过厂家的专业培训，技术过硬，我们有专业设备保证维修质量；其次，原厂配件安全上有保证，让您放心；最后原厂配件还有 1 年或 3000km 的质量担保期，让您后顾无忧。

12. 我的车还在保修范围内，油泵坏了你们是不是应该给索赔？

答：对于质量担保范围内的车辆，索赔的条件是：保养记录全，且经我们检查鉴定是属于质量原因，两点都满足，可以办理索赔。

13. 质量担保跟保养没关系，发电机也不在保养范围内，为什么坏了却因为不按时保养不给索赔呢？

答：按时保养是质量担保的前提，这是在购车时已明确的了。实际上质量担保与按时保养也有关系。比如：发电机损坏可能是蓄电池不按时保养，缺电解液造成蓄电池不蓄电或只能蓄少量电，导致发电机长期负荷过大而损坏的。

六 保险理赔

1. 保险理赔手续为什么这么烦琐？

答：我们都是按照保险公司制订的保险理赔程序进行处理，也是为了您能顺利得到保险公司的理赔，所以希望您能配合我们办理相应的理赔手续，我们会尽快缩短办理时间的。

2. 你们公司与××保险公司有没有合作关系？是否代理理赔？

答：我们与××保险公司没有合作关系，但是只要手续齐全，我们可以代理理赔。

3. 我的保险在你们这里买的，为什么帮我报个保险都不行？

答：在出险的时候，只有当事人最了解出险时的状况，所以您在事故第一现场报案、报保险是最恰当的，如果我们报保险，因为不了解出险时的一些状况，保险公司是很容易拒赔的。

4. 我的车撞了，交警那已经处理过了，保险公司也报过案了，我该怎么向保险公司理赔？

答：首先保险公司要对您的车辆进行损失估价，然后我们才可以对您的车辆进行维修，修好后我们会为你准备好理赔需要的手续，您可以直接到保险公司理赔，如果您不方便，我们也可以帮您代办。

5. 我的车有多处损伤部位，攒到一起找保险公司报案可以吗？

答：保险公司定损每次只能处理一起事故的损伤部位，所以每次事故后应及时报案，尽量不要攒到一起。如果你觉得不方便，可以等保险公司定完损以后放到一起维修。

6. 如果我的车出险了，只是保险杠和墙碰了很小一点，我离开了现场会有什么结果？

答：按照国家和保险公司的相关规定，车辆出现了如您说的这种情况，首先必须保护现场，如果离开现场，保险公司就有可能按相关规定不同意给予赔偿，所以建议您在车辆出险后马上联系保险公司。

7. 为什么我的车有保险还要我先给钱呢？

答：因为我们无法为您代办理赔。根据当地具体情况解释，只有跟我们签了协议的保险公司，我们才能全权代理，您投保的保险公司与我们没有签约，不方便代办。

8. 车出险时怎么办啊？

答：首先确认是在公路还是在小区，如果是在小区请先报保险公司，如果是在公路上请先报交警，报警后再报保险公司。同时，您要保护好现场，等交警、保险公司过来勘查现场，勘查结束后他们会给您出具现场勘查单，到时您带那张单子过来修车就可以了。

9. 车辆理赔时需要什么资料啊？

答：需要保单正本复印件、车辆行驶证、出险驾驶员的驾驶执照和被保险人的身份证。

10. 我这辆车前保险杠被刮了，但肇事者已经逃走了，还能让保险公司赔偿吗？

答：可以理赔，但您要保护好现场，立即向保险公司报案。

11. 车玻璃被石头砸了一个3cm的裂痕，不知道怎么理赔？

答：看一下您的保险卡是否有“F”这个险种，如果有的话可以报保险公司理赔玻璃险。

七　年检与交强险

1. 车船使用税在哪里交？

答：您到离您最近的中国地税局指定的银行交车船使用税，得到一张交费单就可以了。

2. 我的车是异地的，可以在你们这里办理年检吗？

答：可以的，但是您必须要在您车辆户籍所在地的车管所办理异地年检申请，经批准后，持该份证明就可在我们这里年检了。

3. 年审都需要什么资料？

答：年审时需要提供您的身份证、车船使用税交费单、保险原件及复印件。如有违章的话得先交罚款。

4. 车辆要什么时候做年审？

答：六年以内的车，两年审验一次，六年以上的车，需要每年都审验。

5. 我以前买了保险，但那时没有交强险，我现在用不用补买啊？

答：如果您买的是第三者责任险，且没有到期，就不用补买，但需要把您的保单正本带在车上，预防交警审查；保单到期后，必须及时买交强险。

6. 买交强险时是否还需要购买第三者责任险？

答：如买交强险，无须购买第三者责任险。因为第三者责任险是商业险，您可以根据情况选择性购买。

7. 一定要购买交强险吗？

答：按国家的相关规定，必须购买交强险，否则交警部门有权扣车。

◆ 第三节　运营盈利招数 ◆

一　零件篇

1. 如何提升零件的毛利？

答：开源与节流并用。第一，提升进厂台次，同时促进单车产值提升，增加零件的销售；第二，降低零件成本，除了原厂指定的零件之外，另外选择的零件至少有两个供货商，通过对比，以及让供货商之间竞争，降低零件的成本。

2. 如何提升库存周转率？

答：$$库存周转率=\frac{过去12个月零件销售成本总和}{过去12个月平均每月的库存成本}$$

一家良性运营的汽车维修企业，其零件库存周转率在 8 ~ 10 次/年是比较合理的。可以通过以下方式提升库存周转率：一是准确预测未来两个月常用件的使用量；二是非常用件客户需要支付至少 30% 的定金才能下订单；三是定期处理超过一年的滞销库存。

3. 如何提升库存准确率？

答：库存无法一直保持 100% 的准确率，但是维持在 99% 的准确率水平还是可以做到的。具体做法如下：一是所有的零件必须有编号，所有的零件供货商也要有编号，零件从订货到入库再到出库，都使用同一编号，编号识别，避免出错；二是零件库房陈列分类化，入库和出库电子化扫描，提升陈列和出库的准确性；三是严格借件和外销件管理，借件必须当日归还，外销件尽量现金结算，如果需要物流代收款和延期结算，需要提请服务经理同意。

4. 如何提升零件供应满足率？

答：我们有时无法 100% 地了解客户需求，但是我们可以尽量 100% 地满足其需求，这就需要提升零件供应满足率。这就需要零件部门分析过去至少 3 年，不同车型的客户在不同月份，需要的零件明细，只要单一零件年周转四次以上的，都可以列入常用零件，提前备货。而对于非常用件，没有必要一定提升满足率。

5. 如何降低滞销库存比例？

答：第一，非常用件订货需要客户预付至少 30% 的定金；第二，老车型库存件如果超过 3 个月出库为零，从第 4 个月开始，尽快低价销售给零件批发商或小型维修厂。

6. 如何加快零件订购周期？

答：及时了解上游厂家的库存动态，如果发现部分常用件和易损件出库频率加快，库存较少时，提前下订单，提前备货，以免出现上游厂家缺货导致订货周期变长；与本地区至少两家维修企业建立合作伙伴关系，紧急件和缺货件相互调配，缩短订货周期；根据零件历史需求记录，提前订购季节性需求的非常备库存件，需求期到来时，正好零件也到货。

7. 如何降低零件损坏比例？

答：第一，降低物流环节的损坏比例，选择管理规范的物流公司，并且建立损坏额外赔偿条款；第二，降低库存环节的损坏比例，特别是易损件，要采用特殊的存放方式；第三，降低零件加装环节的损坏比例，特别对于零件试用环节，建立完整的零件拆装流程以及零件试用流程。

8. 如何降低到货不用比例？

答：常用件到货不用，很快就可以出货完毕。关键是非常用件到货后，因为种种原因客户不用，成为滞销库存。如果是事故车，需要等保险公司定损完毕，客户已经确定在本店维修，并且在工单上签字，零件才能下订单；如果客户自己修车需要非常用件，客户需要提前支付30%的零件定金，才能下订单；如果是协议单位客户，需要他们单位报销负责人的同意。

9. 如何提升到货验货比例？

答：大件和易损件以及电子类零件需要100%的验货，特别是单件大金额的零件，一定做到签收100%验货，从而保证货品使用的可靠性。对于常用件和非电子类零件，需要进行随机验货，同时在日常使用时，开箱之后也要检验一次，发现问题，及时告知供应商，问题比较大，可以通知供货商现场查看。

10. 如何提升旧件利用比例？

答：对于客户留下的旧件，定期进行分析，分为可以直接使用、修补后可以使用以及不可再使用三种，并且分类存放，对于部分对价格比较敏感的客户，推荐其使用旧件，提高旧件使用比例。

11. 零件如何灵活定价，提升盈利？

答：常用件定价要低于市场统一价，非常用件可以与市场价同步，保险公司索赔件定价要灵活，主要是要把利益理顺，总毛利合理就行，不要追究单个零件的毛利。

12. 如何让客户相信零件价格不贵？

答：价格贵与不贵，是一个相对的概念，如果是常用易损件，一定不能高于同类竞争对手的价格；如果是价格不透明的配件，标价时尽可能是厂家统一价或者略低于厂家建议价；尽可能在醒目位置把常用保养的收费标准标识出来，让客户看到标准，心中产生信任。

13. 如何降低零件进货成本？

答：一是大批量进货；二是现金直接结算；三是更换供货商降低成本；四是抓住零件促销时机进货。

14. 如何提升缺件结案率？

答：缺件结案率原则上不能低于85%。如果企业的缺件结案率低于85%，一是要提升自己库存的零件把控能力；二是提升对上游厂家的库存流量的了解；三是与同业关系的协调，以上三个方面都需要做好。

15. 如何降低零件库房成本？

答：第一，加快零件周转率，使业务扩大也无须增加库房面积；第二，充分提升仓库面积利用率，把仓库的可用面积发挥到极致，降低库房成本。

16. 如何进行合理的库存搭配？

答：零件库存的比例设定为20%的快速周转常用件、60%的正常周转配件、15%的非常用件和5%的滞销件。

17. 如何进行零件索赔？

答：汽车4S店零件索赔有三种模式：一是常规索赔，基本上不高于厂家的正常设定的标准，厂家已基本上一年稽核一次；二是特别索赔，对于非常规索赔，每个厂家都设定有分级权限，要合理利用特别索赔；三是召回索赔，召回又分内部召回和公开召回，企业要善于运用厂家召回索赔政策，获取利润。如果是非厂家授权店汽车4S店，可以对上游供货商进行索赔，供货合同中设定索赔的权限以及索赔的处理流程。

18. 如何设定零件的库存金额？

答：零件库存的金额不是越小越好，而应该是在达成零件满足率最大化之后，尽量让零件库存最小化，同时也要考虑物流成本以及紧急订货的额外成本。

二 财务篇

1. 如何提升售后服务产值？

答：

$$汽车服务产值 = 进厂台次 \times 单车产值$$

如果要提升服务产值，必须要在提升进厂台次和提升单车产值两个方面下功夫。进厂台次包括机电进厂台次和钣喷进厂台次，机电进厂台次的提升主要是正常保养的进店客户，业内比较通行的一个标准是一年内客户流失率低于5%，两年内客户流失率低于8%，三年内客户流失率低于12%，通过日常的服务促销活动拉动客户进店。而钣喷进厂台次主要是事故车的进厂台次，一是与关联的保险公司建立紧密的合作关系；二是要让客户续保，给予客户潜在的优惠，用利益吸引客户进店。

单车产值的提升，主要是机电工单单车产值的提升，一是及时发现客户车辆需更换的配件，说服客户更换；二是通过增值延伸服务，发掘客户的潜在需求，说服客户消费，让客户购买，如深度养护产品、汽车精品、车主用品等。

2. 如何提升售后服务毛利？

答：　售后服务毛利 = 售后服务产值 − 售后零件和耗材成本

上面已经论述过了服务产值的提升，再就是降低零件和耗材的成本。零件的成本降低在本节零件篇中已介绍过，而耗材的成本降低，不是越低越好，主要的是度的把握。比如，钣喷油漆和辅料的成本大约控制在18%比较合理，如果高于18%，说明油漆和辅料的损失较大；而成本低于18%，则说明按钣喷规定的流程和要求喷涂漆面，会影响喷涂的效果，同时会降低客户的满意度。

3. 如何提升工时产值贡献？

答：在西方国家，工时成本比较高，同时工时贡献基本上占到售后服务贡献的60%以上。而在国内，4S店工时的贡献基本上占到售后服务贡献的30%左右，普通维修厂为10%～20%，而快速保养店和小型维修厂几乎为零。而实际上，零件的加价率和工时的收费是不冲突的。客户的进店检查也要收取合理的检查费；如果是故障诊断，更要收取故障诊断费，不管客户是否在店内维修；如果是事故车定损，也要加上保险索赔的工时费；就连厂家的召回活动，也要厂家给予一定的索赔工时费。汽车维修企业应把维修、保养、诊断、钣金、喷漆完整的、系统化的工时收费标准制定出来，并且进行公示，绝大多数的客户也会认可。

4. 如何提升事故车产值？

答：一是让保险公司主动送车；二是从保险公司手中抢车；三是让客户主动送车。无论是哪种方式，让事故车进店，都仅仅完成了第一步。而要提升事故车产值，需要提升新车的保险销售和售后车辆的续保金额，保险公司与维修企业的结算原则上1:0.9，也就是汽车维修企业给保险公司保险金额贡献100万元，保险公司给维修企业事故车结算90万元。所以续保和事故车的结算是有机链接在一起的。汽车维修企业要提升事故车产值，首先要提升保险的销售额，而提升保险销售额可以采用如下方式：新车买保险送精品券，续保赠送保养券，拉动客户新车购买保险和售后续保。另外，与保险公司的保险热线接线员以及事故车现场定损专员处理好关系，便于第一时间知道事故车的信息，及时赶到现场说服事故车车主进店维修。

5. 如何提升精品收入利润？

答：提升精品的销售，降低精品的进货成本。提升精品的销售可以用季度的产品促销提升业绩，也可以用灵活的内部员工奖励提升业绩；成本降低可以采用同一品牌两家同时供货的方式降低成本，也可以同一类产品选用三家供货商合作的方式，降低成本。一句话，通过市场的竞争让供应商降低成本。

6. 如何提升续保收入和利润？

答：对于保险续保，当前保险公司之间竞争比较激励，一家汽车维修企业至少要选择3家保险公司，原则上续保的比例是5∶3∶2，根据上月各家保险公司贡献的事故车的产值大小，决定该保险公司续保比例的扩大还是减小，用客户续保金额的力量来影响保险公司。客户续保时，可以把保险销售的利润全部返给客户和销售保险的员工，以促进保险的销售。

7. 如何降低企业运营成本？

答：企业的成本包括零件成本、人工成本、管理成本、营销成本、折旧成本，这里仅仅谈人工成本和营销成本。汽车维修企业的人工成本和营销成本并不是越低越好，而是要维系在一个合理的比例。在当前的国内，汽车维修企业的人工成本在16%左右，最高为20%。如果人工成本低于平均值太大，说明企业优秀人才不足，或者说明企业人才不足，绝大部分员工在超负荷工作；如果开业一年以上企业的人工成本超过售后产值的20%，说明企业员工过多，或是员工工作的主动性和积极性没有发挥出来，抑或是车间工位利用率太低，工时效率太低，影响当日的完工台次。

8. 如何降低坏账、死账比例？

答：如果没有任何理由，超过六个月未收账款的称为坏账，超过1年以上的未收款称为死账。在目前的中国，基本上90%的企事业单位维修都会欠款，有的单位欠款可以达一年。这里可以设定一个账款额度指标和账款期限指标：最大的账款额度＝欠账单位过去平均六个月贡献的毛利；账款期限原则上最多三个月，特殊的政府单位可以延长到半年结算一次。从源头上不能避免的坏账和死账，企业要设定专门的人进行催收，一是给予高额的佣金进行回收；二是通过高端人脉关系来回收；三是通过第三方公司互相冲账的形式抵消。

9. 如何降低财务风险？

答：财务风险基本上包含投资的风险、库存的风险、应收账款的风险和税务的风险。投资的风险基本是新项目的引进，是董事会决定的；库存的风险需要财务部门定期介入审计其零件的周转率和滞销库存的比例；应收账款的风险，包括金额的控制、比例的控制以及账期的控制；税务的风险就是要由会计师事务所提供指导。

三 运营篇

1. 如何进行主动揽客？

答：从新车销售那一刻开始，汽车维修企业就不能静静地等待客户主动上门。而是要养成从新车交付的那一刻开始，就要计划如何让客户再次进店，业内所有的人都知道，汽车维修企业从新车到车辆报废赚得的售后利润是一台新车利润的 20 倍。可以采用以下几种方式让客户进店：一是客户进店为车辆做首次保养时才把保养手册给客户；二是进店保养送精美礼品；三是进店保养送工时券；四是进店保养送保养券；五是送精品券；六是送机油；七是送机油滤清器；八是送出租车费；九是送加油卡；十是送延长保修。以上十种方式，无论是政府单位客户、企业客户，还是个人客户，一定有一种方式能够达到客户的需求，从而促进客户再次进店。

2. 为何进行客户预约？

答：对于出现客户在进店高峰阶段进店排队等候的情况，无论车主还是企业都不想看到。这就需要建立良性的客户预约制度，提高客户预约的比例，对汽车维修企业的客户接待做到削峰填谷的作用，最大化地提升车间的工位利用率，同时提升客户进店及时开工和完工比例，进而准时交车。

3. 如何提升预约比例？

答：客户的预约比例达到25%是比较合理的，也就是超过30%的进店保养客户是预约客户，这样可以充分发挥车间工位的利用效率。而要提升预约比例，一是企业自己要主动预约客户，利用电话预约提醒、短信预约提醒、邮件预约提醒等手段，满足不同类别客户的需求；二是培养客户主动预约的习惯，利用预约进店有礼、预约进店无须排队等手段提升客户主动预约进店率。同时利用举办客户会议的机会，强调预约的优势。可以计算，当每日进店台次超过车间工位的 3 倍时，如果不提升预约的比例，车间管理将是一个非常忙乱的状态。

4. 如何完成有效预约？

答：让客户养成预约的习惯，不代表就完成了有效预约，原则上，客户比预定时间提前 15 分钟和延后 15 分钟进店，都称为有效预约。实际上遵守规则都是慢慢培养出来的，但前提一定要先按规则运营。把有效预约的比例设定为考核的标准。

5. 如何增加延伸服务产值?

答：延伸服务有许多种，对于汽车4S店来讲，养护产品的贡献是最易提升的，其次是精品的贡献，最后是车主用品的贡献。而要提升延伸服务的产值，第一要选定合适的产品，产品要与企业相匹配，与客户需求相吻合；第二要建立一个良好的绩效考核体系，用奖金激励的手段促进员工把延伸服务推荐给客户。

6. 如何提升客户进店台次?

答：客户进店是企业营利的前提和保障，如何提升客户进店台次，是企业首要的任务。进店台次的提升，一是让客户主动进店；二是拉动客户进店。对于正常保养的车辆，主要制定完善的促销政策，让客户主动进店；而对于大修车辆和事故车，重点是第一时间知道客户的需求，并使用策略，努力拉动客户进店。

7. 如何进行贴心服务?

答：汽车维修企业要创造贴心关爱服务，就要从客户购车的那一刻开始，提供包括日常节日祝福、生日礼品、恶劣天气提醒、保养到期提醒等服务。客户车辆保养进店之后，第一时间称呼出客户的姓氏，夏天一杯冷饮外加一个小湿巾，冬天一杯热饮外加一个热毛巾，主动把客户送到客户休息区并帮客户找到合适的位置，客户离店时挥手送别，客户离店后三日内回访等，让客户从内心感觉到自己受到的关怀无处不在。只要客户有任何的需求，都能及时得到满足，并且有时超出他的需求，这样的企业才能给客户创造出贴心的关爱服务。

8. 客户休息区如何创造温馨感?

答：客户休息区的布置首先要把功能区分得比较清晰，至少包括休息区、上网区、儿童活动区、非吸烟区四个区域，如果区间足够大，可以再增加健身区、按摩区、影视区、品茶区、VIP客户区。休息区进行功能区分类之后，还要进行温馨布置，无论地板还是座椅都应是暖色调。黑色、红色是尽量避免使用的。同时在各个功能区增加温馨提醒小卡片，最新的报纸、杂志以及最流行的书籍和行业资讯等，让客户能够及时获得汽车行业的最新资讯。

9. 如何准确报价?

答：正常保养的价格必须牢牢记住，非常备件的价格一定与市场价格和厂家报价同步，同时每月进行一次系统报价核查，对于没有及时进行的价格调整，核查时要及时修正。另外对于特殊协议单位的报价，系统中进行明细标注，输入客户车辆信息后，自动跳出协议的折扣，服务顾问可以直接打折后进行报价。而对于事故车，要参照保险公司的协议定价，进行报价。

10. 如何进行合理报价？

答：价格不是越低越好，更不是越高越好。价格低，客户满意，但利润低，违背了企业生存就要营利的原则；而价格报高，可以暂时实现了企业营利的目标，但造成的客户不满意以及可能造成的客户流失，从中长期来看，得不偿失。企业合理报价度的把握非常重要。建议选用以下原则：做到在当地市场行情的 5% 上下波动，能够做到零件 100% 的及时满足，能够给客户安全放心的承诺。

11. 如何提升车间工位利用率？

答：对于机电车间，原则上一个工位每天的完工台次为 3 台车，如果车间工位平均每天完工车辆不足 3 台，而车间又比较忙碌，这就是工位有效利用率不高。可以通过以下措施提升工位有效利用率：一是建立至少两个快速保养专用工位，其中一个为预约保养工位，设定在 45 分钟内完成一台车的保养，加上进车送车花费 15 分钟。午休 1 小时也轮班休息，这样两个快速保养工位，每天可以最高完工车辆 16 台次，可以大大缓解车间其他工位的拥挤状态。二是建立一个诊断工位，对于在客户接待区无法完工的故障诊断，可在诊断工位进行。三是车间技师小组建立专人取件制度，对于故障解决需要的零件，提前让零件部门备好，技师小组取件人员及时取件，节省施工零件等待的时间。

12. 如何进行品控？

答：品控包括施工过程控制和事后检测控制，这两个是不矛盾的。对于简单的保养项目，施工过程无须进行质检，完工后的质检达到 60% 即可，因为保养小组已经进行了自我质检。而对于故障维修和大修，就要达到 100% 的完工质检率，同时也至少要达到 80% 的施工工程品质控制率，防患于未然，以免出现内部返修的情况，导致延迟交车，引起客户的抱怨。

13. 如何提升一次修复率？

答：一次修复率可以从以下三方面进行提升：一是车间服务顾问、维修技师、零件部门之间信息要畅通，以免出现零件使用错误和工单填写错误的情况；二是车间技师的诊断能力需要有保障，可以及时准确地发现车辆的故障，并能制订可行的维修方案；三是车间要加强维修过程品控，把未修复的故障消灭在萌芽状态。

14. 如何提升单车产值？

答：这里重点讲机电单车产值。

机电单车产值=机电工单产值/机电工单数量

单车产值的提升，降低机电工单数量是不能采纳的办法，只能提升机电工单产值。在进店台次不变的情况下，提升机电工单产值办法有：一是进气系统清洗、油路系统清洗等深度养护项目的推荐；二是客户延伸产品的推荐；三是即将到期件的按时更换。无论采用哪种办法，只有与客户建立良好的信任关系，客户才可能听从建议，接受服务项目，从而提升机电单车产值。业内，现代汽车、起亚汽车4S店机电单车产值在600元左右；福特、别克、丰田、日产、本田、大众等品牌汽车4S店的平均机电单车产值在1000元左右；奥迪汽车4S店在2500元左右，奔驰和宝马在4500元左右。

15. 如何提升工时产值？

答：当前在欧美市场，工时产值占售后产值的60%~70%，而在国内正好相反，4S店工时产值占售后产值的30%~40%，普通维修厂为10%~20%。但是随着人工成本的增加，工时收费的标准也会越来越高，工时产值占售后产值的比例也会越来越大。针对当前工时收费标准低的情况，企业可以采用把工时收费细化的办法，提升工时产值。比如：如果客户在本店进行故障解决维修，免检测工时，如果客户检测完毕离开，需要收故障检测工时费；对于大修车辆和事故车，把每个项目的工时都进行标注，然后形成工时价格，而不要采用打包的模式报工时总价，这样也在无形中提升工时的贡献；对于软件升级以及召回的车辆，无论对客户是否收费，都要明晰地在工单上标注正常收费工时的价格（不是索赔价），让客户养成没有免费工时项目的习惯，并且提醒是厂家给客户提供的费用。

16. 如何提升钣喷产值？

答：钣喷产值与事故车的进厂台次密不可分，而事故车产值的提升与保险销售的总金额以及与保险公司的关系处理密不可分。要想提升事故车产值，一是加大保险销售，提升保险销售金额，拉动保险公司主动送事故车；二是与保险公司的电话接线员、现场查勘定损员、结算专员处理好关系，拉动业绩提升；三是用利益的力量拉动车主主动回店进行事故车维修，如续保送保养、续保送积分（积分可以抵现金）、续保送交强险等手段。如果客户的车辆出事故后，不回店维修，就向客户赠送部分打折优惠或免除一些维修费用，从利益上拉动客户主动回店。

17. 如何提升养护产品产值和利润？

答：养护产品的产值=养护产品的售价×养护产品的销售数量

对于养护产品的售价，同一档次的汽车维修企业，价格相差不大，只有通过养护产品销售数量的提升来拉动养护产品产值的提升。而要提升养护品的销售数量，需要把供应商、客户、服务顾问、零件部门四方的力量紧密地联合在一起，发挥合力，促进养护产品销售数量的提升。

养护产品的利润 = 单件的利润 × 销售数量

当销售数量基本恒定时，企业就要提升单件的利润来提升养护产品的利润，这就需要降低单件的成本来实现。

在实际的运作过程中，汽车维修企业不能把这两个措施同时使用，一开始就降低成本，可能导致供应商合作积极性不高，结果是养护产品的销售数量降低，就算进货成本降低了，但是企业的实际利润降低得更大。

18. 如何提升精品装饰产值？

答：汽车4S店精品装饰的贡献来自两个方面：一是新车销售时的贡献；二是客户进店维修保养时的贡献。分析得知，不同时期进店的这两类客户（也许是同一个客户），其对精品的需求有非常大的差别。新车购买的精品基本上听从销售顾问的介绍，或者听从业内人士的建议，对品牌和价格都不是非常敏感，基本认为别人车上有的东西我车上也要有。汽车4S店可以采用套餐的模式销售给客户。而进店维修保养时，客户如果对精品有兴趣，也是经过深思熟虑的，而且在货比三家，并且不会轻易购买。所以在新车销售时对销售顾问可以采用阶梯式的绩效提成模式，鼓励销售顾问最大化地向新车购买者推荐精品。对于进店保养的客户，则需要配置性价比较高的，并且有一定品牌知名度的，最好是比较高端的产品和服务项目，促进客户购买。

19. 如何提升新车保险和续保单比例？

答：首先这里设定一个客户购买保险的比例标准。新车保险客户购买比例的最低值为85%，理想值是100%。

续保比例 = 当月的续保单数/过去三年维修进店客户总数量

续保比例的最小值是30%，理想值是50%。每个保险公司的折扣、报价区别也不大，因此保险比例增加的重点是把握客户的心理需求，并且使其得到超出其期望值的满足，从而让客户满怀欣喜地购买保险。方法有：一是送精品券；二是送保养券；三是送手机充值卡；四是送商场购物券；五是送机油 + 机油滤清器；六是推荐新客户奖励；七是出事故全程跟踪；八是代客理赔。无论是对价格比较敏感的客户还是可以报销希望自己拥有实惠的客户，这八个方法总有一个能够满足客户的需求。

20. 如何提升收费服务实施率？

答：收费服务实施率 = 收费工单数量/总工单数量

总工单数量 = 收费工单数量 + 免费工单数量

要提升收费服务实施率，就是要降低免费工单数量。而免费工单的数量也不是降低得越低越好，降低到零更是不可能的。免费工单分几种情况：对于超过1个月没有使用的车辆，对于要长途出行的客户，对于二手车即将要交易的客户，对于与公司高层关系不错的客户，这些类别的客户进店就是为了检查车辆。如果经过检查没有发现故障，在预检单上写出检查安全即可，可以写出最近需要保养和更换的项目。而对于经过检查，已经发现有需要保养的项目和更换的零件，客户因为价格原因、服务态度原因、不能享受促销的原因、人情关系原因、不能按时完工原因等，造成的客户零消费，企业就要从根本上找出原因。第一，跟踪企业的零件外卖，看外卖的零件与进店零消费的客户有无联系，如果有，立即清除；第二，看是否是竞争对手装扮的客户，如果发现是，把这类客户列入黑名单，下次进店直接礼貌地拒绝提供服务；第三，对于因为价格和促销不能满足客户需求的情况，企业内部的制度要适当灵活，给服务顾问主管授予一定的权力，采用办法留住客户；第四，对于服务态度和人情关系的原因造成客户的零消费，可以建立准客户的客户经理负责制，让这类客户无论发生任何事情，第一时间找到客户经理，由客户经理协助客户解决所有进店事宜，对于这类比较挑剔和讲面子的客户，客户经理制是一个很好的策略。

21. 如何设定售后产值目标？

答：售后产值的目标是根据历史数据和预计下一年的新车销售数据来计算的。举例说明：假设2015年12月，一家开业3年的汽车4S店，有客户3000个，2016年预计销售1500台车，此品牌客户正常的年进店台次是4次，平均单车产值是1000元。2011年的客户进店台次＝3000×4＋1500×2＝15000（台次），平均每月进店15000/12＝1250（台次），平均每月的产值＝1250×1000＝125（万元）。这是一个保底的值，如果与保险公司合作得很好，可以提升事故车产值；如果养护产品销售不错，也可以提升养护产品产值。设定目标时可以上浮10%～15%。

22. 如何设定售后产值各项指标的标准？

答：售后服务总产值＝机电产值＋钣喷产值

机电产值＝正常保养产值＋深度养护产值＋正常维修产值＋事故车机电产值

钣喷产值不能低于贡献给保险公司保险金额的90%。接上一个例子：2011年3月，总产值设定150万元，机电产值/钣喷产值＝60/40，3月份机电产值目标是90万元，钣喷产值目标是60万元，养护产品贡献应为150×15%＝225 000＝22.5（万元），进厂台次应为1500台，续保单数目标应为3000×40%/12＝100（单），新车销售目标是150台，保险销售目标120单。续保单平均价格3000元，新车保险平均价格3500元，3月份保险贡献目标＝3000×

100 + 3500 × 120 = 720 000 = 72（万元），保险公司应该结算事故车的金额目标 = 72 × 0.9 = 64.8（万元），设定的钣喷目标如果加上事故车的机电产值，与目标基本吻合。这样的目标设定才是比较符合实际的，也是可以实现的。

养护产品的目标值也可以采用数量设定，月度销售数量目标 = 当月机电进店工单数量 ×2 瓶/车，3 月份养护产品的销售目标是 900 ×2 = 1800 瓶。

注：每个品牌的单车产值不同；同一品牌在开业初期和成熟期的单车产值不同；不同企业的机电产值和事故车产值的比例有所不同，4S 店事故车产值比例应该为 30% ~40%，综合维修企业事故车产值在 55% ~60% 太高和太低都是不正常的。

23. 如何让客户年进店 4 次以上？

答：一台车年均行驶里程为 2 万 km 上下，以 5000km 保养一次计算，年进厂台次在 4 次以上的客户是企业的忠诚客户。根据行业内部分企业的历史数据得知，如果一个企业的忠诚客户占到客户总数的 30% 以上，企业已经树立了比较强的核心竞争力，不会因市场变化而对业绩造成影响。绝大部分开业 3 年以上的汽车 4S 店在维系老客户方面已经建立了成形的制度，过保修期的客户的流失率应控制在 15% 以内，保修期内的客户流失率应控制在 5% 以内。而对于普通维修企业，能够拥有 20% 的忠诚客户已经很好了，要让客户达到年进厂 4 次以上，需要采用拉动的方式吸引客户。同时采用主动出击的办法，请客户过来；另外采用积分倍增计划，年进店 4 次以上免工时活动、送赠品活动、零件折让、年保养 5 次送一次、保养预存 3 次送一次等活动吸引客户的方式，拉动客户年进店 4 次以上，培养忠诚客户。

24. 如何设定员工激励制度？

答：企业的绩效考核制度需要随企业的变化而变化，但是无论如何变化，绩效考核与业绩紧密挂钩是不二的选择。比如，售后部门的员工奖金总额 = 零件产值的 1% + 工时产值的 15%；然后根据员工级别工资设定的比例进行调配。总之，员工的月度收入与其月度贡献要紧密挂钩。

25. 如何设定服务顾问绩效考核？

答：服务顾问的工资 = 基本工资 + （工时提成 + 配件提成 + 索赔提成 + 养护产品提成 + 续保提成 + 精品提成） × 考核总系数

考核总系数 = 接车台次系数 × 贡献产值系数 × 客户满意度系数 × 客户投诉系数 × 工单完整系数 × 考勤系数

也就是员工的贡献总额决定自己的奖金基数，而对公司制度的遵守与否决定自己的考核系数，让员工自己决定自己的绩效所得。

26. 如何设定车间技师绩效考核？

答：车间技师小组的提成总额 = 工时提成 + 配件提成 + 延伸服务提成

设定小组有甲、乙、丙三人。

$$技师甲的月度工资 = 小组提成总额 \times \frac{技师甲设定的工资}{甲、乙、丙三人的工资总和}$$

如此设定车间技师的绩效考核，就可以充分发挥车间每个人的战斗力，同时让能力强的组长愿意带动徒弟成长，因为只有自己的小组多干，获得的提成才更多，自己才能拿到更多。

27. 如何设定零件部门绩效考核？

答： 零件部门的提成总金额 =（零件贡献 + 旧件利用贡献）× 零件绩效考核系数

零件绩效考核系数 = 零件周转系数 × 零件满足系数 × 滞销零件系数 × 零件投诉系数

同样，零件部门的绩效考核主要与零件的贡献挂钩，零件绩效考核系数决定奖金的系数。可以有机地调动员工的积极性。

28. 如何设定车间主管绩效考核？

答： 车间主管的绩效考核 = 基本工资 + 绩效奖金基数 × 绩效考核系数

绩效考核系数 = 产值完成系数 × 一次修复系数 × 客户满意系数 × 厂家特别政策执行系数

车间主管基本工资和绩效奖金的比例大约控制在 7∶3，最多不超过 6∶4。如此设定，一个车间主管可以比较均衡地调动车间员工的积极性，达成设定的目标。

29. 如何设定精品的绩效考核？

答： 新车销售顾问和服务顾问精品的提成 = 总金额 × 提成系数 + 促销品的奖励

唯一不同的是服务顾问仅仅设定一个提成系数，而新车销售顾问要设定至少两个提成系数。比如：单车贡献超过 1000 元，提成比例为 5%，单车贡献低于 1000 元，提成比例为 3%；同样每月贴膜低于三单，每单提成 300 元，每月贴膜高于三单，每单提成 400 元，促进精品的销售。而对于服务顾问就只设定一个提成系数，对于超过设定的精品贡献金额的可以特别奖励。

精品部门员工的工资 = 基本工资 + 绩效奖金

$$个人的绩效奖金 = 精品部门总的提成奖金 \times \left(\frac{个人的工资}{精品部门员工的工资总额}\right)$$

如此设定可以促进大家齐心协力，共同进步，预防员工互抢单子，互不帮助的现象发生。

30. 如何借助上游厂家营利?

答：汽车 4S 店除了正常的零件返点和新车返点之外，一定要借助上游厂家的政策实现利润最大化。具体包括：一是索赔营利；二是召回营利；三是利用客户投诉营利；四是利用申请折扣件营利；五是利用厂家的竞赛营利。

31. 如何借助合作伙伴营利?

答：汽车 4S 店和汽车维修厂都有自己的合作伙伴，就是自己使用的产品的供货商。举例：养护产品如果选择一个好的供货商，他们可以把系统的推介方式、提成方式、套装模式直接整理好，汽车维修企业直接使用即可，短期内即可实现利润最大化。这就是，把成功的经验直接移植使用。另外，合作伙伴赞助的广告费、促销品、诊断工具和设备、劳保用品都是企业营利的手段；可以借助合作伙伴对自己企业员工专业知识方面的培训、广告的宣传等间接地提升企业的盈利。

32. 如何借助媒体营利?

答：一是厂家赞助的媒体费用，可以用在企业的其他广告宣传上；二是让媒体通过软性的广告包装企业，提升企业品牌影响力；三是企业自己开办内刊杂志，通过让合作供货商在内刊上投放广告或第三方投放广告来营利；四是借助与媒体合作，举办论坛营利。

33. 如何借助员工多营利?

答：有远见的投资人和管理层应该树立借助员工营利的观念。比如：借助员工的人脉关系签订集团维修协议；借助员工的力量拉动事故车进店；借助员工的关系拿到比当前价格低的产品；借助员工人脉关系处理重大客户投诉，降低损失；借助员工的力量发现新的商机等。

34. 如何实现客户进店立即接待?

答：客户进店之后，出现无人接待的情况，一般是服务顾问忽视了已经进店的客户，或者在工作时间做与工作无关的事情，对于这一情况，日常要树立维修接待区工作时间一直有人值班的制度，就算所有的服务顾问都在接待客户，也要有服务助理或者服务经理或者车间主管临时在接待区迎接客户。

35. 如何控制客户流失率?

答：对于汽车 4S 店而言，如果客户流失超过 5%，就要从以下几个方面分析：一是客户转到同品牌汽车 4S 店，对于这类客户，主要了解客户是就近去了其他 4S 店，还是自身的服务态度、服务报价等原因，分析出原因之后，就算这个客户无法再次回店，也可以避免更多同类客户的流失；二是去维修厂和快速保养店了，这类客户主要看重价格，在该类车主的汽车发生大故障和大事故时，汽车 4S 店可以努力拉动这类客户；三是事故车的流失，新车保险和续保金额与保险公司事故车贡献没有有机链接起来，加上事故车报价体系没有与市场同步，造成保险公司没有把事故车安排到自己的店内。

36. 如何降低失联客户比例？

答：失联客户的比例设定控制在 5% 是比较合理的。这里首先对失联客户进行细分，一是客户车辆转手；二是客户车辆调往外地；三是客户联系方式更改；四是客户更换新车；五是客户对企业不满。无论对于何种情况，事后弥补的概率都比较低。汽车维修企业应该从源头上控制失联客户比例，具体做法包括：一是及时更新客户信息；二是回访时及时咨询车主信息并更新；三是建立消费积分卡制度，客户留在积分卡上的信息真实性更高。

37. 如何让流失客户再次回店？

答：超过半年未进店的客户，我们定义为流失客户，如何让流失客户再次进店，汽车维修企业付出的代价比让一个新客户进店更高。对于这类客户，一定要用一种可以打动他/她的方式让其回店，普通的折扣和一般的礼品对于已经流失的客户，基本上没有吸引力。汽车维修企业可以采用以下方式进行尝试：一是通过与其关系不错的朋友的建议；二是至少六折的价格吸引；三是符合其需求的礼品；四是原有积分的清零活动；五是免费的机油 + 机虑赠送。总之，用让客户满意的方式吸引其回店。

38. 如何快速完成召回目标？

答：汽车 4S 店每年都会执行厂家的内部召回和公开召回活动，但是有的汽车 4S 店完成召回进展非常缓慢，完全靠客户自己安排时间进店。而要快速完成设定的召回目标，需要从以下几方面入手：一是厂家设定时间的召回完成比例计入服务经理的考核目标；二是完成召回活动的工单，服务顾问和车间技师也能拿到绩效提成；三是客户关系中心设定每天召回客户进店的目标，并完成客户预约进店；四是对于在召回目录的客户，采用进店赠送特别礼品的方式，促使客户主动进店。

39. 如何控制折扣金额？

答：单一工单的折扣比例无法衡量，但是可以衡量工单的折扣总金额以及月度、季度车间折扣金额占服务产值的比例。汽车维修企业可以设定两个指标：一是折扣月度、季度总金额上限；二是月度、季度折扣总金额占服务产值的比例上限。两个权限可以分开使用，也可以同时使用，哪个成本最小，采用哪个。

40. 如何控制促销费用？

答：促销费用可以设定年度促销费用、季度促销和月度促销费用。每月、每季度进行核算。如果当月的促销费用超标，下月就要适当地控制促销费用。与折扣一样，促销的目的是增加客户进店台次，提升客户单车产值。如果服务产值提升较大，促销费用超出了预算也是值得的。

41. 如何进行企业公共关系维系？

答：在目前中国特殊的市场环境下，企业公共关系的开发和维系是企业运作不可缺少的一个部分。这里要特别说明的是，公共关系不是简单指请客送礼等传统的简单关系维系，而是统指企业要良性运行，需要一个宽松健康的外部环境，这就需要公共关系部门进行运作。具体包括：第一，与媒体处理好关系；第二，要与行业协会建立互动关系；第三，定期举行公益活动树立企业形象；第四，针对大客户进行公关，拉动政府和企业车辆进店；第五，建立危机公关以及紧急事件的处理机制。

42. 如何设定员工工资？

答：首先了解本区域售后服务员工的工资情况，企业原则上不能低于行业平均水平，并且要大约高于平均水平 20%，提供给员工有竞争性的工资。对于工资的设定，在建店开业初期，可以采用工资 + 绩效 + 补贴的形式给予员工满意的工资；对于进入快速成长期的企业，采用基本工资 + 绩效提成的办法，鼓励员工多劳多得；对于进行稳定发展期的企业，可以采用基本工资（60%）+ 绩效考核（30%）+ 综合考评（10%）的办法，发挥员工的创造力。

43. 如何降低人工成本？

答：汽车维修企业不能通过降低员工工资来降低成本，只有提升售后服务产值，才能降低工资占产值的比例，也就是降低人工成本比例。

44. 如何提升售后服务吸收率？

答：售后服务吸收率 = 售后服务部门的毛利/企业所有的运营开支

当售后服务吸收率大于 1 时，企业才算进入了一个良性运营的阶段。企业的运营管理开支基本上不会下降，只有提升售后服务的毛利才能提升售后服务吸收率。

45. 如何提升收银结算效率？

答：收银结算时间原则上不能超过 3 分钟，实际上收银结算效率的提升，贵在提前准备：一是客户结算方式的提前标注（挂账、现金结算、刷卡结算）；二是客户折扣签字的提前完成；三是与客户项目核对的提前完成；四是快速完成结算单以及发票。实际上收银结算效率 80% 是由服务顾问提前准备得是否充分决定的。

46. 如何降低车间技师的停歇时间？

答：

$$\text{车间维修技师的停歇时间比例} = \frac{(\text{维修技师总的工作时间} - \text{维修技师用在收费工时上的工作时间})}{\text{维修技师总的工作时间}}$$

合理的比例应该是小于10%，当然0是最好的。造成车间技师停歇时间比例较高的原因有以下几个：一是车辆在车间的流动效率不高，占用工位；二是维修技师的派工安排不合理，等待时间较多；三是零件部门效率低，技师等待零件时间过长；四是返修率高。

47. 如何提升车间维修效率？

答：车间效率是指车间维修技师在规定的标准时间内实际完成操作的能力。计算公式=产生的总标准工时/分配维修工单总时间。合理的比例应该是135%～150%。如果低于100%，说明企业可能具备以下问题：维修技师能力低；工作分配不当，没有把技师的能力发挥出来；车间工组不全；车间工位不足或者布局不合理；零部件缺乏。另外，如果维修效率超过150%，也表明企业可能有维修评估不适当、维修不适当、返工维修收费等缺陷，也要尽快改正。

48. 如何提升车间的工时效率？

答：企业售出的工时占维修技师可使用的时间的百分比，就是工时效率。其计算公式：工时效率=售出的总工时/维修技师可使用的总时间。工时效率最低不能小于90%。工时效率低的原因与车间维修效率低的原因是基本一样的。

49. 如何提升客户维修推荐比例？

答：维修推荐是指客户愿意把为自己维修车辆的企业推荐给其他车主。维修推荐比例=愿意推荐的客户数量/参与维修推荐活动的客户总数量，85%就是一个比较合理的数据。提升客户维修推荐的方式：一是一次性修复客户车辆；二是给出推荐者奖励；三是给出被推荐者进店奖励；四是尽量满足客户额外的要求。

50. 运营管理的概念是什么？

答：所谓运营，就是创造资产增值的可能；所谓管理，就是降低保护资产的成本。运营是选择对的事情做，管理是把事情做对；运营是指涉及市场、客户、行业、环境、投资的问题，而管理是指涉及制度、人才、激励的问题。简单地说，运营关乎企业生存和盈亏，管理关乎效率和成本。

51. 汽车4S店运营管理的六大关键指标是什么？

答：一是营利能力，包括售后服务毛利润、毛利率、费用吸收率等；二是业务能力，包括维修台次、服务产值、单车产值、配件周转率、配件满足率、精品和延伸服务收入等；三是服务能力，包括预约达成率、一次修复率、客户满意度等；四是管理能力，包括准时完工率、准时交车率、生产率、工时效率、工单合格率等；五是内部能力，包括工位周转率、工位利用率、工位人员比例、技师效率等；六是市场开发能力，包括客户保有量、新增客户数量、客户流失率、客户回店率、市场占有率等。

52. 如何降低汽车4S店运营成本？

答：一是零件成本控制，提升零件满足率，降低滞销库存的比例；二是时间效率提升，派工合理，提升车间的生产效率和工时效率，提升准时交车率；三是设备成本降低，做好日常保养，提升设备完好率、工位周转率；四是人力成本降低，不是降低人员的工资和奖金，而是提升人员的效率，提升人均工单数量和人均贡献产值。

53. 如何进行运营数据分析？

答：服务顾问的日人均接车台次为8～12台次。

技师维修单数＝月维修单数/维修技师总数，约为60～100单，合理的是80单。

当日交车率＝当日进店当日交车的台次/当日进店的总台次，应大于80%。

服务流程执行率＝执行规定的项目数量/应该执行的总项目数量，应大约85%。

标准服务核心流程是所有工作的基础。标准服务核心流程运行顺畅、执行正确，可以给企业带来最重要的三大好处：

1）提高客户满意度指数，建立客户忠诚。

2）提高工作效率，节约服务运营成本。

3）提升员工素质，提高企业竞争力。

技师生产效率＝技师实际工作时间/员工在店时间，应大于80%。

工位周转率＝月交车台次/（月工作日×工位数量），应大于4。

设备工具完好率应大于98%。

54. 如何制订年度市场推广计划？

答：这里对新车销售的年度推广方案不予介绍，仅仅介绍汽车售后的年度推广方案。每年的年末，都要制订下一年度的市场推广方案。制订原则：第一，设立下一年度售后服务产值目标、服务盈利目标、进店台次目标、客户满意目标、客户流失目标五个关键指标，然后是围绕这几个目标实施年度的市场推广方案；第二，根据本年度五大指标的完成情况，找出完成不好的要在下一个年度提升的指标；第三，根据上年度的市场推广费用的使用比例和下一年度的产值目标，来设定下一年度的市场推广费用。比如，上年度市场推广费用预算为60万元，实际使用65万元，完成了设定的240万元售后服务产值目标的任务。那么在下一年度还要按照上一年度的市场推广费用占售后服务产值的比例来设定，也可以略高。如果市场推广费用未使用完，但完成了售后产值目标，或者市场推广费用的使用超标，却没有完成设定的售后产值目标，下一年度，都要适当降低市场推广费用占售后服务产值的比例。制订出市场推广计划后，企业要经过中高层会议的讨论，对于无法完成的指标要适当地调整，最后形成一个执行性较强的年度计划书。

四 精品篇

1. 如何提升精品业绩？

答：精品产值 = 销售数量 × 单品价格

单品的价格提升不太容易，只有靠配加高端的产品进行组合才能实现，精品产值的提升主要靠销售数量的提升实现。销售数量的提升主要靠产品配置的多元化，建立上、中、下三个价格体系的产品，同时采用令员工满意的绩效提成体系，充分调动员工的积极性，促进销售和产值的提升。

2. 如何搭配精品项目？

答：汽车精品搭配时，除了遵循上、中、下三个价格原则外，另外一定要形成比较完整的产品搭配，无论是车用还是车主用，都要走精细化、完整化的道路，尽量满足每个车主的需求。

3. 如何制订精品促销政策？

答：除了正常的春、夏、秋、冬四季促销以外，可以针对单独的客户群体制订促销政策，比如导航升级时制订新加装导航促销活动；召回活动时，制订预防性产品促销活动；可以报销的客户，制订高端礼品促销活动；另外，户外服装、高端皮鞋的节日促销等都可以较好地提升精品的销售业绩。

4. 如何制定精品绩效考核？

答：要提升精品的业绩，企业首先要制定良好的绩效考核体系。制定考核只需遵循一个原则：最大化地调动员工的积极性。可以采用：分级提成模式、单品促销提成方式和积压库存促销考核方式。原则上提成比例为5% ~8%。

5. 如何提升导航加装业绩？

答：一是对现有的导航不太满意的客户，推销给客户高端品牌导航；二是原车不带导航，推荐给与客户车辆匹配并且符合客户心理价位的导航；三是在春季旅游、秋季旅游、春节假期推出导航促销活动；四是针对出差频繁的客户，推出定期免费升级活动，以及免费道路咨询活动。

6. 如何提升汽车隔热膜业绩？

答：新车销售80%的车主要在本店贴膜，企业要想达成这个目标，一是对销售顾问要有绩效考核。比如，当月贴膜3车以上，每车提成350元；3

车以下，每车提成200元；二是对于车主贴高端膜，每车提成500元；三是对于事故车补贴膜，提成汽车膜价格的5%。其次，企业要选1~2种业内知名品牌隔热膜进行推广，如龙膜、量子、贝卡尔特、3M、强生等。

7. 如何提升脚垫、座套业绩？

答：脚垫是车主的常用品，汽车4S店一般直接赠送一套，但是一部车最少需要两套脚垫，这样便于雨天及时更换。座套分春夏季凉垫和秋冬季保暖坐垫。对于脚垫和座套这些常用品，除了定价比较合理之外，产品配置要丰富化，要能够满足不同客户的需求。

8. 如何推广车主用品？

答：车主用品可以分为车主自己使用、自己家庭使用、送礼使用三种情况。对于汽车4S店而言，车主用品一定要选有一定品牌知名度的产品，如果市场价格又不是很透明就比较好匹配，如茶具、厨具、皮鞋、腰带、眼镜、手包、行李包、手表、玉镯、剃须刀、按摩椅、保健品、茶叶等。同时要有一定的促销力度，比如购买即赠送20%的精品券、买一送一、免费试用、推荐有礼等。

9. 如何满足车主的潜在需求？

答：任何人都有自己的潜在需求，车主也不例外。对于客户的潜在需求，可以采用代客购买的方式满足客户的需要。另外，定期进行客户需求的问卷调查和回访，了解客户的需求，补充新的产品和项目。

10. 如何进行汽车精品部门定位？

答：无论是汽车4S店还是一般汽车维修企业，汽车精品的销售都要放在附属的位置，都是为了提升新车的销售和售后产值。

五 延伸服务篇

1. 延伸服务内容有哪些？

答：汽车维修企业延伸服务内容主要有自驾游、聚会、健身、育儿讲座、奢侈品鉴赏、高端车品鉴等。延伸服务不是以营利为目的，而是吸引客户眼球的一个手段或者一个平台。借助于延伸服务活动的开展，无论企业的业内口碑、客户的忠诚度，还是新的客户的加入，企业的回报一定是正数，只不过短期内无法用金钱来衡量。

2. 汽车俱乐部如何营利？

答：汽车俱乐部的收入有车主缴纳的年费、赞助商的赞助费。车主缴纳年费可以免费参加至少6次活动；车主活动可以找赞助商，让其冠名，从而收取一定的费用；可印刷自己的DM杂志，收取广告费。

3. 如何获得企业赞助款？

答：汽车维修企业对于年用货量在 100 万元以上的供货商，可以让其赞助广告和促销活动；对于想进入企业的潜在合作伙伴，可以通过让其赞助客户活动、改造车间、送维修工具的方式来间接得到赞助款。

4. 如何与网络、杂志等媒体进行链接？

答：汽车维修企业可以建立自己的企业网站，不仅与行业知名网站链接，同时可以让客户在网络平台上订购自己心仪的爱车和需要的机油，选择自己的服务顾问和技师，可以让客户进行预约进店，也可以让客户在客户群中找自己想结识的客户，也就是要好好发挥网络平台的功能。另外，汽车维修企业创办自己的 DM 杂志也是不错的方法，不仅宣传了企业，还可以包装客户，吸引合作伙伴（机油供应商、轮胎供应商、油漆供应商）赞助。

六 安全生产篇

1. 如何提升门卫安全？

答：汽车维修企业的门卫制度与普通企业的门卫制度有很大的不同，他们不仅站岗值勤，而且要对出厂的车辆进行“看单放行”，在最后一道关口预防车辆的丢失。另外，访客车辆以及公司内部车辆分放不同的区域，保安负责看管。

2. 如何提升车间安全管理？

答：车间的安全分为以下几个方面：一是技师操作的安全；二是车辆移位的安全；三是用电的安全；四是用气的安全；五是使用化学试剂的安全；六是配件领用的安全；七是涂装的安全；八是试车的安全。车间安全管理可从以上八个方面进行。

3. 如何提升车辆钥匙管理？

答：所有进店维修保养车辆的钥匙必须实行专柜上锁管理，维修过程中需要起动车辆或者移动车辆，需要到车辆钥匙保管员处登记后领用钥匙，使用完毕送回并登记，车辆钥匙可以由车间主管、服务顾问主管或者服务经理助理负责保管。同时售后车辆钥匙保管每天都要进行一次在修车辆、完工未交车车辆登记和盘点。企业行政部和财务部每周要对在修车辆、完工未结账车辆进行一次盘点，做到车辆保管 100% 的安全。

4. 如何防漏电？

答：一是预防车辆的漏电，起动中不能用手接触车辆电器部分；二是预防电动工具的漏电，使用电动工具前，务必进行一次安全检查；三是预防车间设备漏电，车间用电设备由专人护理，非负责人不能直接操作；四是预防办公室漏电，办公室除办公设备和饮水机外，不能使用其他电器设备；五是车间照明用电的安全，车间应使用节电无影灯，不仅节电而且地面无影，预防事故发生。

5. 如何预防钣金涂装事故？

答：预防钣金涂装事故要从以下七个方面进行：一是打磨操作的安全；二是钻孔操作的安全；三是调漆过程的安全；四是钣金涂装过程的安全；五是漆面护理过程的安全；六是配件拆装过程的安全；七是拆卸件存放保管的安全。

七　企业定位篇

1. 如何找到企业盈利点？

答：首先分析企业所在区域的市场整体情况，分析企业的优势，定位好企业的运营的方式（如品牌专修模式、专门钣金喷漆模式、快速保养模式、变速器专修模式、车辆改装模式、旧件翻新模式等），然后调动全体员工的工作积极性，为企业创造更高的盈利。

2. 如何使企业盈利最大化？

答：首先对企业过去三年的产值和利润进行分类，找到产值排名前五位的项目，找出盈利排名前五位的项目。如果进入了盈利排名前五位的项目，而没有进入产值排名前五位，这就是企业下一步要重点关注的项目，加大推广力度，实现盈利的最大化。比如，汽车4S店养护产品的运作，虽然养护产品产值占服务产值的12%左右，但是养护产品的盈利占服务产值的盈利的至少20%，企业就应该在养护产品的推广上做出完整的计划。

3. 如何设定企业中长期发展规划？

答：企业的中长期计划要提前五年制订，根据企业在区域市场所处的位置，找到适合企业的发展规划。一是未来扩大规模，建立连锁店；二是增加并购；三是向上游进军，涉及零件和客户俱乐部，形成生产—运营—客户一条龙服务；四是适当的时候打包转让；五是在一定的时候退出市场。不同的规划决定了企业当下的定位和运作模式，因此企业要形成短期、中期、长期的规划比较完美的融合。

八　汽车金融篇

1. 汽车4S店如何选择与金融公司合作还是与银行合作？

答：与上游厂家的汽车金融公司合作是必不可少的，最好的一个组合是客户零售信贷采用上游厂家的汽车金融公司信贷，而企业信贷采用多种组合形式，把金融成本降低到最小化。

2. 如何计算汽车存货融资产品的费用？

答：一是车辆管理费用。车辆管理费（包括保险费用）将按照发车台数计算。二是融资利息。融资利息率标准参见各汽车金融公司发布的适时公告。

3. 存货融资利率是否与中国人民银行的基准利率联动？

答：存货融资利率属于商业决定会受中国人民银行的基准利率的影响，但不是立即联动的。从长期来看，存货融资利率会根据中国人民银行的有关商业贷款政策的调整而调整。

4. 如何确定汽车4S店的存货融资额度？

答：融资额度是根据汽车生产厂家年度销售目标、库存周转天数以及车辆的平均批发价格（含增值税），并综合汽车4S店实际资金需求来确定。

5. 汽车4S店何时需对车辆进行还款？

答：（1）还款期限。如下任何一种情况发生后的两个工作日内，汽车4S店必须按车辆批发价格的100%还款。

1）汽车4S店将车辆销售给最终客户。

2）汽车4S店将库存的附条件销售车辆发往其二级汽车4S店。

3）汽车4S店已收车并已从最终客户处收到车款的50%以上（含）。

4）汽车4S店将车辆拖离汽车金融公司批准的营业场所或临时展点。

（2）半款付款。如车辆从汽车生产厂家发出后的180天还在汽车4S店的库存中，汽车4S店必须部分清偿此车辆的贷款，部分清偿金额为车辆批发价格的50%。

（3）融资期限到期。车辆从汽车生产厂家发出后满360天还在汽车4S店的库存时，汽车4S店必须全额清偿此车辆的贷款。

6. 如何计算融资利息？

答：单台车辆应收利息 = 单台车辆贷款余额 ×存货融资利率 × 单台车辆实际融资期限

存货融资利率以汽车金融公司公布的利率调整公告为准。

利息计算从车辆自汽车生产厂家发车之日起至车辆最终清偿日止，按实际融资天数计算，算头不算尾。

7. 汽车4S店何时支付融资利息和管理费用？

答：汽车金融公司每月初计算现行利率下存货融资车辆在上月所产生的利息和管理费用，并将账单连同每台车辆详细结息单寄送给汽车4S店，并告知汽车4S店支付的指定日期。账单支付时间：当月支付上月所有车辆所产生的融资利息和管理费用；还款日期以汇款到达汽车金融公司账户为准；每月 15 日为还款到期日，到期日如遇周末或公共假日，则为 15 日的前一个工作日。

8. 利息是否有发票，利息是否可以在循环额度中扣除？

答：汽车金融公司会根据相关规定出具结息单，而且按月计算。汽车 4S 店收到结息单，按月支付给汽车金融公司。利息不会采取从授信额度中扣除的方法收取。

9. 如何计算逾期利息？

答：如果汽车金融公司在指定的时间内没有收到汽车 4S 店的付款，将会自逾期日起计收逾期利息并在下月寄送的账单中征收逾期利息。逾期利息的计算方法如下：

逾期利息 = 逾期应付费用（包括融资本金、利息和车辆管理费用）×存货融资利率×150%×逾期天数

举例：

某汽车 4S 店 7 月应付费用（存货融资利息 + 车辆管理费等其他应付费用）为 1000 万元，到期日为 8 月 15 日，但汽车金融公司直到 8 月 19 日才收到款项，逾期天数为 4 天，存货融资利率为 8%，逾期利息为

1000×8%×150%×4/360 = 1.33（万元）（8% 为存货融资利率）

这部分逾期利息会显示在下月账单上。

10. 库存车辆合格证的管理要求有哪些？特殊情况如何处理？

答：汽车 4S 店应确保在向汽车金融公司付款后才能从保险柜中领取合格证；汽车 4S 店付款前不得将合格证移出或转交任何其他地方保管。

汽车金融公司对汽车 4S 店库存融资车辆合格证的管理要求如下：

1）合格证存放地点。车辆合格证应存放于汽车 4S 店指定的防火保险柜或被汽车金融公司核准的其他地址的指定防火保险柜中，并由汽车 4S 店合格证出入库人员（以下称“合格证管理员”）负责保管。如需更换合格证存放地址，请事先向汽车 4S 店金融服务经理申请并得到汽车金融公司核准后再予以更换。

2）合格证出库许可。除复印需求外，合格证在向汽车金融公司完全清偿车辆贷款前不得从上述指定保险柜中取出。

3）合格证入库信息。入库时，合格证管理员应在《合格证登记本》的“合格证入库记录”栏下填写完整的入库信息，包括入库日期、合格证编号（后 6 位）和车架号（后 6 位）栏。

4）合格证出库信息。出库时，合格证领取人员以及合格证管理员在“合格证出库记录”栏下填写完整的出库信息，包括领用人签收（由合格证领取人员签字）、出库日期、保管人（由合格证管理员签字）签字。

5）“注释”栏。如遇特殊情况需要备注，由合格证管理员或财务经理或其授权人员负责填写“注释”栏。

6）汽车4S店对合格证月度盘点。汽车4S店财务经理或其授权人员最迟须在下月的5号前对库存合格证进行月度盘点，并在合格证登记本下方的“月末账面结余件数”“月末实际盘点件数”处登记盘库数据，并在“财务经理复核”处签名确认。

7）合格证缺失处理方法。如发生融资车辆合格证的遗失、损毁、盘点短缺等特殊情况，汽车4S店应在第一时间与汽车4S店金融服务经理联系。

8）汽车金融公司对合格证盘点。汽车金融公司有权对汽车4S店保管的车辆合格证及合格证登记本进行不定期检查。

提示：

合格证管理员和主管应该非常小心保证每一辆融资车都被及时、准确地记录在合格证登记本中。如果有合格证漏记的情况，将导致合格证盘点违规和罚款，影响汽车4S店的盘点记录。

合格证特殊情况的处理方式：

① 正常情况下，车辆合格证在汽车生产厂家发车时随车（或邮寄）发送至汽车4S店。汽车4S店如没有随车（或邮寄合理时间内）收到车辆合格证，或对收到车辆合格证有异议，应在“整车分拨交接单”上注明，并及时接洽汽车金融公司汽车4S店融资作业部门，如需重印车辆合格证，应取得汽车金融公司的批准。

② 当汽车4S店违反汽车金融公司对于车辆合格证的管理要求发生严重违规，经由汽车金融公司管理层决定，将取消汽车4S店直接从生产厂家收到合格证的资格。车辆合格证将由汽车金融公司汽车4S店融资作业部门保管，确认汽车4S店还款后，通过邮寄方式向汽车4S店寄送车辆合格证。

③ 如汽车4S店领取合格证后发生遗失情况，需重印车辆合格证，汽车4S店须向汽车金融公司提交“合格证、铭牌、免检单补办（更换）申请表”或“合格证补发申请表”加盖公章传真至汽车金融公司汽车4S店融资作业部。汽车金融公司审核后，以传真方式通知汽车生产厂家办理相关事宜，制

造商负责给汽车 4S 店寄发重印的车辆合格证。

11. 如何盘点库存车辆和合格证?

答：汽车金融公司将在存货融资协议项下随机对汽车 4S 店进行车辆和合格证库存盘点。该盘点将在对汽车 4S 店日常经营影响最小的情况下进行，如果汽车金融公司员工明确提出需要帮助，汽车 4S 店需给予积极协助以使该项工作顺利完成。

（1）盘点内容。具体包括：

1）车辆是否放置在适当的场所。

2）车辆的车况是否良好。

3）还款情况是否正常。

4）帮助汽车 4S 店管理库存，并确保及时按要求清偿车款。

5）车辆合格证是否按照某汽车金融的要求管理。

（2）在盘点中通常需要汽车 4S 店提供的帮助。

1）在进行车辆盘点中汽车 4S 店负有积极配合和协助盘点员完成车辆盘点活动的任务。

2）汽车 4S 店需对某些情况进行解释，并确保真实性。

3）汽车 4S 店应提供相关文件，如出库单、销售发票、客户车款交纳收据、销售合同、销售日志、车辆订购单、保修卡等。

4）汽车 4S 店应协助盘点员查看车辆里程表。

5）盘点车辆合格证时，汽车 4S 店应从保险箱中取出合格证，并提供某汽车金融存货融资车辆合格证登记本。

（3）在几种特殊情况下盘点需要汽车 4S 店提供的帮助。

1）若有修理车辆，请提供以下信息：车辆送到修理厂或车身修理厂的日期、修理厂的地址、电话号码和联系人的姓名。

2）非现场展示的车辆（如购物中心、广场、非 4S 店的展点）：提供获得 4S 店融资作业部事先批准的《附条件销售车辆临时展示申请》的书面证明。

3）车辆已被售出或车辆合格证已交零售客户：提供销售日志、出库单和发票并立即安排付款，提供汽车 4S 店零售客户的名字及车辆送回汽车 4S 店或交给零售客户的日期。

4）车辆退回汽车生产厂家：提供申请车辆退回的书面证明，车辆何时以何种方式退回至厂家，如果车辆没有被退回，请提供其位置以及负责处理车辆退回申请的汽车生产厂家工作人员的姓名。

5）运输到其他汽车 4S 店或其他地址的车辆：请提供该汽车 4S 店的名

称、地址、联系方式及运输事由。

6）丢失或被盗的车辆：请提供警方报告的细节，如果已经申请了保险理赔，请提供相关资料。

在每次车辆及合格证盘点结束后，汽车金融公司将视情况反馈盘点结果。如后期有再次盘点，希望汽车4S店能够积极配合。

九 服务营销篇

1. 何为服务营销的4P和4C？

答：服务营销的4P和4C，这两个是互补的，4P站在服务商的角度考虑产品、价格、渠道、促销如何协调好，满足客户的需求，占领市场，提升业绩；而4C是站在客户的角度，重视客户的感受，为客户提供便利、周到、满意的服务，获得客户的首肯，扩大市场影响力，提升品牌知名度，提高企业竞争力。

员工在工作中，用4C的理论，经常要站在客户的角度，制定4P，比如：市区免费救援；市区免费代为开车；市区免费送客回家；大保养和大修时制订两个方案供客户选择；客户等待过程中，主动告知客户车辆的维修进展；不要一味追求单车产值；细致地告知客户免费项目等等，就是“帮助企业的客户，让客户快乐的在店内体验服务”，充分发挥4C的效果。

2. 服务营销的基础知识？

答：首先确定的是“服务营销”是有知识的，并且是一套知识。服务营销知识：

（1）学会告诉客户，如果现在不决定，客户可能失去什么。

（2）诱导客户，学会分散客户注意力，比如客户保险到期后买保险时犹豫，就可以讲一个保险到期出事故的案例，很快客户就会决定购买。

（3）男客户，女性服务顾问沟通；女客户，男性服务顾问沟通，互为补充最好。

（4）学会给客户小恩小惠，企业可以获得大的回报。比如，对于进店零消费的客户，临走时赠送其100元的保养券，欢迎其下次再来，一定超过客户的期望值，客户不仅下次再来，还会把这个信息告知周围的人，对企业进行品牌传播。

市场营销学成功的秘诀是“学以致用”。没有“永远正确”的营销方法，只要能够提高企业成功的概率，营销方法都是可行的，也就是“只要是好的点子，都可以直接用在工作中”。

比如：大客户部门，面对的办公室主任或者副主任以及车队队长绝大部分是男性，那么就需要企业配备能言善谈的女性服务顾问负责大客户营销比较好；事故车部门，同样在与交警大队的交往中，企业能配备 1 ~ 2 个沟通能力强的女性服务顾问，也可能会起到事半功倍的效果。

3. 何为服务营销新概念？

答：营销新概念——建立诚信，诚信无论对于个人还是企业，都是一个无法用金钱来衡量的指标，做得好，带来无穷财富，做得不好，导致快速失败。

作为公司一员，无论出于任何目的，不能为了提升维修利润而向客户撒谎，因为总有真相大白的一天，当真相出来时，无论给个人还是公司，都会带来很大的负面影响，也就是业内口碑降低。树立诚信经营的理念，这是一个公司宝贵的资产。公司一个员工的不诚实，也许对于员工本人的影响不大，但是对于公司的影响却是巨大的，并且会在业内扩散。因此，不诚实是一个滑坡式的灾难。每个员工日常工作中，像“对待自己的朋在一样”对待每个客户，客户就会源源不断地增加，并且业内口碑越来越好，业绩积极提升。如果企业虐待客户，比如不该维修的项目报修，刚维修的不到 2 个月又维修，该给的折扣没有给，该送的礼品没有送，非正常的延时交车，与客户直接顶撞等，如此都可以称上“虐待客户”，无论对自己还是对公司，都是不利的。结果就是客户流失，业内口碑越来越差。如果员工能够“用对待朋友的方式”，对待每一个客户，这个企业一定会成功。

4. 员工服务营销能力的如何培养？

答：企业服务营销能力的培养要从日常做起，从上到下，要意识到哪些事情没有做，哪些事情可以做，哪些事情不能做，哪些事情可以试着做，哪些事情应该做而错失了机会。

第一，在工作中，每个人都要使用服务营销。比如，质检专员关注车辆质检，服务顾问关注车辆的终检。许多服务顾问认为，质量总监已经对车辆进行了质检，我干嘛还要进行终检？其实，质检和终检的重点是不一样的，质检是关注一次有没有把客户车辆的问题全部修复，给客户一个修复完好的车；而终检则是服务顾问站在客户的角度，看交车给客户之前，检查车内外每一个细节，是否恢复到客户进店前的状态，特别是时针、行李箱物品堆放、DVD 播放、油表指示位置、前照灯、转向灯、尾灯、玻璃水、音响效果等。如果把质检和终检都做到 80% 以上，企业客户投诉会逐步下降，同时客户忠诚度慢慢提升，这也是一种服务营销能力。

第二，在面对客户咨询车辆维修进展时，好多员工不知道该台车的维修进展，如果企业能够建立一个客户车间在修车辆的维修进展显示看板系统，不仅员工可以看到，客户也可以看到，如果进行网上联结，大修过夜车辆，客户在任何地方都通过公司的网站看到其车辆的维修进展，无论对于提升客户的便利性，还是提升企业的品牌口碑，还是间接约束车间技师及时完工，都是一个好的服务营销策略。

第三，身为领导或者主管，要容忍下属犯错，只要员工站在为公司谋利的角度所犯的错误，要给予包容，员工只有在犯错中才能快速成长，才能找到适合公司发展的营销“新点子”，才能进一步促进公司的发展进步。

5. 企业服务营销的市场手段？

答：服务营销应该作为企业生存和发展的理念，一个企业要想永续健康发展，就要不断使用服务营销的方法和手段前进。而服务营销之道就要学会通过客户的眼睛看自己公司，看行业，自己企业取胜的关键就是至少在某一方面超越对手。如果不站在客户角度看问题的话，就可能制订出无法执行的计划，从而错失良机。

制订服务营销手段，站在客户的角度看问题的6个方法：①了解竞争对手的服务促销方案；②从流失客户中找出客户流失的原因；③从客户中招聘员工；④广告和促销等服务营销方案提前咨询客户的建议；⑤定期进行神秘客户体验，找出自己平常看不到的不足；⑥每年亲自去竞争对手那里体验客户服务，学些企业能够“拿来就用”的方法。站在企业的角度，企业追求的利益最大化，而客户满意仅仅是手段，仅仅是方法，因此在制订方案和措施时，不能全部地追求客户满意。最佳的手段是：在客户没有不满意的前提下，力争企业利益最大化，本质就是追求“双赢”。

比如在炎热的夏季，汽车服务企业增加“晚上预约到店优惠活动”，每个品牌一个服务顾问和一个班组值班，从19：00—23：00，凡进店消费客户均可额外赠送200元保养券（也可用作精品券），促进客户晚间到店。

6. 如何创造优质客户？

答：市场营销者要学会客户分类管理，同时对不同类别的客户进行不同方式的组合营销。企业核心竞争力的一个关键指标就是“企业有多少优质客户”，这些优质客户能否保证企业的盈亏平衡。作为汽车维修企业，按照客户的比例计算，至少应该有20%的客户是忠诚的客户（也就是优质客户），才能达到及格。汽车服务企业一般以年进店4次以上（不含事故车）的客户判定为优质客户。

如何创造出优质客户，需要企业的营销部门、服务顾问、车间一同齐心协力，协调服务好客户。比如：优质客户专门的客户经理、优质客户进店专门的服务顾问、优质客户专门的技师小组维修保养、优质客户会员卡直接升级为白金卡、优质客户专门的回访制度等，让客户从每个环节都感觉到升级为优质客户的就是有差别。

另外提升优质客户的比例，付出的成本比开发新客户至少会低 50%。所以企业每个服务顾问接待一名客户的时候，尽力能够做到让客户再次进店，这是前提，而不是一味追求这次的单车产值，当企业的优质客户比例如果上升 30% 时，在新客户比例不增加的情况下，企业的年产值也会至少增加 20%。这就需要营销、服务顾问促进新客户二次进店、二次进店客户三次进店、进店三次客户四次进店，最后力争做到年辆年进店 4 次以上，成为优质客户。

7. 如何对市场进行细分？

答：企业要想制胜，对学会对市场进行管理，一是充分了解市场；二是了解自己企业；三是了解竞争对手；四是了解客户（企业的客户以及竞争对手的客户）；五是要了解适合自己企业发展的细分市场；六是要学会如何与竞争对手进行竞争。

企业充分了解市场，要深度了解自己的客户。比如：客户的构成；单位车与个人车构成比例；需要发票的车和不需要的发票的车构成比例：客户年龄构成比例；客户的潜在需求构成比例；客户车辆的品牌构成比例；客户的职业构成比例；客户的受教育水平构成比例；等等。企业为了了解客户，可以定期召开潜在客户座谈会，促进客户进店；可以召开流失客户座谈会，了解流失的真正原因；可以召开忠诚客户座谈会，了解客户对企业哪些做法认可，还有哪些建议；召开普通客户座谈会，让客户提出，企业如何做，他们可以主动提升年进店台次；召开媒体见面会，让业内人士、媒体人士对企业提出建议；让所有的客户，站在自己的角度，对企业进行分析、点评，企业从中找到企业的不足，从而制订改进措施。

企业找到了细分市场，就要磨练获利的八大能力：一是建立别人难以复制的竞争力，也就是形成了壁垒；二是了解竞争对手，如果在某一方面比不上对手，不要轻易出击，要找对手七寸进行出手（企业的价格的灵活性）；三是企业要提防在不久的未来，可能取代企业的模式和竞争对手，如果发现，要及时跟踪，如果发现对方模式不错，企业也要及时改进自己；四是了解客户的力量，当前汽车售后服务竞争日趋激烈，客户之间也在相互沟通，因此对于常用件的价格，需要尽量统一，不要让客户之间对比价格，企业从而失去客户；五是与上游供应商的合作，上游供应商为企业在供应“弹药”，要想不被供应商制约，任何的产品都至少需要两个供应商，并且尽量与零件的上游生产厂家建立深度关系，用上游厂家的力量牵制供货商，同时也对零件采购环节进行约束。厂家－供货商－企业公司一股三方的合力。六是企业规模是否适合。一般而言，一年的回收期为标准，企业设定的规模和投资的成本，设定6个月盈亏平衡，一年内收回成本，就是一个比较好的规模，这是建店时需要前期调查和确定的；七是提高企业的获利能力，开源与节流并重。今天的汽车行业，对于人工成本无法节流，只能在进货成本、管理成本上进行节流，同时增加新的项目进行开源。八是找到愿意来企业的公司客户，也就是目标客户。如果从客户群体中可以发现，私有企业主比较愿意来店，是潜在客户，那就广告促销时，重点针对私有企业主群体，进一步拉动还没有进店消费的企业主进店。

8. 如何选择定位目标客户？

答：选择客户，首先要收集客户的特点。企业应根据客户的特点制订策略。比如根据客户加入会员俱乐部的数据，进行分析，得出结论，客户对自驾游、登山、羽毛球是排名前三位的活动需求，然后制订这三个项目的客户俱乐部年度推广计划，与营销、大客户部门相互配合，进行客户活动的推广，逐步提升对客户的影响力。

企业在细分客户时，在目标客户中，需要进一步细分，如单位客户：政府单位、事业单位、企业单位（国企、合资、外企、民企）、个人客户（普通上班族、商人、政府官员、事业单位、国企领导、民企领导）。同时，还要分需要发票的客户和不需要发票的客户；分车主过来维修和驾驶员过来维修；不同归属的车，驾驶员还是车主开车过来维修，其需求点是不一样的，客户站的角度是不同的。特别是服务顾问，当客户进店时，前5分钟就要分清驾驶员与车的关系，分清客户是否报销，然后有针对性地提出维修保养建议，隐性地提升客户满意度。

另外对于超过1年没有进店的客户，经常进店零消费的客户，还有经常自己购买零件加装的客户，不用花太多的功夫去培养，这样的客户要成为忠诚客户非常难，企业应该重点把已经年进店2～3次的客户，多加关注，让客户再次进店，培养忠诚客户比例。

9. 如何进行广告营销？

答：所谓成功的广告营销，就是能够打动客户的内心，让客户再有需要的时候，心中能够想到那个广告，也就是想起公司的名称。车主的第一需求是一次修复好自己的爱车，第二需求是在自己驾驶车辆有简易故障时，能够迅速解决故障。

因此企业在投放广告时，应先了解企业的客户比较关注哪些方面，企业就在哪方面投放广告，客户的需求点在那里，企业就投放满足客户需求的广告。比如企业在机场高速投放广告，企业在高端小区电梯中投放紧急救援广告，都是与客户进行无声的互动。如果维修完毕在客户的车主手册上贴上建议“下次保养公里数和预计时间”，同时留下企业的救援电话，也是一个“贴心的广告”。

好的广告就是能够让客户“记得和认得”，如何让客户记得和认得，就是要有一个能够打动客户内心的一句话，并且能够让客户不断重复。

企业做广告时，首先要对广告定位，是品牌推广广告、服务广告，还是促销广告，定位不同，广告的内容是不同。其次，企业还要对广告的受众进行分析。分析广告是针对某一受众群体的，还是所有受众。最后，企业还要对广告媒体进行定位，是电视、电台、杂志、报纸、路牌、电梯、还是短息、还是DM单页，等等，一次广告只有把三个方面进行有机组合起来，才能形成一股很强的广告力量，广告的效果才能体现出来。

企业应该了解高端客户群体的视野圈，在其能够涉及的地方投放广告，如机场高速路牌、高端DM、手机彩信、微博、QQ群、高端杂志、高端小区电梯、礼品，以上渠道基本上是高端客户群体获取信息的常见渠道。

不同年龄阶段的客户，其需求点也是不一样的，50岁以上的客户，对DM以及网络不太关心，而40岁以下客户，对DM广告以及路牌广告不太关心。所以企业要对不同年龄的客户群进行分析，进行差别化目标客户定位，力争能够辐射90%以上的目标客户群体。特别是可以针对家庭使用的汽车，如果一家三口进店过来保养，企业可以提供一份儿童玩具（在广告中体现出来，会有比较大的吸引力）。

广告的目标不是已有的客户，而是潜在的目标客户，企业能够争取哪些类别的目标客户进店，应该是企业广告模式、广告内容确定之前就定下来，然后根据目标客户特征、需求、消费偏好针对性地确定出广告模式、广告内容，提升新客户的进店。

广告的效果没有办法直接评估，无论找单一一家广告公司合作，还是所有的广告都是自己公司设计制作，都不是最优的办法，因此企业应该至少找两家广告公司合作，定位有所区别，一个可以是重点是品牌宣传，另一个重点是服务促销，当然也可以有重叠的地方，经过对比之后，同时内部的广告策划也相互补充，广告的效果一定会更好。这也是大型跨国公司公司不设立专门的广告创意人员的原因之一，因为对广告好坏的评估，不是成本多低，而是收益有多大。

关于企业广告内容，可以用多种方式进行筛选，一是2~3家广告对比；二是内部员工提出自己的广告创意，大家评估；三是自己设计出广告内容，让部分客户和内部员工提前评估，然后选出大家都比较认可的广告方式和内容，进行投放，也许不是最优的方案，但是一定是回报最好的方案。

企业可以在会员申请表中，加一个咨询，“您是如何知道企业公司的”，路牌广告、短信广告、网络、宣传单页、朋友介绍、业内人士推荐、慕名而来、保险公司推荐、随意，从中可以分析出，哪类广告对客户是最有吸引力的，企业在哪些方面还做得不够好，哪些方面做得比较好。

10. 何为立体营销？

答：立体营销机制就是除了过去的报纸、电视、电台等广告媒体外，企业要增加飞信、QQ、博客、微博等新潮流阶层所关注的媒体的影响力，同时可以建立事件营销（母亲节、父亲节、儿童节、中秋节、圣诞节、元旦、春节），利用这里大家都熟悉的节日，设定好一个可以感动人心的事件，进行事件营销。另外，企业可以参与公益活动（植树、赞助贫困儿童、赞助贫困大学生），进行公益营销。一句话，营销无处不在，企业就是要学会把握营销的节点，实现企业营销回报的最大化。

11. 企业如何建立和提升品牌知名度？

答：品牌知名度不是有多少客户知道这个品牌，而是客户在有需求的时候，能够想起这个品牌的概率，也就是，品牌能够给客户带来什么？为何保修期内的客户，一般选择4S店维修保养，因为厂家对保修期内的客户要求，同时也给客户保修的承诺。这不是4S店本身的品牌知名度，而是厂家的品牌知名度。而普通维修企业面对没有上游厂家品牌支持的情况下，就要付出比汽车4S店2倍的成本，打造企业自己的品牌知名度，让超过保修期内客户，或者计划离开汽车4S店维修保养时，第一时间想到的就是自己的企业。比如一句广告：“您的爱车超过保修期了吗？那么请来××吧，这也许是您最佳的选择”。

打造出良好的品牌知名度，无论是个人客户、单位客户还是保险公司，都可以促进他们快速做出决策，避免出现拖拉的情况导致可能的客户流失；良好的品牌形象也可以降低企业的风险（品牌值多少钱，可以用一个简单的办法计算，假设公司因为不可抗拒的力量，面临搬迁，新店建立好之后，六个月内能否做到盈亏平衡，一年之内，能否做到达到搬迁前的运营数据，如果能够做到，那就是未来5年的毛利，可能就是企业的品牌价值)。良好的品牌可以获得业内外的尊重，让人心服口服地佩服，可以进行良性的口碑传播。

12. 服务营销的定价策略?

答：企业的定价策略是企业定位和能否吸引客户的一个关键策略。比如对于私有企业主的车辆，驾驶员常开，与私有企业主签订价格合同时，如果一步降低到7.5折的最低折扣，那么驾驶员每次进店维修保养，因为不能参与积分兑换，不能参与服务促销，驾驶员每次都要进行“投诉”，同时再次去其他店进行补充维修（实际上获得个人利益）。但是最后企业主也会对企业不太满意，如果企业能够与其签订8折优惠，驾驶员可以参与积分和促销礼品活动，那么这中间的问题都会得到解决。定价是各方利益的平衡化，而非单一的让某一方满意。

比如客户进店大修（发动机或者变速箱）车辆，企业一定至少提出两个方案供客户选择，同时价格低的方案也能保持企业合理的利润，最后客户一定会选择价格低的方案，但是客户的满意度是不一样的（与仅仅报一个价格相比而言）。

对于常用件，比竞争对手低5%即可，非常用件低2%即可，定价时，结尾数是5、8、9比较好，国内的客户对这三个数字比较喜欢。结算折扣时，最好给客户报节省多少金额数据，而非折扣百分比。数据比较可以更加吸引客户的注意，传递价格低的信息给客户，同时让客户满意。而折扣比例比较低，难以吸引客户注意。

13. 何为服务营销的价值链?

答：服务营销的价值链是指站在汽车售后服务全局的角度，站在客户的角度，看汽车售后的各个环节，看企业公司能够在那条利益链条上盈利，同时也能获得客户的认可。比如：详细解析企业的大客户构成，同时进行深化合作，了解单位客户的组织架构，特别了解驾驶员、车队队长、资格比较老的驾驶员、为高层领导开车的驾驶员、办公室主任、财务主任等与企业密切相关的体系人员，制订策略，“管理他们”，如果把一个大客户的这样一个体系维系得很好，协议单位就算一把手离职对于和自己企业的合作，都不会有大的影响。

企业在价值链的各个环节提供客户增值服务，需要先了解客户的需求，创造让客户感兴趣的服务模式，建立客户黏性。市区免费的道路救援、刚维修完毕故障免费上门服务、客户生日礼物、客户所需精品的提供、客户俱乐部等，企业都是在满足客户的需求，即使从某一个环节没有获利，但是企业赢得了客户的“信任”。因为企业提供了许多竞争对手不能提供的“增值服务”。客户的职业构成、客户的喜好、客户的家庭情况，需要企业更深一步了解客户。这样，企业帮助客户实现了自己的目标，企业的利润就会获得最大化。

在日常细节中，企业关心客户，可以使最小的代价带来意向不到的回报。比如服务企业增加一个手推车，里面放三种饮料、六种茶叶和白开水，当客户落座后，1 分钟内，大厅客服专员上去咨询客户，看客户需要那种饮料，客户反馈一定不错。炎炎夏日看到长途开车进店的客户，替客户打开车门，同时直接带着一杯凉饮料给客户，可以说从客户进店时，客户就比较满意。服务顾问在客户等待过程中，中间告知车辆的维修进展，客户也会非常高兴；陪同客户验车时，给客户讲解替换下来的零件的损耗情况，也许客户不懂技术，但客户也会非常高兴。夏季即将下暴雨，服务顾问主动给自己接待过的客户发一个暴雨提醒，以及雨中行车注意事项，客户也会对企业非常满意。也许日常的服务，企业看不到客户对企业非常满意的反馈，但是从其进店台次的频次以及他在业内的传播的口碑中，企业慢慢可以体会到。服务营销，应该主动去关注外部，特别是客户的潜在需求和现实需求。

14. 服务营销活动的制订策略？

答：企业制订服务营销活动时，应该设定营销对象；应该知道对于不同的营销对象，要传达哪些信息；应该用什么方法传递信息。比如，服务促销活动，公家车和私家车客户需求站得角度不同，可以报销车和不能报销车对发票的需求不同，车主自己开车过来和驾驶员开车过来需求点不同，首次进店和四次以上进店客户对企业的要求不同，升级为金卡的客户和普通客户希望得到的关注不同，同时不同的客户还有不同的喜好，同一客户在不同的阶段，喜好也在变化。因此，企业在制订服务营销活动时，应该对客户进行细分，做到了解客户的需求，满足客户的需求，最佳的状态是满足客户的潜在需求，尽量满足，客户就会非常满意。

价格与服务成本联系紧密，服务项目分类更加明细，每个小项目都有明细的零件价格和工时价格，就连拆检，也细分拆检价格，北环本田已经在这样运作。价格与竞争优势进行链接，也就是提价和降价都是为了提升毛利，如果不能提升毛利，无论提价和降价策略都是不可取的。企业可以运用价格体系，改变客户消费行为，提高收入。比如首次进店送保养券，老客户转介绍送保养券，保养3+1预存，客户买保险送保养券或者工时券等，看似降价了，但是，不是降低的现金收入，而是在提高现金收入，特别是未来的现金收入，更重要的是增加客户的黏性，拉动客户主动进店。企业可以适当地实施差别价格，为价格敏感的客户提供特别的价格，对于不能报销的私家车客户，对于超过10万km客户，可以直接升级为VIP卡，享受较高的折扣，促进客户进店，减少服务顾问在价格上请示领导的环节。另外，对于常用的保养件和机油、机滤，进行低价策略，也可以采纳使用。

营销不是一门科学，但可以用科学的方法改善业绩。比如计算出不同区域的客户保有量，进店台次，进店台次占保有量的比例，事故车进店台次占总进店台次比例，不同区域的单车贡献，人均贡献，不同区域服务营销人员人均成本（工资、送礼、招待、住宿、差旅费等）以及每个员工的总成本占自己贡献产值比例，以及占自己贡献毛利的比例，不同的区域对比，每个员工对比，每个团队对比，非事故车和非事故车对比，无论员工效率提升还是成本降低都会马上显现。数据说话，大家都认为是非常公平的管理，大家会无怨言的工作，积极性自然就会出来。用数据分析，还可以得出，哪个区域要增加员工，哪个区域要减少员工，哪个区域员工不变。

15. 如何建设成功的营销团队？

答：成功的营销团队具有以下特征：一是能够接纳不同的人，也许部分人是自己不喜欢的，但是企业需要不同的人在一起，增加团队的战斗力；二是始终如一的信任，无论个人决策还是公司决策，都要信任自己的团队，从而打造一个有竞争力的团队；三是打造自己的品牌，并且忠于自己的品牌，变革不是目的，而是手段，需要通过变革进一步提升业绩，提升企业品牌的影响力。

16. 如何进行微信营销？

答：汽车维修企业的服务营销可以借助移动终端进行，手机、平板电脑、智能手表等都可以与移动设备进行连接，车主可以借助这些平台与店家进行互动，实现B2C的无缝对接。

可以采用以下措施，发挥微信营销的作用。

（1）借助微信平台，可以把实体店的地图位置直接发给咨询的客户。

（2）微信送礼、微信送积分、微信打折、微信体验等活动，可以提升客户关注和使用微信。

（3）提升微信关注可以采用独家报道、独家信息、特大优惠、热点关注、人脉交流、好文阅读等。

（4）企业建立公众账号后，企业每个员工要建立自己的私人账号，形成网状结构对外传播。

（5）微信内容的素材管理：内容有吸引力、作者不写，链接关注、一句话摘要、设计封面图片、内容1000字为好，分段落100字为好。

（6）微信发送黄金时间：7:00－9:00，12:00－14:00，18:00－20:00，22:00－24:00。

（7）微信公众号推广，一是线上推广，小号加好友、微博、博客、社区、软文推广、相互推荐；二是线下推广，企业名片、企业画册、员工手册、客户休息区，收银台、服务顾问接待台，户外广告、签到、抽奖等。

（8）微信营销案例：节日活动、打造案例、媒体组合发力、线上线下配合。

（9）微信运营部门要分美工、文案、推广、客服四个系统，对微信进行运营管理。

（10）微信公账号管理表格：每日数据统计，每日公众平台数据环比趋势，每周咨询成交数据统计，每周公众平台数据统计，每月发送信息计划表，每月总结数据表。

附　录

某豪华车维修企业变革案例

中国北方某省会城市，一家开业28个月，面积超过5000m^{2}的豪华车综合维修企业面临的问题分析、应对变革措施以及取得实际效果。

一、企业现状分析

1. 某汽车维修企业2014年9月数据（附表-1）

附表-1 某汽车维修企业2014年9月数据

序号	类别	数据
1	产值	180万元
2	台次	650台
3	事故车产值	35万元
4	事故车台次	32台
5	非事故车产值	175万元
6	非事故车台次	615台
7	续保单数	15单
8	续保金额	10万元
9	员工人数	92人
10	毛利率	46%
11	毛利	82.8万元

2. 某汽车维修企业2014年9月费用数据（附表-2）

附表-2 某汽车维修企业2014年9月费用数据

序号	类别	金额/万元
1	土地租金	5
2	折旧（厂房、工具、设备）	5
3	行政费用	7
4	水电费用	5
5	差旅+油补费用	3
6	招待费用	3
7	市场推广费用	2
8	事故车开发费用	3
9	工资+社保	49
合计		81

3. 员工分部门人数（附表-3）

附表-3　员工分部门人数

序号	中心	部门	人数
1	营销中心	营销 – 市场开发	6
2		营销 – 事故开发	2
3		营销 – 集团客户	3
4		续保	2
5		部门经理	3
6	运营中心	服务顾问	6
7		机电车间	22
8		钣喷车间	16
9		配件部	5
10		技术部	1
11		部门经理	4
12		洗车	2
13		精品	0
14	客服中心	数据	1
15		回访	1
16		会员管理	0
17		客户俱乐部	1
18	行政人力中心	前厅	2
19		行政专员	2
20		人力专员	1
21		水电工	1
22		厨师 + 帮工	3
23		保安	4
24	财务	财务	4
25	总经办		5
合计			97

4. 企业面临的问题（附表-4）

附表-4　企业面临的问题

序号	问题	分部门
1	新增客户提升慢	营销
2	事故车贡献产值低	营销

（续）

序号	问题	分部门
3	续保单数少，提升慢	营销
4	事故车毛利率低	营销
5	流失客户大于新增客户	运营
6	新客户二次进店比例低于40%	运营
7	准时交车率低	运营
8	非事故车毛利率低	运营
9	非事故车单车产值低	运营
10	预存保养推行不力	运营
11	库存周转慢，滞销库存比例高	运营
12	员工人均贡献低	人力
13	员工工资占比高，无法降低	人力
14	员工流失率高	人力
15	新员工招聘进展慢	人力
16	员工士气低落	人力
17	客户信息报备制度未建立	客服
18	客户信息不完整，错误率高	客服
19	客户满意度低	客服
20	应收账款多，回收缓慢	财务

二、企业变革措施

1. 人力资源措施

（1）从降低人员成本改为降低人员成本占产值比，提升人均贡献。

（2）增加营销人员人数（事故开发、散客开发、集团客户开发）。

（3）增加续保人员人数。

（4）续保、精品、洗车从营销和运营系统剥离，从而全面支持营销和运营部门。

（5）CRM部门客户报备作用和KPI数据整理能力提升。

（6）运营中心，针对品牌技师不足情况，招聘品牌技师。

（7）绩效考核调整，人均工资高于业内平均值。

（8）与两所职业学院建立合作关系，实习期学生到企业工作（市场部门、洗车部门、前厅部门），工作6个月，根据实际情况调整到营销和运营部门。

2. 企业新的组织架构（附表-5）

附表-5　企业新的组织架构

序号	中心	部门	人数
1	营销中心	营销－市场开发	20
2		营销－事故开发	6
3		集团客户	3
4		营销内勤	1
5		部门经理	3
6	运营中心	服务顾问	9
7		机电车间	24
8		钣喷车间	16
9		配件部	6
10		技术部	1
11		部门经理	5
12	客服中心	洗车	5
13		精品内勤	1
14		洗车精品主管	1
15		客服－数据	1
16		客服－回访	1
17		会员管理	1
18		客服主管	1
19		续保专员	3
20		续保主管	1
21		前厅	3
22	行政人力中心	行政专员	1
23		人力专员	1
24		水电工	1
25		厨师＋帮工	3
26		保安	4
27	财务	财务	5
28	总经办		4
合计		131	

3. 营销策略改变

（1）新客户报备台次提升。

（2）新客户进店台次提升。
（3）老客户介绍新客户台次提升。
（4）保险公司签约，提升理赔折扣和提供送修短信。
（5）事故车报备台次提升。
（6）事故车进店台次提升。
（7）集团客户签约单位提升。
（8）集团客户送修金额提升。
（9）续保单数提升。
（10）续保金额提升。

4. 运营策略的改变

（1）降低客户流失率。
（2）提升新客户二次进店比例。
（3）即将保养到期客户跟进。
（4）即将流失客户跟进。
（5）离店客户建议维修项目跟进。
（6）主动电话咨询客户电话跟进。
（7）投诉客户跟进，并主动上门服务。
（8）服务顾问标准接车流程执行提升。
（9）服务顾问标准话术提升。
（10）准时交车提升。
（11）零件准时报价提升。
（12）零件准时到货提升。

5. 企业管理策略改变

（1）晨会、夕会制度完善。
（2）每周一全体大会制度。
（3）每周二管理层学习。
（4）每周六高层学习。
（5）礼仪培训。
（6）安全知识和制度培训。
（7）企业文化建设。
（8）员工奖励（周、月、季度）。
（9）优秀员工评选（月、季度）。
（10）食堂、住宿制度。
（11）员工家人关爱制度。

（12）群策群力决策制度。

6. 市场推广和服务促销策略改变

（1）新客户进店保养免费送 2L 机油。

（2）续保按电销价出单，另送客户保费 20% 积分（1 积分抵 1 元）。

（3）机油机滤保养预存三送一。

（4）消费满 800 元，送机滤 1 个。

（5）老客户推荐新客户，各送 2L 机油。

（6）常用保养件，特惠价销售。

（7）预存 2000 元，享受嘉实多 88 元/L，美孚 1 号 98 元/L。

（8）让保险公司给续保客户赠送企业的保养券 + 工时券。

（9）加油站给加油客户送保养券 + 工时券。

（10）银行、会所、商场、商会建立联盟合作关系。

7. 客户感受提升措施

（1）良好健全的门卫制度。

（2）8 小时服务顾问接待区值班制度。

（3）24 小时救援电话制度。

（4）服务顾问、服务助理、资深技师 3 人小组接车制度。

（5）首次进店客户总监接待制度。

（6）前厅微笑服务制度。

（7）客休区功能健全制度。

（8）提供品茶区、上网区、儿童活动区、影视区、午餐区。

（9）每天向客户提供 2 种水果、3 种饮料、4 类茶叶。

（10）每天提供客户四菜二汤的午餐制度。

（11）每 45 分钟告知等待中客户车辆的维修进展。

（12）过夜车辆，每天下班前告知客户车辆维修进展。

（13）免费上门提车制度。

（14）免费给客户送车制度。

（15）免费把客户送回家制度。

（16）透明的车间管理。

（17）安全的在修车钥匙管理。

（18）在修车工单管理。

（19）专门的试车路线。

（20）专门的质检工位和专职的质检经理。

（21）专门的终检区、交车区。

(22) 标准的洗车流程。

三、推行变革后的效果

1. 企业推行变革6个月后的运营数据（附表-6）

附表-6 企业推行变革6个月后的运营数据

序号	类别	数据
1	产值	450万元
2	台次	1020台
3	事故车产值	240万元
4	事故车台次	210台
5	非事故车产值	210万元
6	非事故车台次	810台
7	续保单数	130单
8	续保金额	100万元
9	员工人数	126人
10	毛利率	50%
11	毛利	225万元

2. 推行变革6个月后的财务数据（附表-7）

附表-7 推行变革6个月后的财务数据

序号	类别	金额/万元
1	土地租金	5
2	折旧（厂房、工具、设备）	5
3	行政费用	9
4	水电费用	6
5	差旅+油补费用	6
6	招待费用	5
7	市场推广费用	4
8	事故车开发费用	15
9	工资+奖金+社保	65
合计		120

四、案例总结

独立的豪华车综合维修企业，要想提高企业盈利，靠降低管理成本、人工成本、市场营销费用的办法是行不通的，因为没有新客户的进店，就不会有业绩的提升和毛利的提升。因此加快新客户进店台次的不断提升，同时加大对老客户忠诚度的维系，降低客户流失率，打造出一定的保有客户，创造出能够维系企业盈亏平衡的一定数量的忠诚客户，才是企业真正的核心竞争力。因此，维修企业的“产值”“进店台次（新客户台次）”“利润（现金流）”“客户满意度（有效保有客户）”四大指标是企业的核心，所有的变革措施都要围绕这四个关键指标来进行。